二十一世纪高等院校保险系列规划教材

ERSHIYI SHIJI GAODENG YUANXIAO BAOXIAN XILIE GUIHUA JIAOCAI

财产保险综合案例

CAICHAN BAOXIAN
ZONGHE ANLI

主编 ◎ 方有恒 罗向明 粟 榆

西南财经大学出版社
Southwestern University of Finance & Economics Press

图书在版编目(CIP)数据

财产保险综合案例/方有恒,罗向明,粟榆主编. —成都:西南
财经大学出版社,2017.7

ISBN 978 - 7 - 5504 - 3168 - 3

Ⅰ.①财… Ⅱ.①方…②罗…③粟… Ⅲ.①财产保险—案
例—高等学校—教材 Ⅳ.①F840.65

中国版本图书馆 CIP 数据核字(2017)第 195555 号

财产保险综合案例

主编:方有恒 罗向明 粟 榆

责任编辑:李晓嵩
助理编辑:陈佩妮
封面设计:何东琳设计工作室
责任印制:封俊川

出版发行	西南财经大学出版社(四川省成都市光华村街 55 号)
网 址	http://www.bookcj.com
电子邮件	bookcj@foxmail.com
邮政编码	610074
电 话	028 - 87353785 87352368
照 排	四川胜翔数码印务设计有限公司
印 刷	郫县犀浦印刷厂
成品尺寸	185mm × 260mm
印 张	11.5
字 数	260 千字
版 次	2017 年 8 月第 1 版
印 次	2017 年 8 月第 1 次印刷
印 数	1— 2000 册
书 号	ISBN 978 - 7 - 5504 - 3168 - 3
定 价	25.00 元

前　言

　　2014 年 6 月，国务院《关于加快发展现代职业教育的决定》首次提出，引导一批普通本科高校向应用技术类型高校转型。2015 年 11 月，教育部、国家发改委、财政部三部委联合印发《关于引导部分地方普通本科高校向应用型转变的指导意见》，强调把企业技术革新项目作为人才培养的重要载体，把行业企业的一线需要作为毕业设计选题来源，全面推行案例教学、项目教学，进一步推进加快高校转型步伐。

　　推行案例教学需要配套的教材。纵观各类财产保险案例教材，或者案例陈旧，或者内容片面，或者案例分析过于浅显，缺乏专为案例教学使用而编写的教材。本教材编者广泛查阅各类资料，积极参加案例教学培训，参加各种案例教学交流，在日常教学活动中不断探索总结案例教学经验，多次集体讨论，力求编写一本适用的财产保险案例教材。经过 3 年时间的准备，本教材终于付梓。

　　考虑到课程设置，本教材在案例选取和案例分析方面尽量避免和财产保险课程完全重叠，保证学生学习的一致性、连续性和积极性。本教材共精选 32 个案例，按照财产保险合同、财产保险基本原则、车险业务、非车险业务、"互联网+"财险 5 个模块归类。案例编写一般按照背景介绍、相关理论知识、案例分析、总结、思考题等统一体例，部分案例增加开篇和推荐阅读两个部分，以增加案例的可阅读性和深度。需要说明的是，在"相关理论知识"部分，列出的内容并不完整，以确保案例教学的弹性，培养学生收集和整理资料的能力。由于保险法规变动快速等原因，在"案例分析"部分，本教材观点不一定完全正确，师生可以在教学过程中辩证讨论。本教材由方有恒、罗向明、粟榆主编。在编写分工方面，罗向明教授负责教材编写大纲的制定、案例收集等，并编写第一章；粟榆博士负责教材出版统筹，并编写第四章；方有恒副教授负责编写第二章、第三章、第五章，并负责教材的总纂。

　　本教材能够顺利出版，要感谢广东金融学院保险学院、西南财经大学出版社的大力支持，感谢广东金融学院保险学院陈希、陈桂珠、刘晓兰、陈玉婷等同学对案例资料的收集整理，感谢广东金融学院保险学院 2012 级、2013 级、2014 级全体同学的支持。

在此还要特别感谢本教材中被选案例的原作者们。本教材所选用案例都来自法院判决书、学位论文、期刊论文以及网络公开资料等。由于参考资料众多，不便一一列出来源，在此一并感谢。当然，根据教材编写的需要，我们对所有案例都做了部分增、删等修改，但是并不代表对原作者的否定或异议。案例中提到的部分人物和公司，依据教材编写的需要，做了一定的处理，不代表其真实言行。案例中所提到的"案情"亦可能与事实存在出入，希望当事人和读者不吝指正！

本教材的编写是对国务院高校应用技术类转型尝试的响应，希望能为普通本（专）科院校保险专业教学、保险机构入职培训和职业能力提升培养、保险从业人员自学等提供帮助。

编者

2017 年 6 月

于广州天河

目 录

第一章 财产保险合同

案例 1-1 保险标的范围有争议

一、背景介绍

佛山市某卫浴厂是一家专业生产卫浴柜产品的企业，于 2015 年 4 月 9 日向某保险公司投保了财产保险综合险，保险期限一年。该卫浴厂在投保单上注明投保的保险标的及保险金额为：固定资产厂房 1 000 万元，机器设备 600 万元，存货 500 万元，投保方式为估价投保。另附有一份投保明细表注明估价投保的存货为原材料 350 万元、产成品 150 万元，合计 500 万元。保险公司经核保后同意承保，在投保单上签章，并出具了保险单。

由于保险公司经办人员的疏忽，保险单上承保标的项目为：固定资产厂房保险金额 1 000 万元，机器设备保险金额 600 万元，存货保险金额 500 万元。在存货一栏中，保险单未按投保明细表中的原材料 350 万元、产成品 150 万元进行细分，而且保险单未注明附投保明细表，交给卫浴厂的保险单背面也未附投保明细表并加盖骑缝章。

2015 年 10 月 5 日上午 8 时左右，受台风"彩虹"影响，暴雨的积水开始倒灌进入厂区，摧毁财产价值 650 万元，其中厂房 200 万元，设备 100 万元，卫浴柜成品 200 万元，车间在制品 150 万元。事故发生后，该卫浴厂以保险单为依据向保险公司索赔全部损失 650 万元。保险公司对损失的厂房，设备及成品卫浴柜的赔偿没有异议，但对制浴柜车间在制品的损失 150 万赔偿与卫浴厂发生了分歧。

二、相关理论知识

(一) 基本概念

存货：存货是指企业在正常生产经营过程中持有的产品或商品，或者为了出售仍然处于生产过程中的在产品或者提供劳务过程中耗用的材料和物料等。按照《企业会计准则第 1 号——存货》的规定，企业在编制资产负债表时各项存货应合并以一个统一的存货项目列示。

保险实务中对于存货的投保：由于在投保时有的企业是按账面存货科目综合承保的，有的不是直接用存货这一科目而是用成品和半成品这样的名称，有的是按原材料、在产品、产成品等分项或明细承保的，这样一来，这就出现了在同一保险事故中，同样是存货受损，最终的定损会有很大的差异，可能出现不同的处理结果，关键在于判别受损物资是否为具有保险利益的保险标的。确定受损存货是否为具有保险利益的保险标的，首先必须确定受损标的在性质上是否属于存货。存货在企业的不同生产过程和阶段中具有不同的实物形态。即：在正常的营业过程中置存以便出售的存货，指企业在正常生产经营过程中处于待销售的各种资产，如库存产成品、库存商品等。

（二）相关法律

根据《中华人民共和国民法通则》（以下简称《民法通则》）、《中华人民共和国保险法》（以下简称《保险法》）的有关规定，保险代理人在授权范围内的代理行为是代表保险公司的，其行为所导致的后果由保险公司承担，投保人将保险标的的情况告知了代理人，就相当于告知了保险公司，保险公司承保后就不能再以投保人未履行如实告知义务对抗投保人。

（三）保险条款

《保险法》第十三条第一款规定："投保人提出保险要求，经保险人同意承保，并就合同的条款达成协议，保险合同成立。保险人应当及时向投保人签发保险单或其他保险凭证，并在保险单或其他保险凭证中载明当事人双方约定的合同内容。"可见投保人提出保险要求，经保险人同意承保，保险合同即告成立。在保险实践活动中，通常表现为投保人填具投保单发出要约申请，保险人经审核投保单内容无异议后表示接受，并在投保单上盖章构成承诺，保险合同即成立；然后保险公司出具与投保单、投保清单内容一致的保险单。由此可见，投保单、投保清单、保险单都是保险合同的组成部分，投保单上如有记载而保险单上遗漏，投保单上记载的效力应与保险单上记载的效力一致。

《保险法》第十七条规定：订立保险合同时，采用保险人提供的格式条款的，保险人向投保人提供的投保单应当附格式条款，保险人应当向投保人说明合同的内容。对保险合同中免除保险人责任的条款，保险人在订立合同时应当在投保单、保险单或者其他保险凭证上做出足以引起投保人注意的提示，并对该条款的内容以书面或者口头形式向投保人做出明确说明；未做提示或者明确说明的，该条款不产生效力。

《保险法》第十六条规定：保险人在合同订立时已经知道投保人未如实告知的情况的，保险人不得解除合同；发生保险事故的，保险人应当承担赔偿责任。

三、案例分析

（一）出险原因及责任分析

（1）出险地点：佛山市某卫浴厂区里围，与保单地址相符。

（2）出险时间：2015 年 10 月 5 日，在保险期限内。

（3）保险标的：厂房、设备、存货（原材料、成品）。

（4）交费情况：已缴纳保费。

（5）出险原因：暴雨。

据佛山市南海区气象局出具的天气过程调查报告介绍，经查证相关气象资料，受台风"彩虹"螺旋云系影响，2015 年 10 月 3 日至 4 日南海区普降暴雨到大雨，其中南海狮山水务所（小塘）自动站 10 月 3 日 17 时至 10 月 4 日 20 时录得累积雨量 78.9 毫米，达到暴雨等级。结合现场查勘，本次事故原因为暴雨。

（6）保单责任：根据某保险股份有限公司"财产综合险"（2009 年版）的规定，由于下列原因造成保险标的的损失，保险人按照本保险合同的约定负责赔偿——雷击、暴雨、洪水、暴风、龙卷风、冰雹、台风……本次事故是一起由台风"彩虹"引起的暴雨所导致的，属于约定自然灾害事故，因此保单责任成立，保险人负责赔偿。

（7）损失估损：本次事故造成被保险人固定资产、原料、成品及半成品等财产损失。

（8）损失数量：部分财产是列明投保的，不属投保范围内的财产损失，核损为零；现场查勘未见损失的或通过简单晾干处理可以修复且费用较低的，核损为零；其余部分主要依据现场水浸所涉及部位损失情况，现场与被保险人代表共同确定损失数量。

（9）损失程度：按维修方式核定损失程度。如木工加工设备、喷漆配套设备及气动或手动工具核损，主要依据受损设备的电机数量及功率大小、电气控制部分复杂程度等情况，综合拆装、维修人工及材料费用核定。同时，在核定维修费用时，一般以不超过保险金额的 40% 为限，超过的则按保险金额的 40% 核定维修费用。办公家具核损，主要采取适当补偿损失的方式核损。

（10）单价核损：主要以市场咨询情况核定维修报价。

（二）案例评析

该场索赔纠纷的焦点在于对保险合同形式以及保险标的的范围认识上的分歧。保险公司多次与被保险人就现保单的承保项目存货损失的保险金额事宜进行沟通，但被保险人认为这是由保险公司经办员（业务员）过错造成的，不能接受按现保单承保金额计算理赔金额。卫浴厂认为保险单是保险合同成立的唯一要素，保险公司应该完全按照保险单约定的内容履行赔偿义务。这种观点是对保险合同的片面理解。

（1）从存货定义、保险实务角度来看，在制品是属于存货范畴，但是在保险实务中对于存货的投保有差异。在投保时，有的企业是按账面存货科目综合投保的；有的不是直接用存货这一科目，而是用成品和半成品这样的名称；有的是按原材料、在产品、产成品等分项或明细投保的。这样一来，就出现了在同一保险事故中，同样是存货受损，最终的定损会有很大的差异，可能出现不同的处理结果。关键在于判别受损物资是否为具有保险利益的保险标的。

该卫浴厂投保存货保险金额 500 万元，在存货一栏中未按投保明细表中的原材料 350 万元、产成品 150 万元进行细分，而且保险单未注明附投保明细表，交给卫浴厂的保险单背面也未附投保明细表并加盖骑缝章。由于在投保时不是直接用存货这一科目而是用产成品和原材料这样的明细科目名称承保的，所以在制品是不属于承保保险标的范围，受损的在制卫浴柜不在理赔标的范围。

（2）从《保险法》角度看，《保险法》第十三条第一款规定："投保人提出保险要求，经保险人同意承保，并就合同的条款达成协议，保险合同成立。保险人应当及时向投保人签发保险单或其他保险凭证，并在保险单或其他保险凭证中载明当事人双方约定的合同内容。"可见投保人提出保险要求，经保险人同意承保，保险合同即告成立。在保险实践活动中，通常表现为投保人填具投保单发出要约申请，保险人经审核投保单内容无异议后表示接受，并在投保单上盖章构成承诺，保险合同即成立；然后保险公司出具与投保单、投保清单内容一致的保险单。由此可见，投保单、投保清单、保险单都是保险合同的组成部分，投保单上如有记载而保险单上遗漏，投保单上记载的效力应与保险单上记载的效力一致。本案中关于保险标的存货的范围用产成品和原材料这样的明细科目列明承保，应以投保单列明的为准。因此结合投保单、保险单，卫浴厂存货的投保内容仅为原材料和产成品两项。在这种情况下，保险人只能根据卫浴厂在投保时所确定的内容进行承诺。依据保险合同的约定，保险公司只需要承担存货中的原材料和产成品的损失的赔偿义务是正确的。

（3）从保险学原理角度看，签订保险合同的双方必须遵守最大诚信原则，告知是最大诚信原则的主要内容，保险公司业务人员没有向被保险人告知清楚承保的主要内容中存货的范畴，没有给在制品投保，造成事故发生后在制品不在理赔范围内，保险公司负有不可推卸的责任，显然违反了《保险法》的第五条、第十一条规定的"诚实信用""公平互利"原则。根据《保险法》第十七条的规定，保险合同中免除保险人责任的条款，保险人在订立合同时应当向投保人明确说明，未明确说明的，该条款不产生效力。对存货中在制品没有在投保范围内，又没有特约承保成为非保险标的，而被视为责任免除项目的情况，在订立保险合同时保险公司业务人员并没有向投保人明确说明，因此该责任免除项目不能产生效力。

我们可以从最大诚信原则来分析，当被保险人向保险公司投保时，被保险人的财产及风险情况，保险人有权力向被保险人了解，被保险人应如实告知。而且，保险人有权力对其进行风险查勘，保险公司根据此风险查勘的情况决定是否承保及决定费率的多少。如保险公司放弃风险查勘和向被保险人了解情况，这就是放弃的行为。放弃的法律后果就是禁止反言，即当出现事故后，保险公司就不能提出对自己有利的解释。

（4）如果是投保人未如实告知，未告知事项足以影响保险公司决定是否同意承保或者提高保险费率的，此种情况下发生事故保险公司一般不会赔付。保险合同是最大诚信合同，要求合同双方订约时恪守诚信原则，投保人应向保险公司如实说明保险标的的情况，对保险公司投保单上书面询问的事项不得有隐瞒。对因投保人未如实告知而不能赔付的情况，保险公司一般会依据《保险法》第十六条的规定采取如下两种处理方法：一是投保人故意不如实告知的，保险公司均拒绝赔付，解除合同并不退还保险费；二是投保人因过失未如实告知的，保险公司一般也不会赔付，但可以退还保险费。

（5）业务员未明确说明类：保险公司在订立保险合同时，应当向投保人说明保险合同的条款内容，关于保险公司责任免除条款，《保险法》特别要求保险公司应当向投保人明确说明；如果未明确说明的，该条款不产生效力。

（6）如果投保人已将保险标的的情况如实告知了保险公司的代理人员，代理人员在投保单上未将告知事项说明，此种情况下保险公司不宜拒赔。因为根据《民法通则》《保险法》的有关规定，保险代理人在授权范围内的代理行为是代表保险公司的，其行为所导致的后果由保险公司承担，投保人将保险标的的情况告知了代理人，就相当于告知了保险公司，保险公司承保后就不能再以投保人未履行如实告知义务对抗投保人。保险公司因业务人员的过失行为应依法承担缔约过失责任，造成的经济损失应由责任方保险公司承担。

(7) 从会计学原理角度分析，在制品属于企业的财产，具有可保利益。受损的制浴柜车间的在制品是否属于保险标的中的原材料和产成品的范围，须谨慎处理。依据财产保险条款："存货的保险价值是出险时的账面余额"，存货的赔偿处理应该是与财务账目紧密联系的。依据会计准则，工业企业的存货主要包括原材料、产成品、在制品（生产成本）、自制半成品、包装物和低值易耗品等。但在保险实践活动中，私营企业已成为保险主体的重要组成部分，部分私营企业由于规模小，生产周期短，采用家庭作坊式的料、工、费、产成品粗放式的经营管理方式，没有遵循工业会计准则中对存货内容进行细分核算的要求，没有建立完善的财务建账制度。

对该类企业的保险理赔，如果被保险人在投保时没有进行逆选择，即投保时只选择风险大的保险标的进行投保，那么发生保险责任范围内的保险事故时，依据实事求是、诚实信用的原则，保险公司理赔时对其原材料、产成品标的的核定就不应按工业会计核算存货中原材料、产成品的概念处理。处理该类赔案（日常赔案中经常遇到），保险公司应首先考虑被保险人一贯的财务处理方式，如果被保险人是按照会计准则存货的核算方式进行经营活动，保险公司对其原材料、在制品、产成品等保险内容的核定就应按会计准则中存货分项内容中的原材料、产成品概念去处理；否则保险公司应该按被保险人事实经营管理中的广义原材料、产成品的概念去处理，即把在制品中已体现的原材料价值看作广义的原材料范围去处理。

四、总结

(一) 依法处理、实事求是

保险公司处理赔案应以事实为依据，以保险合同、法律为准则，运用保险原理公正合理地分析每个赔案的具体情况，树立保险公司良好的社会形象。保险人实际理赔也要从实际出发，本着遵守法律、实事求是的态度去处理纠纷，这样既维护了法律的尊严，又保护了保险公司的信誉。

本案处理过程中，保险公司经查阅卫浴厂的财务处理方式，了解到卫浴厂是以会计准则进行存货经营活动的，因此提出受损的制卫浴柜车间的在制品按其账面处理已转入生产成本科目，不属于存货保险标的的原材料、产成品范围，属于未保财产。卫浴厂推辞其投保时是将在制品归类到原材料范围投保，财务的具体做账方式被保险人并不知情。最终保险公司考虑卫浴厂利益，认为卫浴厂没有必要将风险隐患最大的制卫浴柜间弃之不保，没有主观逆选择投保的行为，保险公司对该卫浴厂在制品的损失给予了适当补偿。应该说明的是，2000 年 7 月 1 日起施行的《中华人民共和国会计法》

明确规定了被保险人是企业财务的直接责任人，被保险人再不能以对财务做账方式不知情为借口而逃避其相应的责任，这使保险公司此后对以会计准则做账的企业依据账面余额处理，更加有法可依，理直气壮。

（二）提高业务能力，提升服务水平

保险合同的形式不影响合同的效力，只要保险当事人双方协商一致，应以协商一致的内容决定双方的权利义务。本案中保险单遗漏了存货具体的两个项目是由保险公司经办人工作疏忽造成的，但这并不能改变合同的内容，不影响投保人、保险人的责任分担。

这是一起因保险公司业务人员缺乏必要的财务会计知识、承保时没能向保户告知清楚、承保不规范所导致的疑难处理案件，公司应重视对业务员的培养机制，提高工作人员业务素质，避免不必要的纠纷。保险公司业务员承保企财险时必须懂得一些必要的法律和财务知识。

保险公司核保工作把关不严，没有实际深入企业核定承保项目，只停留在对投保单表面数字的复核上，这对今后核保工作提出了更高的要求。

在办理保险业务中，由于投保单、投保清单、保险单都是保险合同的组成部分，要求保险双方的填报必须准确无误，否则很容易因理解不同引发纠纷，这就要求保险经办人在办理保单时要格外认真、细致，所列保单项目要与投保单相符，切不可马虎行事。

五、思考题

（1）保险合同的形式有哪些？相互之间有冲突时，应以哪种形式为准？
（2）当企业投保时，保险业务员应该具备哪些技能？
（3）简述依法理赔与实事求是的辩证关系。

案例 1-2　保险合同的特别约定

一、背景介绍

随着社会的进步和经济的不断发展，保险已逐步走进我们生活的方方面面，扮演着越来越重要的角色。保险产品的种类也不断增多，功能日益完善，内容逐渐复杂。但由于投保人对保险合同、保险条款的理解存在偏差，关于保险产品的纠纷也越来越多。

《保险法》第十条规定："保险合同是投保人与保险人约定保险权利义务关系的协议。"保险合同的当事人是投保人和保险人；保险合同的内容是保险双方的权利义务关系。投保人是指与保险人订立保险合同，并按照保险合同负有支付保险费义务的人。保险人是指与投保人订立保险合同，并承担赔偿或者给付保险金责任的保险公司。

保险合同作为记载保险关系双方权利义务的凭证，在解决双方纠纷中具有十分重要的作用。但因为部分保险合同是格式合同，所以极容易出现约定上的不公平、使用上的不诚信、结果上的权益失衡等问题。此外，合同的当事人为了在某种程度上减轻或增加自己的责任，在合同中设置了免责条款、特别约定等，这些都是产生保险合同纠纷的主要原因。本案例主要是研究保险合同中关于特别约定的相关问题。

二、相关理论知识

部分保险合同作为一种格式合同，在一定程度上限制了保险合同双方的缔约自由。为保障合同当事人的意思自治，《保险法》在规定保险合同基本内容的前提下，赋予了合同当事人针对保险合同进行特别约定的权利。特别约定条款是与基本条款相对应的概念。基本条款是保险合同所必须具备的条款，由保险公司事先拟定并印制，投保人根据基本条款的内容了解险种并决定是否投保。保险合同成立并生效后，保险合同当事人依照基本条款履行合同。特别约定条款应当为保险合同基本条款之外当事人特别约定的其他条款，或者保险合同当事人于基本条款的修正、变更。

实践中，在保险人制作的投保单上，一般留有由投保人填写特约事项的空白部分，保险单上也有注明"特别约定"的空白栏，皆可以由投保人和保险人在订约时要求对方承诺履行某种义务。特约条款是保险合同双方就对保险基本条款的变更，或者就对基本条款的补充达成的合意，亦构成保险合同一部分，保险合同双方当事人均应受其约束。

保险合同特别约定是指保险合同中缔约双方经平等协商，在格式条款的基础上，对于未尽事宜进行书面约定，以此扩展、限制或变更原格式合同中规定的双方权利与义务。特别约定增强了缔约双方意思自治的能力，有助于双方在格式条款的框架内，通过协商一致，做进一步的意思表示，以更好地反映真实需求，缓解供需矛盾。但在实际情况中，往往因双方所处的地位、掌握的信息、对既有条款的理解等方面的差异，导致在特别约定中无法做真实的意思表示，进而引发特别约定的效力问题。

特别约定主要包括以下三种类型：

（1）扩展性条款。该类条款用于扩展保险合同当事人可行使的权利或免除其应履行的义务。如在一般情况下，车辆全损或推定全损，保险人给付赔款后，残值可归其所有。投保人与保险人约定发生保险事故，造成标的物全损或推定全损时，保险人按理算价值的赔付，残值归被保险人所有，则扩展了其残值处分权。免于履行义务的特别约定则多由公司提出，这类约定数量最多，散见于各个险种，如存放于露天或简易建筑物内部的保险标的以及简易建筑本身，由于雷击、暴雨、洪水、暴风、龙卷风、冰雹、台风、飓风、暴雪、冰凌、沙尘暴造成的损失保险公司不负赔偿等。

（2）限制性条款。该类条款用于限制保险合同当事人主张的权益或加重其应履行的义务。一是限制对方索赔尺度，如"本保险合同的每次事故绝对免赔额为 1 000 元，或核定损失金额的 5%，二者以高者为准"等。二是加重对方应履行的义务，如被保险人应在车辆过户，办理好购置税后 5 个工作日内书面通知保险人，未履行通知义务而造成的相关法律后果由被保险人承担。

（3）变更性条款。该类条款用于变更主合同的相关要件。一是变更计量基础，如

"本保单按照年投保清单承保财产综合险"。二是变更要约条件，如"本公司同意被保险人不提供保险财产详细清单，但发生本保险项下损失后向本公司提出索赔时，被保险人必须提供合法拥有保险财产的有效证明"。三是变更合同关系参与人，如"本保单第一受益人为工商银行股份有限公司"等。

三、案例分析

（一）案例介绍

原告：曹某。

被告：某保险股份有限公司上海分公司。

2005年5月，原告在购买机动车时，在保险代理有限公司的指导下，填写了某保险公司机动车辆综合保险投保单，同时递交曹某和曹某某的驾驶证。同年5月31日，被告签发保险单。

保险单载明：被保险人为曹某，使用性质为营业，车辆损失险保险金额为85 500元，第三者责任险赔偿限额为200 000元。保险单上打印有特别约定条款，共6项条款，其中第一条注明：每次事故赔偿，被保险人自负额为500元；第五条注明："固定驾驶员"特约条款；第六条为固定驾驶人员优待特约条款："采用记名固定驾驶人员投保的保险车辆发生保险事故时，经公司查实，发生保险事故时的保险车辆驾驶人员与投保单中载明的记名固定驾驶人员姓名、性别、驾驶证号不符的，本公司在计算赔款时将对基本险和附加险增加6%绝对免赔率。"

保险责任期间，卢某驾驶保险车辆发生交通事故，将第三者撞伤，经交警部门认定，卢某承担全部责任。后经法院判决，卢某、曹某应赔偿案外人相关损失。曹某依判决赔偿后，向被告公司申请理赔，被告以肇事驾驶员为非保单特别约定的驾驶员为由拒赔，故原告诉至法院，请求判令被告赔偿原告184 140.49元。

原告认为，特别约定条款没有在投保单上出现过，是被告在保险合同成立后自行在保险单上打印的，并非原、被告协商一致的结果，故特别约定条款不能约束原告。特别约定条款第五条与保险单本身的印刷字重叠打印在一起，令投保人无法辨认，而且，该条款属于免责条款，被告的打印方式没起到提示投保人注意的作用，被告也未以口头或书面方式向投保人做出解释。因此，被告未依法对特别约定条款第五条尽到明确说明义务，该条款不产生法律效力。被告辩称，为缴纳相对较低的保险费，原告投保时提出投保车辆的司机仅为曹某和曹某某两人，且递交了两人驾驶证复印件，因此，被告在保单上打印了固定驾驶员特别约定条款，其内容为"指定曹某（驾驶员姓名）和曹某某（驾驶员姓名）为本保险车辆驾驶员，本保险车辆发生事故时，驾驶员为非以上列明的两个驾驶员之一的，本保险人不承担保险责任"。保单上的特别约定条款是经过原、被告双方协商一致的结果，对投保人有约束力。而保险车辆恰是由非固定驾驶员驾车出险的，故保险公司不予理赔。

（二）审理结果

人民法院经审理认为，原、被告签订的保险合同已经成立并生效，原、被告双方均应依保险合同条款的约定行使权利，履行义务。打印在保险单上的特别约定条款，字号大小及颜色均与保险单上其他印刷字体不同，原告亦在签收保险单时进行阅读，故特别约定条款作为保险合同的一部分，本应对原、被告产生约束力。但特别约定条款第五条对固定驾驶员进行的约定系属保险人免责条款，保险人将特别约定条款第五条打印于保险单原有印刷条款之上，造成字迹重叠，难以阅读，并且被告亦无其他证据证明其已通过口头或书面方式对该条款向投保人做明确说明，故法院认为该特别约定条款对原、被告不产生约束力，被告应当依照有效的保险合同条款对原告进行理赔。此外，原告作为出租车的运营者，应知晓固定驾驶员对于出租车安全性的影响，而且，原告在投保时递交了曹某及曹某某的驾驶证，因此，法院认定第六条"固定驾驶人员优待特约条款"对原、被告双方产生约束力，被告在计算理赔款时应对基本险和附加险被保险人自负 500 元的基础上，再减除 6% 的免赔金额。综上，依照《保险法》第十八条、第二十四条第一款之规定，判决被告某保险股份有限公司上海分公司应于本判决生效之日起 10 日内向原告曹某支付保险金 172 622.06 元。

一审宣判后，原、被告均未上诉，本判决已生效。

（三）案例评析

1. 合同的订立

合同的订立，一般而言是由投保人选择适合自身需求的险种向保险公司投保，保险公司审核后，决定予以承保或者拒绝承保，亦即由投保人发出要约，由保险公司承诺，保险合同成立。而特别条款的订立关乎保险合同的效力以及当事人的权利义务的确定，其订立过程应视保险合同的具体情况而定。

理论上，基本条款由保险人事先拟就，而特约条款旨在变更基本条款之内容或增加基本条款未尽之内容，因此为使保险合同更适合自身情况，通常由投保人提出特别约定条款的要约。保险人如果接受，则以特别约定条款的形式打印于保险单上。在这种情况下，特别约定条款自保险公司同意承保之时便成立并对保险合同当事人产生约束力。然而从实务来看，大多特别约定条款是由保险人提出要约，由投保人对该新要约进行承诺。对于特别约定条款订立的形式，可以是书面形式，也可以是要约人或承诺人以积极的行为表明其意愿，如保险人签发保险单、投保人签收保险单等。而案例中的特别约定就属于限制性条款。

本案中，根据原、被告提供的证据，可以理解为保险单上打印的特别约定条款第一条至第五条为保险公司提出的新的要约，而后，投保人签收保险单并未提出异议，投保人以其行为表明对新的要约的承诺，因此，保险合同成立，特别约定条款第一条至第五条亦对于保险合同当事人产生约束力。而关于"固定驾驶员"条款效力的认定，是本案的争议焦点。

根据原、被告提供的证据，可以确认以下事实：保险人向投保人提供保险条款，其中包括保险公司事先拟定并印制的"固定驾驶人员优待特别约定"；投保人向保险人提交投保单，同时提交两名驾驶员驾驶证的复印件；保险人签发保险单，在保险单上打印了不同于前者的固定驾驶员特约条款，但该条款无法阅读；投保人签收保险单并未提出异议。

针对上述事实，我们可以理解为：假如保险人在保险单上打印的固定驾驶员特约条款字迹清晰、内容清楚的话，可以认定，投保人以提交两名驾驶员驾驶证复印件的形式向保险人提出新的要约，即要求适用保险人事先印制好的"固定驾驶人员优待特别约定"条款的内容，而保险人在打印保险单的时候，变更了该条款的内容，又构成新的要约，投保人签收保险单并未提出异议。在这种假设下，投保人以签收保险单的形式对保险公司打印的"固定驾驶员"特约条款予以承诺，该条款成立并生效。

然而，难以辨认并阅读的"固定驾驶员"条款打断了此种假设，进而导致了对该条款效力的否定。尽管投保人在签收保险单时对于打印不清的条款未进行询问，但是保险人作为保险行业的专家，应当知晓此新的要约对于投保人权利义务的影响，更应当以清晰无误的方式使得投保人清楚新要约的内容。在此情况下，法院认定，保险公司在保险单上打印的"固定驾驶员"特约条款不成立，而保险公司签发保险单的行为则应视为保险公司对于投保人提出的要求适用事先印制好的"固定驾驶人员优待特别约定"条款内容的要约予以承诺，故该条款成立并生效。

2. 保险人对于特别约定条款的说明义务

《保险法》第十七条、第十八条规定，保险人有义务向投保人说明保险合同的内容，对于免责条款，保险人有义务向投保人明确说明，否则该条款不成立。特别约定条款作为保险合同的一部分，其效力与基本条款相同，当特别约定条款与基本条款矛盾时，特别约定条款的效力应高于基本条款的效力。因此，《保险法》关于说明义务及明确说明义务的规定同样适用于特别约定条款。

本案中，保险公司打印在保险单上的特别约定条款第一条至第五条的内容语言通俗、意思明确，一个具有正常认知水平的普通人亦可明了该条款的真实含义和法律后果。而且，投保人在签收保险单后未对特别约定条款提出异议，应当认定保险公司对上述特别约定条款已尽说明义务。如上所述，对于免除保险人责任的特别约定条款，保险人亦应当履行明确说明义务。对于明确说明义务的履行标准，现行法律并无明确规定，也难以举证，同时在审判实践中，法院的裁判尺度亦不统一。

作为保险人，要以合理的方式提醒投保人阅读免责条款，且免责条款内容明晰、含义清楚，自觉履行明确说明义务。此案中，保险人将特别约定条款第五条，即"固定驾驶员"特别约定条款，打印于保险单原有印刷条款之上，造成字迹重叠，难以阅读，并且，被告亦无其他证据证明其已通过口头或书面方式对该免责条款向投保人做明确说明，故法院可以保险人未履行明确说明义务为由，认定该条款无效。

当然，对于保险合同特别约定条款而言，相关的专家学者认为保险人说明义务存在其适用的例外情况。保险人说明义务的立法目的，是为"保护被保险人的利益，使保险合同真正建立在相互了解各方的权利义务、根据平等互利原则经过公平协商的基础之上"。他们认为当投保人提出新的要约、保险人予以承诺，此过程即可视为保险合同双方当事人就保险合同条款进行的公平协商，对于经过协商而形成的保险合同特别约定条款，保险人没有再履行说明义务之必要。同理可得，本案中，投保人以其行为表明要求适用保险人事先印制的"固定驾驶人员优待特约条款"，投保人的行为亦表明，其已在保险人承诺之前明确了上述条款的含义，在这种情况下亦无须要求保险人履行说明义务。

四、总结

无论是特别约定还是免责条款，都能增加或减少保险人的责任，从另一方面而言，投保人、被保险人可以利用特别约定更好地维护自身的切实利益。投保人、被保险人应该发动其本身自有的主观能动性，主动地去维护自身利益，主要分为以下4点：

1．了解保单的保险责任

保险责任是整份保单的核心，也是投保人购买保险的最终目的，只要保险责任是其所需要的，才不会觉得花了冤枉钱，保险才能在事故真正发生时突显保单的作用。

2．了解保单的免责条款

免责条款在很大程度上是保险人为了减轻自身的责任而提出的条款，都要明确清楚地在保险合同内载明。现在许多保险公司都用加粗、加大的字体描述免责条款，在此情况下，投保人、被保险人更应该认真看清免责条款，避免真的没有看清免责条款但法官认为是有理由相信保单的持有人是有能力、应当看清免责条款的情况发生，切实维护好自身权益。

3．了解保单的特别约定

保单的特别约定要么是缩小保险责任范围，要么是增大保险责任范围或提供相关的服务，不管是哪种，投保人、被保险人都应认真阅读特别约定，如不清楚，应当向保险人、代理人询问清楚。

4．了解理赔手续以及24小时服务电话

在事故发生前了解相关的理赔步骤、手续，才能更好地处理危机。在关键时刻不会因为理赔手续的问题影响保单责任的履行。

五、思考题

（1）保险人的"告知"义务如何履行？

（2）投保人应该如何维护自己的保险合同权益？

案例1-3 财产保险合同免责条款说明

一、背景介绍

"投保容易理赔难"是投保人或者被保险人在保险合同履行过程中集中反映的问题，也是整个保险市场中的主要矛盾之一。在机动车保险合同理赔过程中，保险公司事实上处于一种垄断地位，其信息获取途径广、掌握信息较投保人具有优势，保险合同的双方当事人地位实质上并不平等。作为投保人一方，其掌握的知识具有局限性，对专业性极强的保险条款难以理解透彻，所以只能依赖于保险人的说明，这为保险人利用信息壁垒侵害投保人的利益提供了机会。在保险实务中，保险人及其代理人可能利用优势地位向投保人虚假陈述，或者故意隐瞒合同主要条款等其他形式来误导投保人，使投保人陷入错误的认识。所以，立法需要对保险人施以明确的提示与说明义务。

二、相关理论知识

《保险法》第十七条对保险人明确说明义务的规定虽然在之前立法基础上有了很大进步，立法规定更加细化。但是，在司法实务中，对于"免责条款"的认定标准，明确说明义务的行使方式、程度，保险人未尽告知义务对保险合同效力的认定等规定的缺失，在保险合同的索赔过程中引发了许多争议难题。因此，通过分析本案例，研究保险人明确说明义务及违反该说明义务的法律后果，进而对上述问题进行论证，具有重要的理论和实践意义。

其理论意义表现为：有利于健全关于保险人明确说明义务的相关法律规定，以解决现行法背景下没有明确提示与说明义务的范围、方式、程度标准以及法律后果等问题，可以明确"免责条款""明确说明"的认定标准，以填补立法模糊笼统之处，完善保险立法，推动立法进程。其实践意义表现为：由于按照现有法律的规定，保险人对"免责条款"明确说明义务的方式、标准、未履行的法律后果不清晰，因此常常导致在实际操作中的同案不同判的现象。如果明确保险人明确说明义务，法官在办案中有法可循，则这种问题就可以得到很好的解决。通过对本案保险人对"免责条款"的明确说明义务的典型问题加以研究，从而在立法上对这些问题加以明确规定，使这些疑难争议之处有明确的法律依据支撑，可以有效减少实践中此类纠纷的发生，提高商业保险交易的效率和稳定性，促进市场经济发展。

三、案例分析

（一）案例介绍

2009年12月7日，原告刘某为其所有的车辆苏NU3839、苏NG886挂车在某保险公司处投保了机动车商业保险和机动车交通事故责任强制保险（简称交强险），保险期间分别为2009年12月26日至2010年12月25日，2009年12月8日至2010年12月7日。2010年4月3日，原告刘某驾驶上述车辆在某一交叉路口发生交通事故，车上货物刮倒了路上的电信线路、广播电视以致绿化带、线路、路边房屋和一辆小型客车受损。交警部门认定，该事故是因为原告驾驶的车辆所载货物超高导致，故原告对该事故承担全部责任。经过交警部门的调解，原告已实际赔偿了以上各项损失的费用。后来，原告向某保险公司提出理赔。被告提出上述事故车辆因未在被告处投保货险，并且车辆所载货物超高，所以，该事故不在保险赔偿的范围。被告又通过电话对原告进行了回访，双方在电话中就涉案事故达成了销案协议。

另查明，原告刘某所投保的商业险条款约定了："……第七条 下列损失和费用，保险人不负责赔偿：（一）被保险机动车发生意外事故，致使第三者停业、停驶、停电、停水、停气、停产、通讯或者网络中断，数据丢失、电压变化等造成的损失以及其他各种间接损失……（六）被保险人或驾驶人的故意行为造成的损失……第九条 保险人依据本保险合同约定计算赔款的基础上，保险单载明的责任限额内按下列免赔率免赔：负全部事故责任的免赔率为20%；违反安全装载规定的，增加免赔率10%……"

（二）审理结果

法院依据《中华人民共和国合同法》（以下简称《合同法》）、《中华人民共和国民事诉讼法》（以下简称《民事诉讼法》）的规定，于2011年7月25日做出判决：撤销原告刘某与被告某保险公司就涉案保险事故达成的销案协议。

保险公司不服一审判决，向中级人民法院提起上诉。中级人民法院经二审，确认了一审查明的事实。中级人民法院认定上诉人某保险公司提出的关于销案的协议系双方自愿达成，未违反法律规定，依法应受法律保护的上诉理由不能成立。一审法院认定事实清楚，适用法律正确，程序并无不当，应予维持。

（三）案例评析

本案中，在保险事故发生后，保险公司通过电话对刘某进行了口头询问，达成了"销案协议"。但本案中的关键事实是保险人隐瞒了被保险人能够获得理赔的关键信息，则该口头销案协议是否可以撤销？上诉人某保险公司在与被上诉人刘某订立销案协议的过程中是否存在欺诈行为？

本案两个争议焦点可以归结为一个问题进行探讨，即销案协议是否具备法定可撤销条件。本案中，保险人虽然履行了说明义务，但其对"免责条款"的说明是否明确却是两级法院审判时争议的焦点之一。法院审理的关键在于保险人是否对"免责条款"履行了明确说明义务。明确说明义务是保险人在保险法律关系中的核心义务之一，其是否实际履行关系到"免责条款"生效与否。

《保险法》第十七条规定：对保险合同中免除保险人责任的条款要尽到提示和明确说明义务，即需在投保单、保险单或者其他保险凭证上做出足以引起投保人注意的提示，并对该条款的内容以口头或者书面形式向投保人做出明确说明。由于学界、司法界对《保险法》第十七条的性质和效力尚未形成共识，造成法官在审理该类型案件中对本条的解读思路上和具体裁判尺度不统一，做出了不同或互相矛盾的判决。本案中，两级法院在适用法律上，解读思路一致，二审法院维持了一审原判，这并非偶然，而是司法技术的进步。本案中，"免责条款"不具有法律效力。保险公司要使保险"免责条款"发生法律效力，就必须履行法定的义务，尽到法定的责任。任何逃避或消极履行法定义务的行为，都不能使保险"免责条款"发生法律效力。任何企图援引"免责条款"的当事人，首先必须证明该"免责条款"是合同内容的一部分。

保险人既然援引其制定的保险条款拒赔，则该条款应该为合同内容并为投保人或被保险人所知晓。然而，本案中，保险人却未在保险合同中载明抗辩的免责事由，更没有对该免除保险人责任的条款提示投保人注意并对其内容予以明确说明。根据商业惯例，保险公司一般将其应当履行的明确说明义务简化为在预先拟定好的格式条款上加盖印章或签名，代替其应当履行的明确说明义务。

上述行为系消极履行法定说明义务的行为，其实质是对保险人应当承担的法定义务的免除，是一种规避法律的行为。是故，本案保险公司采取商业惯例，通过投保人在保险单上签名来履行说明义务，这种消极履行义务方式无法认定保险人已经履行了对投保人就"免责条款"进行了明确的说明义务。因此，本案关于保险人"免责条款"不产生效力。

本案中，刘某同意销案的原因是某保险公司在此之前已经拒绝理赔，所以，刘某错误地以为此次因交通事故造成的损失不能从某保险公司获得赔偿。某保险公司拒赔的理由主要是刘某没有投保货物损失险，所以由被保险车辆装载的货物超高而引发的交通事故不属于其赔偿的范围。但是，某保险公司在诉讼中未对上述拒赔理由提供法律及合同上的证据。

某保险公司是一个专业的保险公司，有着丰厚的工作经验并且对保险合同条款理解透彻，其明知或者应该知道本案的交通事故在保险赔偿的范围之内。某保险公司对此次保险事故认知能力清晰，能够明确判断应该理赔的结果，仍然对刘某做出了拒赔的表示，违反了诚实信用的原则。在销案协议的订立过程中，某保险公司故意隐瞒了刘某可以获得保险理赔这一重要事实，对刘某进行错误诱导，致使刘某陷入错误的认知，以为不能获得赔偿。刘某在上述认知错误的基础上做出同意销案的意思表示，与其期望获得保险赔偿的真实意思明显相违背，所以某保险公司构成欺诈。

另外，《合同法》规定的缔约信息提供义务，是在意思自治、合同自由以及诚实信用的原则之上所引申出来的一种先合同义务。先合同义务是这样一种附随义务，是在合同生效之前，缔约双方为了缔结合同而在合同缔结过程中应履行基于诚实信用原则下的法定义务。《合同法》上缔约信息提供义务针对的对象是与缔约有关的信息，该义务的存续时间包括从缔约接触到合同生效的整个缔约过程，且该义务并不是缔约双方当事人约定的合同义务本身，而是一种附随义务，该义务的履行关系到合同的效力。上述义务来源于诚实信用原则，是一种法定义务，由法律强制缔约双方当事人履行，而不是缔约双方在合同中约定的义务。本案中，在保险合同的磋商订立过程中，保险人负有缔约信息提供义务，将与缔结保险合同有关的信息告知投保人，包括合同条款中具体包括哪些免责事由、每种免责事由具体适用范围等。

合同的订立是当事人理性判断的过程，这种理性判断必须以获得充分信息作为前提。当合同订立过程中存在某些特殊情形或者因交易的特殊性而导致双方交易信息不对称显而易见时，如保险人较投保人具有信息优势，应通过法律对某些特定信息优势当事人一方施加特定的缔约信息提供义务。

通过分析我国立法对保险人说明义务的规定可知，我国《保险法》对保险人的提示及明确说明义务的规制路径是一种从"统一主义"向"分离主义"转变的过程。"统一主义"下提示义务被包含于明确说明义务中，是同一种义务，"分离主义"下提示义务区别于明确说明义务，提示义务是针对一般保险格式合同条款而言，明确说明义务是针对保险合同"免责条款"。

四、总结

保险人对"免责条款"的说明义务，是从"明列说明"到"明确说明"的转变。

因为保险立法的不完善，导致司法无法可依。审判实践中针对同一类型的案件经常出现"同案不同判"的现象。为了实现法院自由裁量权的公正以及连贯性，我们可从以下四方面对保险人说明义务制度进行重置。第一，在说明义务的履行范围上，要改变一般说明之对象范围对保险人说明负担过重和明确说明之对象范围界定不清的问题，将前者与保单通俗化制度衔接起来，对后者则要给出一个清晰的界定。第二，规范保险人说明义务的操作流程，在保障了投保人知情权的同时又可解决保险人对说明义务履行与否难以证明的问题。第三，从公平和利益均衡的角度，在说明标准上建议采纳理性外行人的标准，在说明义务的履行方式上则变为以主动模式为主、被动相结合的模式。第四，法官在具体判案时，要对保险人及投保人双方利益进行衡量，商事审判中更注重当事人行为的外观效力和公示主义，要对信赖利益进行司法保护。

五、思考题

（1）企业财产保险合同中常见的免责条款有哪些？
（2）车险保险合同中常见的免责条款有哪些？
（3）保险公司一般如何证明自己已经履行了免责条款的明确说明义务？

第二章 财产保险基本原则

案例 2-1 保险利益的认定与转移

一、背景介绍

保险利益原则是整个保险法律制度的核心之一，具有避免赌博行为的发生、避免道德风险的发生以及限制损失补偿的程度等功能，在保险法律和保险实务中都扮演着举足轻重的角色。保险利益原则最早起源于财产保险，是财产保险中的核心要素。长期以来，该原则一直都备受理论界和实务界的关注，因此人们对它的讨论一直都很活跃。而对保险利益的探讨，对完善我国的保险立法以及发展我国的保险业都有着及其重要的意义。在财产保险合同中，保险事故发生时被保险人对保险标的是否具有保险利益是被保险人是否能够获得赔偿的重要构成要件。但在实务中，由于投保人、被保险人的保险知识薄弱，保险人对一些保险疑难问题没有深入的研究以及没有尽到自己的义务与责任，导致了很多保险纠纷案件的产生。本案例分析了财产保险合同中保险利益的演变以及在处理财产保险合同中保险利益原则的运用。

二、相关理论知识

(一) 保险利益学说

关于保险利益学说，主要有一般性保险利益学说、技术性保险利益学说和经济性保险利益学说。

一般性保险利益学说认为，保险利益仅限于所有权利益。在 18 世纪之前并无法律要求投保人与保险标的具有任何联系，保险与赌博具有同样性质，是受法律保护的。由于海上贸易活动中赌博十分盛行，且危害很大，因此，法律开始规定投保人对保险标的不具有保险利益的，保险合同无效。而当时经济交往方面主要体现为所有权的交换，故将保险利益局限于所有权，只有保险标的的所有权人才对保险标的具有保险利益。

技术性保险利益学说将保险利益扩展到所有权之外的间接保险利益。随着经济和保险业的发展，在资本主义逐渐走向垄断的阶段时，他物权①法及债权等其他私法权得

---

① 他物权是指在他人所有的物上设定或享有的权利，源于罗马法。

到充分重视。相应地，保险关系越来越复杂，保险种类越来越多，各种新兴的保险出现，一般性保险利益学说在很大程度上限制了保险业的发展，而技术性保险利益学说，使保险利益突破了所有权的限制，将保险利益扩展到间接保险利益。

经济性保险利益学说，将保险利益扩展至合法的经济利益。该学说是 19 世纪至今主要流行的观点，认为对于保险利益的认定，不应局限于法律的规定，而应当从经济的角度出发，即使投保人对保险标的不具有法律上规定的权利，但如果与保险标的存在着事实上、经济上的关系，只要不违反法律的规定，不违反公序良俗，投保人因这种经济关系受到损害而遭受经济上的损失，就可以对保险标的具有保险利益。各国的立法和实践均表明经济性保险利益学说是比较合理可行的一种理论。

采用经济性保险利益学说认定保险利益原则的好处是：保险利益相对稳定，较容易确定。而不足之处是：被保险人注意的是自己的经济利益，保险人强调的是物权关系，于是产生了额外的诉讼。

(二) 我国保险利益的规定

我国《保险法》对保险利益定义为：保险利益是指投保人或者被保险人对保险标的具有法律上承认的利益。在财产保险合同中，只要求被保险人在事故发生时对保险标的具有保险利益；在投保时，投保人、被保险人是否具有保险利益不影响财产保险合同的成立。衡量被保险人对保险标的是否具有保险利益的标志是看被保险人是否因保险标的的损害或丧失而遭受经济上的损失。我国理论界认为财产保险利益主要包括现有利益、期待利益和责任利益。

现有利益是指投保人或被保险人根据法律规定对保险标的所享有的现存利益，如投保人或被保险人基于所有权、担保物权、保管权、用益物权、合同债权以及其他民事权利所产生的保险利益。

期待利益是指投保人或者被保险人对保险标的的利益尚未存在，但是基于现有的利益可以获得的利益。现有利益必须要以现实法律或者合同为基础，而我国的保险法对期待利益并没有明文的规定。

责任利益是指因被保险人依法应承担的民事赔偿责任而产生的经济利益。民事赔偿责任是以期权行为或合同的违约行为的发生为基础，与之相对应的险种是责任保险。

三、案例分析

(一) 案例介绍

2007 年 4 月 4 日，A 公司就湘 AC3278 "路虎" 越野车向某保险公司投保了车辆损失险等 9 个险种的保险，保险期至 2008 年 4 月 4 日 24 时止。保险单上注明的投保人和被保险人均为 A 公司。但车辆所有人为 B 公司。2008 年 3 月 6 日，B 公司将被保险车辆转让给本公司工作人员彭某（彭某是 A 公司股东），并办理车辆过户手续，但并未告知保险公司且没有办理保险单变更手续。2008 年 3 月 17 日，该车在某高速公路附近由于自燃导致全损。事故发生后，保险公司认为，保险期限内标的车辆转让没有书面通知保险人，因此拒绝理赔。但是彭某认为，自己在车辆过户之前就长期使用该车，同时也是 A 公司股东，对保险车辆具有保险利益，因此保险合同有效，保险公司应该赔付。

该地中级人民法院认为，投保人 A 公司和保险人签订的保险合同，是双方当事人真实意思表示，内容合法，且 A 公司对保险标的具有保险利益，对此保险人在上诉状中亦予以认可，故应认为该合同的基本内容合法生效。在保险期限内，被保险车辆发生转让，受让人彭某应依法继承被保险人 A 公司的权利和义务，对保险车辆享有保险利益，并且保险事故发生在保险期限内，所以彭某享有保险金请求权。保险公司不服。

（二）案例评析

本案的争论点之一：法院认为 "A 公司对保险标的具有保险利益"，并表示 "对此保险人在上诉状中亦予以认可"。从这里可以看出法院将保险利益看成是一种主观的、可以根据当事人的意志加以变更的事实。这是违反了保险利益原则的本意的，因为无论从法理来看还是从法律规定而言，保险利益均是一种客观存在的事实，是不以人的意志为转移的。而且，根据上面的理论分析可知，保险利益是指投保人或被保险人对保险标的具有法律上承认的利益。财产保险的保险利益主要包括现有利益、期待利益和责任利益。而在狭义的财产保险中，财产的所有人（包括共同所有人）、对财产安全负责的人（如因寄存、维修、加工等原因对该财产负有保管责任者）、作为抵押物、留置物、典当物的财产的权利人以及承租人对其财产具有保险利益。

本案的投保人和被保险人均为 A 公司，而 A 公司对被保险车辆既不具有所有权，也不具有留置权、抵押权、保管权等权利，所以，A 公司对被保险车辆不具有保险利益。

我国《保险法》规定，投保人和保险人在签订财产保险合同时，可以对标的不具有保险利益，但是在保险事故发生时，投保人或被保险人必须对保险标的具有保险利益，否则，保险公司不负责赔偿。因此，保险合同签订的时候 A 公司虽然并不是投保车辆的所有人，但可以为湘 AC3278 "路虎" 越野车投保车辆损失险。但是当保险事故发生时，若想获得赔偿，被保险车辆的所有权必须要被转移到 A 公司，或者被保险人变更为 B 公司。事实上，A 公司后来也没有通过任何的转让而获得该车的所有权或其他权利，即 A 公司和被保险车辆不存在任何的法律关系。除此之外，A 公司和 B 公司之间也不存在任何的法律关系。A 公司不是、也从来没有成为过该车辆的所有人或对该车拥有其他权利。

在投保之时，投保人没有对被保险车辆具有保险利益，在发生保险事故之时，A 公司和被保险车辆之间也不具有任何法律上认可的利益。因此，A 公司对被保险车辆不具有保险利益。

本案争论点之二：如果 A 公司对湘 AC3278 "路虎" 越野车没有保险利益，本案中的保险合同效力如何？

根据《保险法》第四十八条的规定："保险事故发生时，被保险人对保险标的不具有保险利益的，不得向保险人请求赔偿保险金。"因此，本案中，A 公司和该保险公司之间签订的以湘 AC3278 "路虎" 越野车为保险标的的保险合同无效。该法院的判决不妥。

争论点之三：彭某继承保险合同中相应的权利和义务吗？

根据《保险法》第四十九条的规定，保险标的转让的，保险标的的受让人承继被保险人的权利和义务。保险标的转让的，被保险人或者受让人应当及时通知保险人，但货物运输保险合同和另有约定的合同除外。被保险人、受让人未履行本条第二款规定的通知义务的，因转让导致保险标的的危险程度显著增加而发生的保险事故，保险人不承担赔偿保险金的责任。

在本案例中，被保险车辆的所有权人是 B 公司，B 公司和彭某之间由于被保险车辆的转让虽然产生了所有权的转变，并产生法律效力，但是由于保险合同的被保险人不是 B 公司，因此，虽然被保险车辆的所有权发生了变更，但是并没有相应地继承被保险人的权利和义务。所以彭某并没有继承保险合同中相应的权利和义务。

争论点之四：若 A 公司与保险公司之间签订的保险合同生效，彭某又没有和 B 公司之间对被保险车辆进行所有权的转让，其作为 A 公司的股东对被保险车辆具有保险利益吗？

股权是公司股东基于其股东身份和地位而享有的从公司获取经济利益并参与公司经营管理权的权利。股权包含三方面的内容：一是资产收益权，二是参与公司重大决策的权利，三是选择管理者的权利。其中，资产收益权属于财产性质的权利，其他两者属于人身性质的权利。对于股东对公司的财产是否具有保险利益，各国有不同的看法。

英国判例认为股东对公司的财产不具有保险利益。因为他们从所有权的角度去分析，认为公司是企业法人，享有独立的法人财产权，所以公司的财产是公司的而不是股东的，股东对公司的权利仅包括资产收益、分享红利以及在公司解散或破产时分配公司的剩余财产。因此，公司的股东对公司的财产不具有保险利益。与之相反，美国判例则认为股东对公司的财产具有保险利益，因为他们从经济最终受害者的角度进行分析，认为公司财产的损毁将使股东对公司享有的资产收益、分红等权利得不到实现，必然会对股东的利益造成损害，因此，股东对公司的财产具有保险利益。

在我国台湾地区，有一些学者认为，股东既然有分享红利及分配公司剩余财产的权利，那么股东就会因公司财产的损失而受损，因此应该承认股东对公司财产具有保险利益。而另一些学者则认为，应该根据股东对公司责任的性质来确定股东是否对公司财产具有保险利益。根据股东对公司所负责任的不同，公司可以分为无限责任公司、有限责任公司、股份有限公司。其中无限责任公司的股东对公司债务负连带无限责任，其与公司的关系极为密切，应认为无限责任公司股东对公司财产具有保险利益。而有限责任公司的股东仅以其出资额为限对公司承担责任，股份有限公司的股东仅以其所认购的股份对公司承担责任，两种公司的股东都对公司承担有限责任，与公司的关系不够密切，而他们的实际利益估算起来也比较难，应该认为有限责任公司和股份有限公司的股东对公司财产不具有保险利益。

另外，我国大陆的一些学者认为股东对公司的财产没有保险利益。他们认为公司的独立人格和公司的财产具有保险利益，而不是公司的股东对公司的财产具有保险利益。

综上所述，对于股东对公司的财产是否具有保险利益，是很有争议性的一个问题。不过在我国的案例判定中，一般都认为股东对公司的财产不具有保险利益。因此，在本案例中，即使 A 公司对被保险车辆具有保险利益，彭某作为 A 公司的股东对被保险车辆也不具有保险利益。况且根据前面的分析可知，A 公司和保险公司之间签订的保险合同并没有产生法律效力。因此，即使彭某同时是 A 公司的股东之一，也不可以基于自己的保险利益主张保险合同项下的权利。

争论点之五：事故发生后，保险公司认为，保险期限内标的车辆转让没有书面通知保险人，因此拒绝理赔。

在本案例中，经过上面的分析可知，投保人和被保险人对保险标的不具有保险利益，因此保险合同无效。保险公司以"保险期限内标的车辆转让没有书面通知保险人，因此拒绝理赔"不合理。

在财产保险合同中，发生事故时被保险人对保险标的不具有保险利益，不影响保险合同的成立，不会导致保险合同失效，但是却会导致被保险人在损失之后无法获得赔偿。那被保险人无法获得赔偿，应该由谁负责？一般来说，保险事故发生时，被保险人对保险标的不具有保险利益致使无法赔偿通常有两种原因：一种是保险人未尽到说明义务，致使投保人错误投保，属保险人的故意或重大过失；另一种是投保人投保了其没有保险利益的保险，属投保人的故意或重大过失。

保险人作为保险市场的经营主体，其理应对保险利益具有更加深刻的理解和辨别能力，在承保时负有审慎经营、诚实信用的义务，对于投保人投保时的信息负有核实的责任，如果保险人在明知投保人（和被保险人同为一人的情况下）对保险标的不具有保险利益而投保的情况下同意承保，是对市场规范和法律原则的违背，应该对自己的过错行为承担相应的民事责任，而此时的被保险人在保险事故发生时对保险标的无论是否已经取得了法律上承认的利益都具有保险金索赔权。

在本案例中，A 公司投保的目的是为了在被保险车辆遭到损失时可以得到赔偿，A 公司可以作为投保人，而由 B 公司作为被保险人，然后投保为车辆损失险。在出险后由 B 公司向保险公司申请赔付。而保险公司明知 A 公司的投保意愿，但是其作为专业提供保险的一方，在承保时，并没有审查 A 公司对投保车辆是否具有保险利益，也未告知 A 公司对投保车辆因不具有保险利益，在发生保险事故时不能获得赔偿的后果，致使 A 公司错误投保。因此，保险公司也应该承担相应的过错责任，承担一部分的赔偿或者退还保险费。

四、总结

可保利益是保险合同的客体，是合同生效的法律依据。投保时，投保人对保险标的具有保险利益，保险合同生效；投保时，投保人对保险标的不具有保险利益，则保险合同不具有法律效力。在人身保险合同中，保险合同签订之时，就要求投保人对被保险人具有保险利益，而在财产保险合同中，保险合同签订之时，不要求投保人对保险标的具有保险利益，但在保险事故发生之时要求投保人或被保险人对保险标的具有保险利益。若保险事故发生之时，被保险人对保险标的不具有保险利益，则保险公司不负责赔偿。而在签订财产保险合同之时，若投保人或被保险人对保险标的不具有保险利益的，作为保险公司，应该承担起自己的义务与责任，提醒投保人或被保险人。保险事故发生时，保险人若对保险标的不具有保险利益，则保险公司不负责赔偿，所以，投保人应在保险标的转移时办理相关的权利转让手续等，并通知保险人。

在本案例中，在保险合同签订之时，A 公司虽然对保险车辆不具有保险利益，但是合同成立；但是保险事故发生之时，保险合同的被保险人仍然是 A 公司。在保险合同签订到保险事故发生时的那段时间，A 公司并没有通过任何的转让而获得该车的所有权或其他权利。除此之外，A 公司和 B 公司之间也不存在任何的法律关系。

在保险合同签订之时和保险事故发生之时，A 公司都没有对被保险车辆具有保险利益。而彭某和 B 公司之间签订的被保险车辆的所有权转让合同虽然成立，但是由于 B 公司不是保险合同的被保险人，因此，彭某没有继承被保险人的权利和义务，对被保险车辆也不具有保险利益，因此彭某不能要求保险公司向其赔付保险金。另外，保险公司由于没有承担起相应的提醒和监督责任，在保险事故发生后也应该承担一部分的赔偿或者退还保险费的责任。

五、思考题

（1）财产保险中，投保人对哪些标的具有保险利益？

（2）保险标的转移时，投保人应该如何做以确保保险合同的效力？

（3）车辆买卖过户时未通知保险公司做变更，发生事故真的不赔付吗？

案例 2-2　最大诚信原则中的告知义务

一、背景介绍

"新国十条"[①] 出台后，保险业的发展越来越好。在我国目前社会诚信体系尚不完善的背景下，少数投保人、保险人存在较强的投机心理，投保人、被保险人或者受益人故意进行保险欺诈的情况时有发生，缺乏履行如实告知义务的主动性和严肃性。保险人因展业竞争压力，在订立合同时进行销售误导，在投保人出险后则习惯用未履行如实告知义务为由拒绝理赔，双方当事人均未按照诚实信用原则履行合同义务，从而影响了保险行业的健康长足发展。

如实告知义务作为各国保险法普遍规定的重要规则，是保险合同的基本内容，也是保险合同纠纷案件的重要争议焦点。根据相关资料显示，无论是何种类型的保险纠纷案件，当事人的争议焦点主要集中在"免责条款的范围""保险人是否履行了明确说

---

① 2006 年发布《国务院关于保险业改革发展的若干意见》，简称"国十条"；2014 年 8 月 10 日国务院发布《关于加快发展现代保险服务业的若干意见》，简称"新国十条"。

明义务"和"投保人是否履行了如实告知义务"三个方面,投保人如实告知义务的履行以及保险人解除合同权的行使,涉及保险人和投保人、被保险人或者受益人的切身利益,围绕投保人如实告知义务履行的争议是当前保险合同纠纷诉讼或者仲裁案件的核心焦点。

二、相关理论知识

最大诚信原则是指保险活动当事人行使权利、履行义务应当遵循诚实信用原则。它包括告知、保证、弃权和禁止反言。其中,告知是保险合同当事人的义务,要求当事人按照法律,实事求是、尽自己所知、毫无保留地告知对方所应知道的情况。

(一) 相关的法律条款

(1)《保险法》第十六条规定,订立保险合同,保险人就保险标的或者被保险人的有关情况提出询问的,投保人应当如实告知。投保人故意或因重大过失未履行前款规定的如实告知义务,足以影响保险人决定是否同意承保或者提高保险费率的,保险人有权解除保险合同。投保人故意不履行如实告知义务的,保险人对于合同解除前发生的保险事故,不承担赔偿或者给付保险金的责任,并不退还保险费。投保人因重大过失未履行如实告知义务,对保险事故的发生有严重影响的,保险人对于合同解除前发生的保险事故,不承担赔偿或者给付保险金的责任人,但应当退还保险费。

(2)《保险法》第五十一条规定,被保险人应当遵守国家有关消防、安全、生产操作、劳动保护等方面的规定,维护保险标的的安全。保险人可以按照合同约定对保险标的的安全情况进行检查,及时向投保人、被保险人提出消除不安全因素和隐患的书面建议。投保人、被保险人未按照约定履行其对保险标的的安全应尽责任的,保险人有权要求增加保险费或者解除保险合同。保险人为维护保险标的的安全,经被保险人同意,可以采取安全预防措施。

(3)《保险法》第五十二条规定,在合同有效期内,保险标的的危险程度显著增加的,被保险人应当按照合同约定及时通知保险人,保险人可以按照合同约定增加保险费或者解除合同。

(二) 国外对如实告知义务的相关规定举例

2009 年 8 月公布了《欧洲保险合同法原则》(PEICL),该原则成为欧洲统一保险合同法的蓝本。该原则在如实告知义务的履行方式上由传统的主动告知转变为被动告知,并根据主体违反如实告知义务时的主观状态与违反如实告知义务的时间规定有区别的法律责任。

《德国新保险合同法》对于询问模式进行了修改,该法第十九条第一款规定:"投保人于要约前应将其所知悉的对于保险人基于书面形式所询问的关于决定保险合同内容具有重要性的情况告知保险人。"

三、案例分析

（一）案例介绍

（1）2002 年 3 月 20 日，R 保险公司向 S 公司签发财产险保险单一份，保险单载明：被保险人为 S 公司，保险项目包括建筑物、机器设备及其他，保险金额总计 350 万元，保险期限自 2002 年 3 月 21 日零时起至 2003 年 3 月 20 日 24 时止，保险费率为 1.2‰。S 公司于上述保险单即将到期办理续保手续时，将签章后的《财产一切险投保单》及其背附的《财产一切险情况调查表》提交给 R 保险公司。在《财产一切险情况调查表》第七项"投保项目的周围有无其他建筑"的"无"一栏打有一勾，第十三项"其他需特别说明的情况"一栏系空白。

（2）前述 2003 年保单即将到期时，经 S 公司履行提交投保单并在《财产一切险情况调查表》上签章等投保手续后，R 保险公司向 S 公司签发了两份《财产一切险保险单》。其中签发于 2004 年 3 月 16 日的保险单载明保险费率为 0.8‰。该份保单所对应的《财产一切险情况调查表》除在第八项"有无保安措施"的"有"一栏打有一勾外，其余事项均未填写。

签发于 2004 年 4 月 13 日的保单载明：保险项目中机器设备保险费率为 0.8‰。该份保单所对应的投保单载明的填写日期为 2004 年 3 月 30 日，投保单背附的《财产一切险情况调查表》第十三项"其他需特别说明的情况"一栏空白。

《财产一切险保险单》所附条款的第二部分即责任范围约定：在本保险期限内，若本保险单明细表中列明的保险财产因自然灾害或意外事故造成的直接物质损坏或灭失，本公司按照本保险单的规定负责赔偿；意外事故是指不可预料的以及被保险人无法控制并造成物质损失的突发性事件，包括火灾和爆炸。第三部分即除外责任的第八条规定：存放在露天或使用芦席、篷布等做罩棚或覆盖的保险财产因遭受风、霜、严寒、雨、雪、洪水、冰雹、尘土引起的损失，保险人不负责赔偿；第十条规定：被保险人及其代表的故意行为或重大过失引起的任何损失、费用和责任，保险公司不负责赔偿。第五部分即被保险人的义务的第一条规定：投保时，被保险人及其代表应对投保申请书中列明的事项以及本公司提出的其他事项做真实、详尽的说明和描述；第三条规定：在保险期限内，被保险人应采取一切合理的预防措施。

（3）2002 年 11 月 27 日，S 公司与个体户陈某签订《简易铁皮房修建合同》，由后者承建简易铁皮房，约定的竣工时间为 2002 年 12 月 15 日之前。该简易房修建完成后，S 公司将其用作原材料仓库。

2003 年 12 月 25 日，消防局派员对 S 公司进行了消防监督检查，并于 2004 年 1 月 8 日做出重大火灾隐患《限期整改通知书》，指出 S 公司存在下列重大火灾隐患：第一，原材料仓库等依法应当进行消防设计的建筑工程竣工时未经消防验收，S 公司擅自使用上述建筑物违反了《上海市消防条例》第三十二条的规定；第二，危险品仓库及涉及使用易燃易爆危险物品的操作工人未落实职工及重点工种人员消防安全教育和培训工作，违反了《上海市消防条例》第十五条第一款第五项的规定；第三，原料仓库建筑耐火等级达不到规范要求，违反了《上海市消防条例》第十五条第一款第四项的规定；第四，成品仓库违反消防安全管理规定，在仓库库房内设置办公用房，违反了《上海市消防条例》第十五条第一款第四项的规定。消防局责令 S 公司于 2004 年 3 月 26 日之前整改完毕，同时还警示 S 公司应当采取确保消防安全的措施，防止发生火灾。

2004 年 4 月 8 日，消防局经对 S 公司复查后做出《复查意见书》，复查意见为：除《限期整改通知书》第二条有关危险品仓库及涉及使用易燃易爆危险物品的操作工人未落实职工及重点工种人员消防安全教育和培训工作的情形已改正外，其余消防违法行为均未改正。《复查意见书》还再次要求 S 公司依法履行消防安全职责，警示其确保消防安全，防止发生火灾。

（4）2004 年 9 月 14 日，当天气象资料显示有雨。凌晨 3 时许，S 公司危险品仓库发生爆炸，引发大火，原材料仓库及库存物资全部被烧毁，办公楼内外装修被震毁，部分设备被烧毁。火灾发生后，S 公司即向保险公司报告出险。保险公司接险后即派员赴现场查勘，并委托 D 公司对火灾造成的损失进行公估理算。D 公司对事故现场进行了细致的查勘和清点，并向 S 公司调取了商品采购明细表、原料仓库汇总表、成品仓库汇总表、原材料明细账、产成品明细账和财务报表等财务资料。

2004 年 11 月 8 日，D 公司做出公估最终报告。该报告认为：经 J 房地产估价有限公司于 2004 年 2 月评估，S 公司的厂房的评估总价为 815 万元，其中土地使用权估价为 573 万元，建筑物估价为 242 万元。S 公司据此投保，保单载明建筑物保险金额为 815 万元。

出险时，S 公司建筑物账面原值为 2 337 628.00 元，小于保险金额，故建筑物为足额投保；机器设备保险金额为 60 万元，出险时的账面原值为 692 752.00 元，因账面值大于保险金额，故赔付比例为 86.611%；仓储物保险金额为 340 万元，出险时存货账面值为 5 022 316.09 元，因账面值大于保险金额，故赔付比例为 67.698%。经过对 S 公司财务账及仓库账的查询核对，确认 S 公司在 2004 年 8 月底的原材料金额为 2 949 079.40 元，经核对 9 月 1 日至 9 月 13 日购买原料发票及进库单、仓库领料单，确定 9 月 13 日结存原料数量，抽查该公司原材料购买发票以确定各种原料的单价，最终确认受损原料金额为 3 641 735.69 元；对被爆炸震毁的办公楼装修，公估人员核对了被保险人提供的《办公楼修理工程预算书》，经与施工方协商，在该预算书的基础上下调部分费用，按照 190 364.00 元定损；因 S 公司投保建筑物是依据 J 房地产估价有限公司出具的《房地产估价报告》进行的，该报告的估价对象未包含出险的原材料仓库，因而原材料仓库不属保险财产范围；被烧毁的机器设备和相关固定资产，如便携式通信装置、电脑设备、照相摄影器材及其他贵重物品，经扣除不能作为保险财产的未入账部分财产，计提折旧后，确认损失金额为 12 795.60 元。对上述定损金额分别按赔付比例折算并扣减建筑物险及设备与存货险每次事故免赔额各计 1 000.00 元后，理算金额总计为 2 664 828.63 元。

报告还认为：S 公司原材料仓库存在重大消防隐患，S 公司在投保时未向保险人提及该重大消防隐患，在投保后也未告知保险人上述风险的存在。2004 年 12 月 3 日，D 公司做出火灾事故原因分析的补充说明，认为火灾可能由外来火种或因原材料仓库存放的甲苯等化学品产生静电火花引发火灾，并认为在当天凌晨有雨空气潮湿情况下，存在因产生静电发生火灾的较大可能性。同日，D 公司又做出《保险责任分析补充说明》，认为 S 公司原材料仓库属重大危险源，S 公司在消防部门发出重大火灾隐患限期整改的通知书后仍未整改，是造成火灾的直接原因。

（5）2004 年 10 月 12 日，消防局做出《行政处罚决定书》，因 S 公司原料仓库存在搭建临时建筑物、构筑物等不符合防火安全要求的违法行为，对 S 公司处以罚款 5 万元的行政处罚，S 公司按照处罚决定缴纳了罚款。2004 年 11 月 10 日，消防局做出《火灾原因认定书》，认定该起火灾为外来火种引起。2004 年 12 月 7 日，R 保险公司向 S 公司发出《拒赔通知书》，认为 S 公司隐瞒保险标的存在的重大隐患，在政府有关主管部门责令整改的情况下投保，违反了法律规定和合同约定的投保人如实告知义务，对该案予以拒赔。

S 公司遂诉至原审法院，请求判令：R 保险公司上海分公司及其上级公司 R 保险公司共同赔偿该公司财产一切险保险金总计 3 157 318.40 元。

（二）案例评析

1. 从法院的角度

（1）财产保险的保险标的处于投保人的掌控之下，保险人只有依赖投保人的告知方能对保险标的的做充分了解。存在于投保人与保险人之间的信息不对称要求投保人对保险人负有如实告知的义务。如实告知既是保险人据以评估风险的信息来源，也是"最大诚信"原则赋予投保人的一项先合同义务①。因此，投保人 S 公司就其投保的财产险标的的相关情况负有向保险人如实告知的义务。

（2）若投保人就保险标的的事无巨细均需告知，则会加大投保人的负担，使得保险人有机会借口投保人未告知琐碎事项而轻易免责。故如实告知的范围在实质上应界定在足以影响保险人是否同意承保或者提高保险费率等重要事项的范围内。在保险实务上，保险人一般以制作书面调查表的方式来确定投保人需告知的事项。S 公司投保时在《财产一切险情况调查表》上盖章可确认调查表上载明的内容系 S 公司的意思表示，未在调查表上详尽回答询问的后果应由 S 公司承担。在 2003 年及 2004 年前后三次投保所对应的调查表中，S 公司在调查表第六项"投保项目情况"一栏均未列明其搭建用作原材料仓库的简易房。消防局于 2004 年 1 月 8 日指出 S 公司存在重大火灾隐患并责令限期整改一节事项与保险财产安全之间有着密切的联系。但在 2004 年两次投保的调查表第十三项"其他需特别的说明"的情况一栏，S 公司均未将曾收到重大火灾隐患《限期整改通知书》的情况予以说明。

除了书面调查表确定的如实告知事项之外，投保人对于其他符合前述须告知实质要求的事项也有义务如实告知。S 公司被消防部门责令限期整改已使火灾隐患显现，该事项直接关系到火灾发生的危险概率，显然属于会影响保险人是否同意承保或提高保

---

① 这是指在订立合同过程中，合同成立之前所发生的，应由合同双方当事人各自承担的法律义务。它是建立在民法诚实信用、公平原则基础上的一项法律义务，是诚实信用、公平原则的具体化。它主要包括合同当事人之间的互相保护、通知、保密、协作及诈欺禁止等义务。

险费率的重大事项，故投保人 S 公司既未以调查表方式书面告知，亦未通过其他途径向保险人揭示被消防部门责令限期整改重大火灾隐患这一事项，该公司具有重大过失，违反了如实告知义务。

（3）以建筑物为标的的保险单签发于 2004 年 3 月 16 日。虽然 2004 年以机器设备、仓储物为标的的保险单签发于 4 月 13 日，但该保险单对应的投保单的填写日为 3 月 30 日，其背附的调查表的填写日期亦应同上。而消防部门的《复查意见书》签发于 2004 年 4 月 8 日。因此，S 公司在上述两次填写投保单时尚未收到《复查意见书》。如前所述，2002 年至 2004 年签发的数份保险单之间具有接续性，但各个时间段的保险单具有独立性。对于有效期内的 2004 年签发的两张保险单而言，重大火灾隐患《限期整改通知书》所反映的 4 项重大火灾隐患的危险在填写调查表时已经存在。《复查意见书》反映 S 公司已对其中一项隐患做了整改外，其余 3 项隐患仍然存续，但并未指出新的火灾隐患。

事故隐患的内在危险实际上从 S 公司搭建、使用简易房作为原材料仓库时即已存在，消防部门的限期整改与复查意见仅将内在的隐患予以揭示而使其表面化。因此，对于 2004 年的两份保险单而言，投保后，保险标的的实质危险并未增加，本案的争议焦点仍在于投保人是否尽到如实告知义务，并不涉及被保险人是否履行危险程度增加的通知义务的争议。

（4）作为安全风险较高的油漆生产企业，S 公司理应充分认识本企业较高的火灾危险，严格执行安全生产规范。但 S 公司却违反消防法规使用危险品仓库，在明知自身存在重大火灾隐患的情况下，对消防部门的火灾警示未予以充分重视，漠视多项安全隐患，未认真落实其整改要求，而且在投保财产险时认为无须向保险人披露该事项，在主观上具有重大过失。在客观方面，如同公估公司将事故原因定为静电放电仅系推测一般，虽然消防部门认定火灾原因为外来火种引起，但并未明确查明该外来火种原因系第三者引起，也未排除该外来火种原因与 S 公司存在的火灾隐患之间的因果联系。而从事故原因盖然率的宏观角度分析，并不能排除 S 公司存在的重大火灾隐患增加了事故发生概率的可能性，而且还可以确认原材料仓库建筑的耐火等级达不到规范要求等违规情形与火灾发生后造成较大损失之间有着一定的联系。

由于投保人未如实告知，也使得其丧失了在保险人要求下整改违章事项、降低火灾隐患的契机。因此，本案投保人 S 公司未尽如实告知义务在客观上与事故之间具有因果关系，对火灾的发生有着重大影响。

（5）随着科技的进步和风险评估工具的发展，保险人对于风险评估和费率的厘定并不完全依赖于投保人的告知。本案财产险标的系 S 公司的不动产、固定资产和仓储物，保险人在决定承保前有条件详细勘查，在承保后保险标的也不似海上保险标的般脱离于保险人所及范围。虽然不能苛求保险人具有与 S 公司同等水准的危险化学品知识，但专业保险人的风险意识应高于一般公众，故保险人理应对 S 公司生产活动中蕴含的风险予以充分关注。S 公司用作原材料仓库的简易房存在已历经年，保险人在 2003 年、2004 年承保时均未对此予以足够关注。保险人虽然向投保人书面询问调查表所列问题，但当投保人的回答并不详尽时，保险人应当进一步要求投保人详细回答。

但保险人在承保前对于调查表的空白处漠然视之，并未向投保人揭示潜在的危险需投保人做进一步的告知。

保险人承保时对特殊风险行业的投保人 S 公司的风险未做审慎的调查和评估，在承保时也有一定的过失。S 公司未尽如实告知义务固然是其不能得到充分保险赔偿的主要原因，但保险人承保前未尽到充分的风险揭示义务，使得被保险人 S 公司误以为其未详尽填写调查表并不影响保险保障的获得，有违"最大诚信"原则。保险人漠视隐患于承保之前，却通过公估公司多方论证危险于出险之后，亦与风险重在预防原则相悖。S 公司未尽如实告知义务是其在投保时的重大过失，其产生的法律后果是不能得到保险赔偿；保险人未尽风险关注和揭示义务是其在承保时的缔约过失，故保险人对 S 公司不能得到保险赔偿的损失应酌情承担相应的民事赔偿责任。

2. 从 S 公司的角度

（1）根据消防局做出的《火灾原因认定书》，发生火灾的原因系由外来火种引起，为一起意外事故。而对意外事故造成的财产损失，依据双方《财产一切险投保单》所附第二条条款的约定内容，应属保险人的保险理赔范围。

（2）原审法院做出的上诉人未尽告知义务在客观上与事故之间具有因果关系，对火灾的发生有着重大影响的相关认定，不具有事实和法律依据。上诉人没有违反如实告知义务。原材料仓库是 2002 年建造的，它是否具有消防安全危险性是显而易见的，上诉人无法隐瞒，该仓库的火灾隐患并不因为消防部门的整改通知而显现，双方之间的财产保险关系已延续三年。期间，R 保险公司从未对上诉人原材料仓库是否存在火灾隐患进行过任何关注，而《财产一切险情况调查表》所列明的需申报事项中并不包括消防检查的内容。

上诉人未尽告知义务在客观上与火灾事故的发生并不具有直接的因果关系。关于投保人未履行如实告知义务的问题，《保险法》第十六条的相应规定为"投保人因过失未履行如实告知义务，对保险事故的发生有严重影响的，保险人对于保险合同解除前发生的保险事故，不承担赔偿或者给付保险金的责任，但应当退还保险费"。上述条款的适用必须同时满足两个条件，其一为过失，其二为对保险事故的发生有严重影响。由于本案的火灾事故是意外事故，故上诉人是否尽告知义务对本案保险事故的发生不具有任何影响，更不存在因果关系。

（3）本案火灾事故涉及上诉人与被上诉人 R 保险公司间的两份财产保险合同，一份为被上诉人 R 保险公司于 2004 年 3 月 16 日签发的建筑物保险合同，另一份为被上诉人 R 保险公司于 2004 年 4 月 13 日签发的机器设备、仓储物保险合同。基于上诉人对上述建筑物与机器设备、仓储物分别投保的事实，故双方对仓储物损失理赔存在的争议，应不影响对建筑物的理赔事宜，被上诉人 R 保险公司应赔偿上诉人办公建筑毁损损失 190 364 元。

综上，请求二审法院对一审判决依法予以改判，判决被上诉人 R 保险公司对上诉人的火灾损失承担全额理赔责任。

3. 从 R 保险公司上海分公司、R 保险公司的角度

S 公司的原材料仓库系简易铁皮房，该简易铁皮房因不符合防火安全要求而由消防

部门责令限期整改。但S公司在续保时未如实告知上述情形，违反了投保人的如实告知义务。S公司未对原材料仓库加以防火整改，造成保险标的危险程度增加，S公司对火灾的发生负有重大过失，依据双方保单所附《财产一切险保险单》所附条款第三部分除外责任的第十条，即"被保险人及其代表的故意行为或重大过失引起的任何损失、费用和责任，保险公司不负责赔偿"的约定条款，R保险公司不应承担本案的保险赔偿责任。虽然R保险公司就S公司投保的建筑物与机器设备、仓储物分为两份保单签发，但S公司办公建筑的毁损赔偿事宜，仍以本案火灾事故是否构成保险理赔为前提。

四、总结

本案例的焦点就是投保人S公司是否向保险人R保险公司履行了如实告知的义务。而从案例分析的总体来看，投保人S公司确实存在没有履行如实告知的义务。

一是投保人在投保时没有如实告知简易铁皮房存在安全隐患的问题。投保人认为保险人R保险公司从未对上诉人原材料仓库是否存在火灾隐患进行过任何关注，而这个在法律上没有明确规定，不能成为保险公司赔付的理由。二是在保险标的的危险程度增加时，也就是在收到重大火灾隐患《限期整改通知书》后，投保人也没及时通知保险人。根据《保险法》第五十二条的规定，遇到这种情况，保险人有权解除保险合同和提高保险费。

但是从本案可以看出，我国《保险法》的告知义务还是存在一定的缺陷。S公司作为一个投保人，由于没有专业的保险知识，对重大事实的告知理解不到位，所以很大程度上会错误地认为保险人询问的情况就是如实告知的事实。

五、思考题

（1）投保人的义务有哪些？
（2）投保人违反告知义务有哪些后果？
（3）本案中保险公司的做法是否正确？

案例 2-3 近因原则的运用

一、背景介绍

财产保险赔偿诉讼的案件中，保险标的发生事故应该怎样划分保险责任？应该怎样去赔偿？在我国保险纠纷诉讼时，一般会遵循这样的惯例：当保险事故发生时，只有确定了导致损害发生的近因是否为承保风险，才能正确地划分赔偿责任。当导致损害发生的近因为承保风险时，保险人承担保险责任；否则，保险人不承担保险责任。由此可见，近因原则的适用其目的并不是单纯的确定保险事故原因，而在于更进一步地以此来确定责任的划分。

二、相关理论知识

（一）近因原则概述

近因原则源于《英国1906年海上保险法》，是在总结归纳了2 000多件判例的基础上起草完成的，并且经历了英国海上保险100多年的时间考察，迄今世界上仍然没有任何一部海上保险法可以与之相提并论。这部海上保险法首先确立了"近因原则"，其第五十五条第一款明确规定："除本法规定及保险单另有约定外，保险人对承保危险作为近因而导致的任何损失承担保险责任，但是，如前所述，保险人将不对承保风险并非近因而导致的任何损失承担保险责任"。而美国《加州保险法》第五百三十条"承保危险为损失发生之近因，非承保危险为损失发生之远因者，保险人应负赔偿责任；但保险人对于承保危险为远因之损失，则不负赔偿责任。"起源地英美法的近因原则概念大多如此，只是在提法上略有不同，其实质含义并不存在差别。

然而在我国的保险立法中，无论是《保险法》，还是《中华人民共和国海商法》（以下简称《海商法》），都没有明确规定近因原则，实践中近因原则也只能作为一种惯例，参考适用，并没有明确的法律地位。2003年12月，最高人民法院公布的《关于审理保险纠纷案件若干问题的解释（征求意见稿）》规定，人民法院对保险人提出的其赔偿责任限于以承保风险为近因造成的损失的主张应当支持。近因是指造成承保损失起决定性、有效性的原因。

近因原则是国际上保险理赔遵循的基本准则，属于国际惯例。尽管我国目前保险立法中尚未明确规定近因原则，但我国学界普遍承认和接受近因原则，大多数保险法的教材和专著均将近因原则列为保险法的基本原则之一。近因原则是指在风险与保险标的的损害关系中，如果近因属于承保风险，保险人应负赔偿责任；如果近因属于除外风险或未保风险，则保险人不负赔偿责任。

（二）两大法系对于因果理论的理解比较

在研究近因原则的时候，一般将近因原则看作因果关系理论的范畴，二者是特殊与一般的关系，当然两者必定会有联系和区别，通过近因原则和因果关系理论的比较，可以使我们更好地了解和把握近因原则的特点，即侧重于保险责任是否成立的问题，不考虑过错、违法性等因素，在原因范围与赔偿范围上有其特定性等。因此，经过几个世纪的发展逐渐形成了"英美法系因果理论"和"大陆法系因果理论"，为我们呈现出了因果理论的产生及历史发展的清晰脉络。

1. 英美法系因果理论分析

在英美法中，一般从两个层面上分析因果关系。第一个层面是"事实上的因果关系"，又称"实际原因"或者"要是没有"检验法，该层面对因果关系的分析在本质上涉及被告的行为是否为实际损害发生的必要条件；第二个层面是"近因或法律上的因果关系"，在这个层面上法院会考虑被告的行为与损害之间是否存在充分有效的近因关系。

2. 大陆法系因果理论分析

大陆法系国家通常将因果关系划分成责任成立的因果关系与责任范围的因果关系，责任成立的因果关系是指可归责的"行为"与权利受到"损害"之间具有因果关系，其所欲断定的是是否因原因事实（加害行为）而发生；而责任范围的因果关系是指受侵害的权利与损害之间的因果关系，其所欲认定的不是损害与原因事实的因果关系，而是"损害"与"权利"受侵害间的因果关系，即受侵害的众多权利哪些应归属于加害人负赔偿责任的问题。大陆法系国家关于因果关系的学说主要有条件说、原因说、相当因果关系说以及法规目的说等。

（三）近因原则的适用规则

保险法中的近因包括承保风险、未承保风险（保险合同未明确的风险既不是承保风险也不是除外风险）和除外风险（保险合同明确的责任免除风险），因此保险人的责任承担也会因致损原因的不同而不同，并且在认定近因时还要判断是一因一果，多因一果及多因存在时对结果如何作用等。

三、案例分析

（一）案例介绍

2011年1月31日，A公司作为投保人为该公司所有的一辆轿车在R保险公司投保了保险金额为3 298 000元的机动车损失保险及相应的不计免赔险，保险期间自2011年1月31日12时起至2012年1月31日12时止。2011年8月26日，A公司法定代表人耿某驾驶该轿车行驶至某隧道内时，因隧道内有积水导致车辆被淹熄火，发动机进水受损。

事故发生后，耿某立即向交警部门报案。当日，交警队对该事故出具《道路交通事故认定书》，认定耿某对该事故负全部责任。当日，A公司向R保险公司报案并由W维修公司维修。事后，A公司委托W维修公司修理事故车辆并产生修理费1 304 500元，其中更换受损发动机产生费用1 256 506.52元。庭审中，R保险公司对A公司因维修事故车辆产生上述维修费1 304 500元的事实无异议。

2011年9月27日，A公司与R保险公司共同委托N机车车辆工艺研究所有限公司司法鉴定所对事故车辆发动机受损的原因进行鉴定。2011年10月20日，该所出具司法鉴定意见书一份，认定事故车辆发动机受损的原因是由于发动机进水或活塞表面积碳严重。庭审中，A公司与R保险公司均认可涉保车辆发动机损坏的原因是发动机进水。

R保险公司为证明2011年8月26日涉案事故发生当日的天气情况，提供了无锡市气象台出具的气象证明资料一份，该证明载明：无锡市2011年8月26日零时至20时，无降水天气出现，其中在16:48至17:11有0.0毫米的微量降水。

庭审中，A公司与R保险公司对于事故当日无锡地区无降雨，事故路段即无锡市阳山镇阳山大道锡宜高速高架下隧道中的积水系事故前日无锡地区的降雨造成的事实均无异议。A公司认为是事故前日无锡地区的暴雨导致了涉保车辆发动机进水后受损，即导致涉保车辆受损的"近因"是暴雨。因此，A 公司因维修受损车辆而产生维修费用 130 万元，因 R 保险公司对上述费用拒不履行赔偿义务，故请求法院判令 R 保险公司立即支付保险金 130 万元。

江苏省无锡市锡山区人民法院于 2013 年 1 月 6 日做出判决：驳回 A 公司全部诉讼请求。宣判后，A 公司未提出上诉，本判决已发生法律效力。

（二）案例评析

1. 保险人已向投保人详细介绍保险合同

《保险法》第十七条规定，订立保险合同，采用保险人提供的格式条款的，保险人向投保人提供的投保单应当附格式条款，保险人应当向投保人说明合同的内容。未做提示或者明确说明的，该条款不产生效力。在投保单的"投保人声明处"载明：保险人已向本人详细介绍并提供了投保险种所适用的条款，并对其中免除保险人责任的条款（包括但不限于责任免除、投保人被保险人义务、赔偿处理、负责等），以及本保险合同中付费约定和特别约定的内容向本人做了明确说明，本人已充分理解并接受上述内容，同意以此作为订立保险合同的依据，本人自愿投保上述险种。A 公司在该投保单投保人签章处盖章确认。

所以，投保人应该详细知道当保险标的发生的事故并不在保险责任范围内时，保险人有权拒绝赔偿。

2. 保险标的发生的事故并不在保险责任范围内

《R 保险公司非营业用汽车损失保险条款》第四条载明：保险期间内，被保险人或其允许的合法驾驶人在使用被保险机动车过程中，因下列原因造成被保险机动车的损失，保险人依照本保险合同的约定负责赔偿……（五）雷击、雹灾、暴雨、洪水、海啸。第七条载明：被保险机动车的下列损失和费用，保险人不负责赔偿……（十）发动机进水后导致的发动机损坏。在《R 保险公司发动机特别损失险条款》中载明：保险期间，投保了本附加险的被保险机动车在使用过程中，因下列原因导致发动机进水而造成发动机的直接损毁，保险人负责赔偿：一是被保险机动车在积水路面涉水行驶，二是被保险机动车在水中启动，三是发生上述保险事故时被保险人或其允许的合法驾驶人对被保险机动车采取施救、保护措施所支出的合理费用。

但由于导致涉保车辆发动机进水受损的近因是耿某的涉水行驶行为而并非是暴雨，因此保险人不用赔偿。

（三）本案存在的争议

本案的争议焦点主要是由于哪个近因导致保险标的发生损失，而这些近因是否存在于保险条款中约定的保险责任范围内。

1. 争议一：本案中涉保车辆发动机进水受损是否因暴雨造成

本案中车辆发动机进水受损不属于暴雨造成，理由如下：

（1）事故发生当日无锡地区并无降雨，事故路段隧道中的积水是由于事故前日无锡地区的降雨导致的。涉保车辆在隧道积水中被淹、发动机进水受损并非是由于暴雨发生当时隧道内形成的积水所导致，而是由于耿某于事故当日在积水的隧道中驾驶涉保车辆涉水行驶的行为所导致，所以保险标的发生的事故不在保险条款中约定的保险责任范围内。

（2）A 公司诉称，导致涉保车辆发动机进水受损的"近因"是暴雨。根据近因原则，引起保险标的损失的直接的、最有效的、起决定性作用的因素才是导致保险标的受损的直接原因。我国《保险法》上的近因原则是指损失的发生必须与保险合同约定的保险事故之间存在因果关系，只有当导致损失的近因属于保险合同约定的承保范围，保险人方才承担保险责任。

在本案中，当事人耿某在行驶被保险机动车过程中，前日降雨导致隧道中积水的事实与事故当日耿某驾驶涉保车辆在积水隧道中涉水行驶的事实间并无必然的、直接的因果关系，而耿某驾驶涉保车辆涉水行驶的行为与涉保车辆被淹、发动机进水受损之间存在必然的、直接的因果关系。所以，根据近因原则，暴雨并不是近因。

2. 争议二：R 保险公司是否应承担保险赔偿责任

本案涉保车辆发动机进水损坏所产生的损失，R 保险公司无须承担保险赔偿责任，具体理由如下：

（1）如前文所述，本案中导致涉保车辆发动机进水受损的最直接、最主要的原因是耿某的涉水行驶行为，而涉水行驶导致的被保险机动车辆损坏并不属于保险条款中约定的保险责任范围，故本案事故本身不属于保险事故，R 保险公司无须承担保险赔付责任。

（2）根据保险合同的条款约定，保险条款第七条第十项中载明：发动机进水后导致的发动机损坏带来的损失和费用，保险人不负责赔偿。R 保险公司已就该责任免除条款向投保人 A 公司履行了明确说明义务，故该责任免除条款对被保险人 A 公司产生法律效力。因此，R 保险公司无须承担保险赔付责任。

四、总结

根据近因原则，前日降雨导致隧道中积水的事实与事故当日耿某驾驶涉保车辆在积水隧道中涉水行驶的事实间并无必然的、直接的因果关系，而耿某在事故当日驾驶涉保车辆涉水行驶的行为成为了一项新干预原因，该新干预原因导致了原有因果链的中断，且该原因是导致涉保车辆发动机进水受损的决定性、有效性的原因，因此耿某驾驶涉保车辆的涉水行驶行为才是本案车损发生的近因。因此，近因不属于 R 保险公司承保风险的范围，故本案中 R 保险公司无须承担保险赔偿责任。

在签订保险合同时，保险人必须就保险合同中的条款与投保人详细说明，尤其是免责条款；在判断近因原则时，应根据保险条款中有关的部分做出判断，若是多因素，保险人因就因果关系最大的近因因素或者按比例因果关系来赔偿。

我国应尽快在保险立法中对于"近因概念"及"近因原则"予以明确规定。在关于近因原则的立法中，除了要考虑我国的实际情况，也要和国际惯例吻合，这不仅可以使保险理赔案件有章可循，充分维护保险合同当事人的合法权益，实现判决的统一，而且有利于使我国保险业务运作较快与国际保险市场接轨。另外，由于我国的现代保险制度起步较晚，缺乏应有的理论积淀和实际的保险案例，单纯依靠法条难以公平公

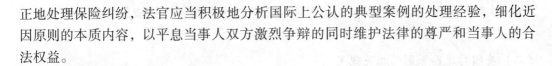

正地处理保险纠纷，法官应当积极地分析国际上公认的典型案例的处理经验，细化近因原则的本质内容，以平息当事人双方激烈争辩的同时维护法律的尊严和当事人的合法权益。

五、思考题

（1）近因原则的应用有哪几种情形？

（2）本案例中，投保人认为暴雨是近因，为何不对？

（3）车损险的保障责任一般有哪些？

案例 2-4　某车险涉水近因认定案

一、背景介绍

近因原则是指只有当承保风险是损失发生的近因时，保险人才负责赔偿。保险中的近因原则，起源于海上保险。它的里程碑案例是英国"Leyland Shipping Co. Ltd. v. Norwich Union Fire Insurance Society Ltd"一案。第一次世界大战期间，Leyland 公司一艘货船被德国潜艇的鱼雷击中后严重受损，被拖到法国勒哈佛尔港，港口当局担心该船沉没后会阻碍码头的使用，于是该船在港口当局的命令下停靠在港口防波堤外，在风浪的作用下该船最后沉没。Leyland 公司索赔遭拒后诉至法院，审理此案的英国大法官 Lord Shaw 认为，导致船舶沉没的原因包括鱼雷击中和海浪冲击，但船舶在鱼雷击中后始终没有脱离危险，因此，船舶沉没的近因是鱼雷击中而不是海浪冲击。他认为，近因不是指时间上的接近，真正的近因是效果上的接近，是导致承保损失的真正有效原因。英国通过该案例确立了"近因原则"，后来这一原则很快被其他国家的立法所确认。

近因原则是保险理赔中必须遵循的重要原则，坚持近因原则，有利于正确、合理地判定保险事故与保险标的的损失之间的因果关系，从而有利于确定保险赔偿责任，维护保险双方当事人的合法权益以及促进保险人提高风险评估和风险控制技术。因此，近因原则在我国保险法的理论与实践中仍是一个值得深入探讨与研究的问题。

二、相关理论知识

（一）国内对近因原则的相关规定

有中国学者将"近因"称为"因果关系"。我国《保险法》将近因原则定义为"保险人对于承保范围的保险事故作为直接的、最接近的原因所引起的损失，承担保险责任，而对于承保范围以外的原因造成的损失，不负赔偿责任"。但是，我国现行保险法和海商法均尚未规定有关因果关系原则，而在涉外关系如海上保险中遵循国际惯例，普遍适用近因原则，最高法院 2003 年 12 月公布的《关于审理保险纠纷案件若干问题的解释（征求意见稿）》也已经采用了这一概念。该征求意见稿的第十九条明确规定：

"人民法院对保险人提出的其赔偿责任限于以承保风险为近因造成的损失的主张应当支持。"

（二）英国对近因原则的相关规定

英国 1906 年《海上保险法》第五十五条规定，根据本法各项规定，除非保险单另有约定，保险人对承保危险造成的损失负责赔偿；但是，按照以上限制，保险人对不是承保危险造成的损失不负责任。

1907 年英国法庭对于近因所下的定义是：近因是指引起一连串事件，并由此导致结果的能动的、起决定作用的原因。1924 年进一步说明：近因是指处于支配地位或起决定作用的原因，即使在时间上不是最近的。

后来，英国学者约翰·T.斯蒂尔将近因重新定义为：近因是指引起一系列事件发生，由此出现某种后果的能动的、起决定作用的因素。在这一因素作用的过程中，没有来自新的独立渠道的能动力量的介入。

（三）国际上对近因原则的相关规定

"近因"，英文为 Proximate Cause，其中 Proximate 意为"（时间、场次、次序上）最接近的、近似的、前后紧接的"，直译为"近因"。国际货物运输保险中的近因原则是指若引起保险事故发生、造成保险标的损失的近因属于保险责任，则保险人承担损失赔偿责任；若近因属于除外责任，则保险人不负赔偿责任。即只有当承保风险是损失发生的近因时，保险人才负赔偿责任。

美国有学者认为 Proximate 一词，是所谓时间与空间上最近。真正的近因是指效果上的接近，是导致承保损失的真正有效原因。近因所表示的是对结果产生作用的最有效的因素，如果各种因素或原因同时存在，要选择一个作为近因，必须选择可以将损失归因于那个具有现实性、决定性和有效性的原因。

《布莱克法律词典》认为："这里所谓的最近，不必是时间或空间上的最近，而是一种因果关系的最近。损害的近因是主因或动因或有效原因。"

三、案例介绍

1998 年 9 月 7 日，杨某与某保险公司签订了一份机动车辆保险单。保险单上载明保险标的为一辆宝马轿车，车辆损失险保险价值为 900 000 元，保险期自 1998 年 9 月 12 日零时起至 1999 年 9 月 11 日 24 时止。保险公司按照承保险别，依照该保险单上载明的《机动车辆保险条款》《机动车辆保险附加险条款》《某公司机动车辆保险特约条款》以及其他特别的约定，承担杨某投保车辆的保险责任。签约后杨某依约向保险公司支付了有关保费。

1999 年 7 月 27 日凌晨大雨，被保险车辆在发动后死火，杨某向保险公司报案。因争议太大，保险公司没有赔偿损失，杨某遂诉至法院。该案在审理期间，经保险公司申请，法院委托市产品质量监督检验所对车辆受损原因进行鉴定。市产品质量监督检验所认为：第一，造成发动机缸体损坏的直接原因是进气口浸泡在水中或空气隔有余水，启动发动机，气缸吸入了水，导致连杆折断，从而打烂缸体。第二，事发时的可能。当天凌晨下了大雨，该车停放的地方涨过水，使该车被雨水严重浸泡，进气管空气隔进水，当水退至车身地台以下，驾驶员启动汽车时，未先检查汽车进气管空气隔有无进水，使空气隔的余水被吸入发动机气缸，造成连杆折断，缸体破损。杨某和保险公司对质监所的鉴定意见均无异议。

四、案例分析

（一）近因原则的识别

（1）几种原因同时作用，即并列发生。在这种情况下，承保损失的近因必须归咎于决定性的、有效的原因。即这个原因具有现实性、支配性、决定性和有效性。虽然其他原因可能在承保范围内，但因为它不决定损失的发生，只决定程度轻重、损失大小，所以它不是近因。

（2）几种原因随最初发生的原因不可避免地顺序发生。在此情形下，近因是效果上最接近于损失，而不是时间上最接近于损失的原因。

（3）几种原因相继发生，但其因果链由于新干预因素而中断。如果这种新干预原因具有现实性、支配性和有效性，那么在此之前的原因就被新干预原因所取代，损失的近因为具有支配性有效的新干预的原因。

根据上述描述，我们可以得出这样一个分析近因的方法，即：近因是指造成损失的最直接、最有效、起主导作用或支配作用的原因。近因原则，只论效果，而不论时空。损失是近因必然的和自然的结果和延伸。认定近因的关键是确定风险因素与损失之间的关系。如果某个原因仅仅是增加了损失的程度或者扩大了损失的范围，则此种原因不能构成近因。

（二）近因原则的应用

1. 损失由单一原因所致

若保险标的损失由单一原因所致，则该原因即为近因。若该原因属于保险责任事故，则保险人应负赔偿责任；反之，若该原因属于责任免除项目，则保险人不负赔偿责任。

2. 损失由多种原因所致

如果保险标的遭受损失系两个或两个以上的原因，则应区别分析。

（1）多种原因同时发生导致损失。多种原因同时发生而无先后之分，且均为保险标的损失的近因，则应区别对待。若同时发生导致损失的多种原因均属保险责任，则保险人应负责全部损失赔偿责任。若同时发生导致损失的多种原因均属于责任免除，则保险人不负任何损失赔偿责任。若同时发生导致损失多种原因不全属保险责任，则应严格区分，对能区分保险责任和责任免除的，保险人只负保险责任范围所致损失的赔偿责任；对不能区分保险责任和责任免除的，则不予赔付。

（2）多种原因连续发生导致损失。若多种原因连续发生导致损失，前因与后因之间具有因果关系，且各原因之间的因果关系没有中断，则最先发生并造成一连串风险事故的原因就是近因。保险人的责任可根据下列情况来确定：若连续发生导致损失的多种原因均属保险责任，则保险人应负全部损失的赔偿责任；若连续发生导致损失的多种原因均属于责任免除范围，则保险人不负赔偿责任；若连续发生导致损失的多种原因不全属于保险责任，最先发生的原因属于保险责任，而后因不属于责任免除，则近因属保险责任，保险人负赔偿责任；若最先发生的原因属于责任免除，其后发生的原因属于保险责任，则近因是责任免除项目，保险人不负赔偿责任。

（3）多种原因间断发生导致损失。致损原因有多个，它们是间断发生的，在一连串连续发生的原因中，有一种新的独立的原因介入，使原有的因果关系链断裂，并导致损失，则新介入的独立原因是近因。近因属于保险责任范围的事故，则保险人应负赔偿责任；反之，若近因不属于保险责任范围，则保险人不负责赔偿责任。

（三）本案的三种不同意见

（1）暴雨为事故的近因，但由于投保人操作不当使损失扩大，保险人承担部分赔偿损失责任。杨某在保险车辆由于暴雨积水而遭受浸泡后，并没有及时对保险标的进行修理、清洗，反而继续使用导致发动机受损，属于个人操作不当，根据《机动车辆保险条款》第三条关于遭受保险责任范围内的损失后，未经必要修理继续使用，导致损失扩大部分保险人不负责赔偿的规定，保险公司对车辆发动机气缸被击穿的费用不予偿付，只需赔偿合理的清洗费用。

（2）启动发动机为事故的近因，不属于保险责任范围的事故。造成保险车辆发动机缸体损坏的原因是进气管空气隔有余水，启动发动机，气缸吸入了水，导致连杆折断，从而打烂缸体。而进气管空气隔有余水，则是由暴雨所造成。暴雨和启动发动机这两个危险事故先后出现，前因与后因之间不具有关联性，后因既不是前因的合理延续，也不是前因自然延长的结果，后因是完全独立于前因之外的一个新干预原因。根据《保险法》的近因原则，新介入的独立的原因即为近因，启动发动机是直接导致保险车辆发动机缸体损坏的原因，故为发动机缸体损坏的近因。暴雨为发动机缸体损坏的远因。而启动发动机属除外风险，由启动发动机这一除外风险所致发动机缸体损坏的损失，对此保险人不负赔偿责任，保险公司只需赔偿因暴雨造成汽车浸水后进行清洗的费用。

（3）暴雨为事故近因，保险人应承担赔付责任。杨某在车辆受浸低于车身地台的情况下，不可预见进气管空气隔进水，此时启动车辆属正常操作。另外，从危险事故与保险标的损失之间的因果关系来看，本案属于多种原因连续发生造成损失的情形，其中暴雨是前因，车辆进气管空气隔进水相对于暴雨是后因，而相对于启动发动机是前因，启动发动机是后因，正是由于暴雨的发生，才导致车辆进气管空气隔进水，才使启动发动机这一开动汽车必不可少的条件发生作用，导致发动机缸体损坏。根据《保险法》的近因原则，暴雨才是近因。并且前因是保险风险，后因是除外风险，同时后因是前因的必然结果，则保险人应承担赔付责任。因此保险公司应向杨某赔偿车辆的实际损失。

（四）本案判断

本案的纠结点在于造成发动机损坏的近因是暴雨还是杨某启动了发动机。如果是前者，即近因是在保险责任范围内，那么保险公司就要承担赔付责任；反之，保险公司就不用赔付。

杨某在准备开车上班时，已经发现停放在其住宅区通道的本案被保险车辆轮胎一半受水淹，但杨某没有对车辆进行检查，而是直接点火启动，这直接导致了发动机缸体的损坏。暴雨虽然使车辆进气管空气隔进水，但这不会必然导致发动机缸体的损坏，导致发动机缸体损坏的近因是因杨某的个人疏忽或者缺乏相关经验，在车辆轮胎一半受水淹的情况下，没有及时检查车辆进气管空气隔是否进水而贸然启动汽车。可以看出本案是属于"间断发生的多种原因造成的损害"的情况，而其中新的干预因素就是杨某启动汽车。而恰好是这种行为切断了暴雨损坏车辆的因果链，在车辆进气管空气隔进水的条件下，启动汽车的行为必然导致发动机缸体的损坏，是支配性的有效原因，即是车辆损失的近因，而暴雨虽然使车辆进气管空气隔进水，但这一原因并不现实性地、决定性地和有效性地使车辆发动机缸体损坏，发动机缸体的损坏既不是暴雨这一前因的合理延续，也不是该前因自然延长的结果。因此，暴雨不是本案车辆发动机缸体损坏的近因。

综上所述，杨某启动发动机是发动机损坏近因，而此原因不属于合同中的保险责任范围，故保险人不负赔偿责任。但暴雨直接导致汽车被水浸，是保险责任范围内的事故，因此保险公司应当赔偿因暴雨造成汽车浸水后进行清洗所需的费用。

五、总结

本次保险赔偿纠纷争论的重点与关键是近因原则与保险责任认定这一问题。由前文论述可以得知，近因不是指时间上或空间上与损失结果最接近的原因，而是指造成损失的最直接、最有效、起主导作用或支配作用的原因。话虽如此，但要在生活实践中，在错综复杂的众多原因中准确找到近因还是有一定难度的，尤其在本次案例中，由间断发生的多种原因造成了轿车缸体损坏，"启动轿车"是一个新介入的独立原因构成了真正的近因，是作为判断依据的至关重要的一点。

当致损原因与损失结果之间的关系复杂并引发争议时，如何根据实际情况、利用所得信息准确地判断与识别事故发生的近因便尤为重要。如何分清各种因果关系，理出明了的界限，找出真正的近因，确保保险人承担应负的保险赔偿责任以及被保险人得到保险范围内的损失补偿，是我们学习近因原则与保险责任关系的重要原因之一，也是防止某些人因一己之利，滥用、误用该原则，从而获得不当得利的正确举措。

保险近因原则是保险理赔中必须遵循的重要原则之一。而保险金和保险理赔给付的先决条件，就是造成保险标的物损害的后果的近因必须是保险责任事故。对于一类因果关系较为复杂的保险案件，近因原则便在其中起到判定责任归属的重要作用。不过，我国的《保险法》和《海商法》暂时都还没有关于"近因原则"的明确规定，使得保险合同双方当事人在处理相关案件时缺乏足够的法律依据而影响了保险工作的开展，也造成不少法律纠纷案例。

六、思考题

（1）近因原则的存在是否会让投保人处于不利的地位？

（2）近因原则会不会降低保险公司的信誉？

（3）我国保险法中关于近因原则的法规该怎样完善？

案例 2-5　损失补偿原则的运用[①]

一、背景介绍

损失补偿原则规定只有保险事故发生造成保险标的毁损致使被保险人遭受经济损失时，保险人才承担损失补偿的责任；被保险人可获得的补偿金额仅以其保险标的在经济上恢复到保险事故发生之前的状态为限，而不能使被保险人获得多于损失的补偿。损失补偿原则的目的在于充分发挥保险的经济补偿职能，并防止被保险人因保险补偿而获得超过其实际损失的额外利益。

在我国保险理论中，损失补偿原则与最大诚信原则、近因原则、保险利益原则，并称为保险的四大基本原则。我国保险立法将损失补偿原则仅规定在"财产保险合同"章节中，并在"人身保险合同"章节中对人身保险的保险人是否享有代位求偿权做了禁止性规定。2006 年，中国保监会以部门规章的形式颁布了《健康保险管理办法》，将商业医疗保险划分为津贴型医疗保险与费用型医疗保险，并明确了费用型医疗保险的补偿性质。

由于我国《保险法》从体系解释的角度一概否定了商业医疗保险适用损失补偿原则的可能，而《健康保险管理办法》及保险理论又对商业医疗保险中的费用型医疗保险适用此原则给予肯定，法律与部门规章以及理论间的冲突，引发了大量医疗保险合同纠纷，法院对相似案件也做出了截然相反的判决。因此本书结合实际案例，对保险的补偿原则范围引发的问题进行探讨。

二、相关理论知识

对于损失补偿原则的真正含义我们有必要结合保险的发展过程去进行深刻的剖析。共同海损远远早于海上保险而产生，它独立存在于海上航运中。从各国不同时期对共同海损的界定可以看出，补偿应该以实际遭受的合理损失或额外支付的费用为准：对损失而言，应使受损财产获得补偿以后，基本上恢复原有的经济价值；对费用而言，应使合理支付的额外费用得到相应的偿还。无论是共同海损、海上保险还是现代保险，其中蕴含的保险标准是一致的，即被保险人通过保险获得补偿是不可以超出其实际遭

[①] 本案例内容选择的是人身保险中的健康险，2002 年《保险法》修订开始将短期健康险和意外险纳入到财产公司业务范围；此外，部分健康险适用补偿原则，故选择该案例。

受的损失数额的。

财产保险中，保险标的损失的数额是一定的，保险的作用在于给被保险人带来损失范围内的经济补偿使得被保险人恢复到保险发生之前的经济状态，但是保险不是投保人与被保险人牟利的工具，所以被保险人不得获得大于其实际损失的补偿。损失补偿原则应该在财产保险中适用但绝不仅限于财产保险，损失补偿原则适用于所有补偿性的保险。

补偿性保险又称为损害保险，是指危险事故发生后由保险人评定被保险人的实际损失从而支付保险金的一种合同，通常以财产保险合同居多。与补偿性保险相对应的是定额性保险合同，即合同双方当事人事先协议一定数目的保险金额，在危险事故发生后，由保险人依照保险金额承担给付责任的一种合同，大多数人身保险属于定额保险合同。

保险合同划分为补偿性保险合同与定额性保险合同，对于某些保险合同而言，被保险人因保险事故的发生给其带来的损失是无法填补的，即保险金的给付无法使被保险人恢复到保险事故发生之前的经济状态，为了降低保险人的赔偿责任限额，只能实现约定一定的赔偿额，否则保险人的赔偿责任风险将无法预知。对于这类合同就属于定额保险合同，如人寿保险合同、总括保险合同。而对于因保险事故的发生给被保险人带来的损失是可以通过一定的计算方法得出确切的数额的保险，通过对该数额损失的填补，被保险人恢复到保险事故发生之前的经济状态，针对该损失的可计算性与可填补性，为了限制被保险人获得不当得利，保险人的赔偿责任限制在被保险人的实际损失内，该类合同称之为补偿性保险合同，如大多数财产保险或人身保险中的医疗及住院等实际费用补偿合同。

三、案例分析

（一）案例介绍

1. 案例一

2008 年 9 月 22 日，罗某向中国人寿某分公司（以下简称国寿）投保了一份麒麟卡保险，保险责任为意外伤残保险和意外伤害医疗保险，保险金额分别为 30 000 元和5 000 元，并按照合同约定交付了保险费。2009 年 2 月 15 日，罗某因致害人的行为发生保险责任范围内的交通事故而受伤就医，经医院治疗产生医疗费用 26 874.50 元，其他损害赔偿项目共计 118 574.40 元。事故发生后罗某从侵权第三者处获得了医疗费用的全部赔偿，又向国寿提出理赔，要求保险公司依合同约定给付其 9 级伤残级别的30 000 元意外伤残保险金和 5 000 元意外伤害医疗保险金。国寿以罗某的伤残等级未达到保险合同约定的给付伤残保险金的级别、其医疗费用已由侵权第三者支付为由拒绝给付保险金。罗某遂向法院起诉国寿，请求法院判令国寿依合同约定给付其保险金。

本案双方当事人争议的焦点在于罗某因受伤发生的医疗费用在已经获得侵权第三者全部赔偿的情况下，其是否仍有权要求国寿按照合同约定给付意外伤害医疗保险金。罗某认为，根据保险合同的约定，当保险事故发生时国寿应当承担给付保险金的责任。

其与保险公司之间的保险合同关系，和其与侵权第三者之间的侵权法律关系是不同的，国寿不能以其从侵权第三者处获得侵权损害赔偿金为由拒绝给付意外伤害医疗保险金。国寿认为，罗某支出的医疗费用已全部由侵权第三者赔偿，基于损失补偿原则的规定，保险公司无须向罗某给付意外伤害医疗保险金。

商业医疗保险或意外伤害保险中关于医疗保险责任的保险具有补偿性的特点，虽然其属于人身保险的范畴，但其目的仅在于填补被保险人医疗费用的损失，被保险人不能因此而获得超过医疗费用损失的额外利益。罗某在保险事故发生后，其医疗费损失已得到侵权第三者全部赔偿，故国寿并无给付意外伤害医疗保险金的义务。

2. 案例二

2008 年 9 月 1 日，孔某向 A 保险公司投保了一份学生意外伤害综合保险和附加学生幼儿疾病住院医疗保险。2008 年 11 月 30 日孔某因保险责任范围内的疾病就医，经医院治疗产生医疗费用 66 538.22 元，其中有 19 797.10 元医疗费用已由上犹县城镇居民基本医疗保险赔付。孔某以医疗费总额 66 538.22 元计算，按照合同约定的免赔额和分级累进、比例给付的方式，要求 A 保险公司给付保险金 55 234.40 元。A 保险公司不予赔付，孔某遂起诉至法院。

本案双方当事人争议的焦点在于孔某的医疗费用在城镇居民基本医疗保险赔付了一部分的情况下，其是否仍有权要求 A 保险公司对已赔付的医疗费给予赔付。A 保险公司认为，因孔某的医疗费已由城镇居民基本医疗保险赔付了 19 797.10 元，根据保险损失补偿原则，应予以相应扣减后再按照合同约定的给付方式给付保险金。孔某认为，保险损失补偿原则只适用于财产保险，医疗保险属于人身保险，其不适用损失补偿原则，A 保险公司仍需给付已赔付部分的医疗费。

本案例中的孔某的保险标的虽然是个人的身体，但是被保险人因一宗保险事故而支付一定数额的医疗费用，在该笔费用已经从第三者处获得全额赔付时，如果再允许被保险人从商业保险处再次获得相应的医疗费用的赔付，这不仅有违补偿性保险应该遵循损失补偿原则的保险法理，而且也是对社会保险的宗旨的违反。因此 A 保险公司无须再次支付已赔付部分的医疗费用。

3. 案例三

2003 年 5 月 7 日，李某的母亲向 G 保险公司为李某投保了一份学生平安保险和附加意外伤害医疗保险，并按照合同约定交付了保险费。而李某在 T 保险公司也拥有一份相同类型的附加意外伤害医疗保险。

2004 年 1 月 7 日，李某因保险责任范围内的交通事故受伤就医，经医院治疗产生医疗费用 1 313.90 元。事故发生后，T 保险公司收到李某给付保险金的请求后，对医疗费发票原件进行核定，扣除 50 元免赔额后履行了给付 1 263.90 元医疗保险金的义务。李某在收到 T 保险公司的医疗保险金后，又持医疗费发票复印件等有关资料向 G 保险公司要求理赔，G 保险公司以被保险人办理医疗保险理赔手续未按照保险合同约定持医疗费发票原件为由拒绝给付保险金。李某遂向法院起诉 G 保险公司，请求法院判令 G 保险公司向其给付医疗保险金 1 313.90 元。

本案双方当事人争议的焦点有三个：一是意外伤害医疗保险的性质如何界定，是属于人身保险还是财产保险；二是李某拥有两份相同类型的医疗保险，在 T 保险公司已向其给付医疗保险金的情况下，G 保险公司能否拒绝重复理赔；三是 G 保险公司能否以李某未按照保险合同约定持医疗费发票原件办理理赔手续为由拒绝赔付。李某认为意外伤害医疗保险属于人身保险，根据现行保险法之规定，人身保险允许重复投保，获得多份赔偿。G 保险公司认为意外伤害医疗保险属于财产保险，应该适用损失补偿原则，李某在已经获得 T 保险公司赔付的情况下，不能重复获得理赔。

因事故产生的医疗费用是可以用货币估量的经济损失，应当适用损失补偿原则，补偿其损失金额，并阻止被保险人因保险补偿而获得超过其实际损失的额外利益。在 T 保险公司已向其给付医疗保险金的情况下，G 保险公司应当拒绝理赔（在重复保险情况下，根据《保险法》的规定，本案应该采用比例分摊，即 G 保险公司应该承担一部分医疗费用。但是，健康保险合同一般有赔付顺序条款，会约定本公司的赔偿顺序）。

（二）案例评析

从上述三个案例中可以看出，三个典型案例各有不同的争议焦点，李某一案反映的是商业医疗保险是否适用重复保险制度的问题，即医疗费用在已经获得一个保险人赔付的情况下，被保险人是否仍有权就已赔付部分再向已投保的其他保险人要求赔付。罗某一案反映的是商业医疗保险是否适用保险代位求偿制度的问题，即医疗费在已经获得侵权第三者赔偿的情况下，被保险人是否仍有权就已赔偿部分再向保险人要求赔付。孔某一案反映的是商业医疗保险与基本医疗保险的重复给付问题，即医疗费在已经获得基本医疗保险赔付的情况下，被保险人是否仍有权就已赔付部分再向保险人要求赔付。

虽然这三个典型案例各有不同的争议焦点，但归纳起来，其实都是围绕着一个总的争议焦点，只是反映问题的侧重点各有不同。这个共同的争议焦点即损失补偿原则的适用范围，被保险人可否因保险补偿而获得超过其医疗费用支出的额外利益。

我国保险立法仅将损失补偿原则规定在"财产保险合同"章节中，从体系解释的角度而言，损失补偿原则仅适用于财产保险，人身保险并无适用的可能。但值得注意的是，人身保险中的商业医疗保险，虽然其保障的是人身受到损害后所遭受的损失，保险标的是人的寿命和身体，其归属于人身保险范畴，但是不能因为商业医疗保险属于人身保险，保障的对象是人的身体，就简单地得出商业医疗保险不适用损失补偿原则的结论。

上述案例中的费用型医疗保险属于人身保险的类型是不应动摇的。费用型医疗保险毕竟是基于人身发生疾病或者伤残需要治疗而形成的保险，其保障的是人身受到损害后所遭受的损失，保险标的是被保险人的身体。医疗行为必将伴随着医疗费用支出的经济损失，且此损失是可以用货币估量的，因此，费用型医疗保险应归属于补偿性保险合同的范畴。

保险是否适用损失补偿原则，应当以该保险的保险目的作为判断标准。只要此保险合同的目的是对费用损失的补偿，无论其属于人身保险合同还是财产保险合同，都应适用损失补偿原则。费用型医疗保险的目的仅在于补偿被保险人因治疗发生的医疗费用，保险人也是基于被保险人实际支出的医疗费用来承担其保险责任，故其属于补偿性保险，适用损失补偿原则。

四、总结

损失补偿是保险的根本原则，如果被保险人因保险事故的发生可以获得超出其实际损失的赔偿，这无异于鼓励人们以保险的形式进行赌博。通过损失补偿原则的适用可以抑制保险带来的道德风险，同时可以使保险业正常运转。保险就是集合众多同类的危险，以损失分担的原理为方法，使受损害者得到补偿为目的的一种经济制度。保险的实质包含了填补受害人损失和禁止受害人得利两个方面，而禁止得利又是该原则的核心和关键。

因此损失补偿原则作为保险的四大基本原则之一，它的意义就在于填补被保险人遭受的实际损失，并禁止被保险人的不当得利。

五、思考题

（1）财产保险合同与补偿性保险合同有何差异？

（2）人身保险适用补偿原则吗？

（3）补偿原则有哪些派生原则？

（4）重复保险分摊如何计算？

案例 2-6　A 车险代位求偿权案

一、背景介绍

《保险法》第六十条第一款规定：因第三者对保险标的的损害而造成保险事故的，保险人自向被保险人赔偿保险金之日起，在赔偿金额范围内代位行使被保险人对第三者请求赔偿的权利。

某公司《非营业用汽车损失保险条约》第二十条第一款规定：因第三方对被保险机动车的损害而造成保险事故的，保险人自向被保险人赔偿保险金之日起，在赔偿金额范围内代位行使被保险人对第三方请求赔偿的权利，但被保险人必须协助保险人向第三方追偿。

二、相关理论知识

保险代位求偿权又称保险代位权，是指当保险标的遭受保险事故造成的损失，依法应由第三者承担赔偿责任时，保险公司自支付保险赔偿金之日起，在赔偿金额的限度内，相应地取得向第三者请求赔偿的权利。"保险代位权是各国保险法基于保险利益原则，为防止被保险人获双重利益而公认的一种债权转移制度"，通常认为保险代位权其实质是民法清偿代位制度在保险法领域的具体运用。

代位求偿权是由保险法的基本原则损失补偿原则派生出来的。当第三人的行为造成保险标的损害而引起保险事故时，被保险人一方面因保险事故的发生而取得对保险人的保险赔偿请求权，另一方面又作为第三人行为的受害者而取得对第三人的损失赔偿请求权。为贯彻损失补偿原则，被保险人若要行使保险赔偿请求权就必须将其对第三人的损害赔偿请求权让渡给保险人代位行使。

关于保险代位权的权利性度，大致有三种观点：

（1）债权拟制①转移说，认为被保险人的债权虽然因为保险人偿付保险金而消灭，但法律拟制债权仍存在，并移转给保险人。

（2）赔偿请求说，认为保险人自给付保险金时起，便取得与已消灭之债权同一的赔偿请求权。

（3）债权转移说，认为代位求偿权实质上是保险人对第三人债权的"法定受让"，无须被保险人的让与意思表示，也无须债务人的同意。

该学说目前为大多数学者所采纳。我国《海商法》第二百五十二条明确规定：保险标的发生保险责任范围内的损失是由第三人造成的，被保险人向第三人要求赔偿的权利，自保险人支付赔偿金之日起，相应转移给保险人。

《保险法》尚未明确保险人行使代位求偿权以保险人的名义还是被保险人的名义，以往对此存在有争议。目前审判实践普遍接受保险人以自己的名义行使代位求偿权。2000年7月1日实施的《中华人民共和国海事诉讼特别程序法》第九十四条规定：保险人行使代位求偿权利时，被保险人未向造成保险事故的第三人提起诉讼的，保险人应当以自己的名义向该第三人提起诉讼。

三、案例分析

（一）案例介绍

被保险人T高速公路养护工程有限公司（以下简称T高速）在A财产保险股份有限公司（以下简称A公司）为其所有的沥青混凝摊铺机投保了机动车损失保险，保险金额2 600 000元，保险期限为2007年11月15日至2008年11月14日。

2007年11月26日，被保险车辆在连霍高速三门峡段施工时，被J物流货运公司（以下简称J集团）所有的津AD0770（津AN762挂）斯太尔重型半挂车追尾撞击，造成被保险车辆严重损坏。该事故经三门峡公安交警大队处理，认定津AD0770（津AN762挂）斯太尔重型半挂车应负事故的全部责任，被保险车辆无责任，后经三门峡价格认证中心评估认定，此次事故造成被保险车辆的损失135.60万元，路产损失50余万元。

2008年4月28日，T高速向郑州仲裁委员会提出仲裁申请，要求A公司在机动车损失保险（特种车）项下赔偿其车辆的损失1 356 770元。郑州仲裁委员会于2008年6月16日开庭审理了此案，并于2008年11月1日做出了仲裁裁决，依法裁决A公司向T高速支付保险金1 356 174元及承担仲裁费26 434元。

---

① 法律拟制（或法定拟制）是将原本不符合某种规定的行为也按照该规定处理。

裁决生效后，T 高速向郑州市中级人民法院申请强制执行。2009 年 7 月 11 日，郑州市中级人民法院做出（2009）郑法执一字第 196 号执行裁定书，从 A 公司银行账号扣留相关款项 148 万元。

在对 T 高速的损失进行赔偿后，A 公司依法行使代位求偿权，向陕县人民法院提起了诉讼，要求事故侵权方 J 集团以及其承保公司——P 财产保险股份有限公司（以下简称 P 保险公司）等依法赔偿相关事故损失 135 万元。经过开庭审理，2010 年 5 月 6 日，陕县人民法院做出一审判决：第一，P 保险公司天津市宁河支公司给付 A 公司 J 集团津 AD0770（津 AN762 挂）斯太尔重型半挂车在第三者责任项下保险理赔款 78 万元。第二，J 集团赔偿 A 公司经济损失 576 174 元；第三，案件受理费 18 120 元，诉讼保全费 5 000 元，共计 23 120 元，由第三人 P 保险公司天津市宁河支公司承担 10 000 元，被告 J 公司承担 5 350 元，A 公司河南分公司承担 2 420 元。

P 保险公司不服一审判决，上诉到了二审三门峡市中级人民法院。经过开庭审理，三门峡市中级人民法院于 2010 年 7 月 26 日做出了终审判决：驳回上诉，维持原判。

（二）案件分析

依据《保险法》第六十条第一款规定，行使代位求偿权符合规定。

1. 确定案件管辖法院

案件求偿第一步，首先要做的事就是立案。理论上讲，三者的住所地是天津市，其承保公司 P 保险公司也是在天津本地，A 公司应到天津提起追偿诉讼，但考虑司法实践中广泛存在的地方保护主义和行政干预因素，在天津法院立案起诉显然对 A 公司不利，于是 A 公司在事故发生地三门峡市陕县法院提起了诉讼。陕县法院对此案司法管辖权的确立，为追偿工作的展开奠定了基石，也为后期工作打下了较好的基础。

2. 调查三者财产情况及投保公司，及时申请财产保全

诉讼工作一展开，A 公司即根据从被保险人处获得第三者的资料和信息，赶赴天津对第三者的经营情况、股东构成、关联公司以及财产状况进入了深入的调查，同时根据调查的结果，迅速向陕县法院递交了财产保全申请书，并协同陕县法院的法官二度赶赴天津，对第三者的银行账号进行冻结，对肇事车辆进行了查封，更重要的是冻结了第三者在 P 保险公司的保险理赔款 1 245 000 元。

上述工作的展开，不仅使 A 公司在诉讼中处于优势地位，同时也确保 A 公司在胜诉后能够实现诉讼利益。

3. 寻找有关司法判例，为法院判决提供理论支持和案例参考

在诉讼过程中，存在两个争议焦点：

（1）涉及被保险车辆的损失数额问题，一共有两份评估：A 公司持有的是三门峡市价格认证中心出具的《价格认证书》（估算数额 1 356 770 元），P 保险公司持有的是中国检查认证集团天津有限公司出具的《鉴定报告》（估算数额 474 811.5 元）。那么，究竟该以哪份鉴定报告作为认定被保险车辆损失的依据？（注：A 公司以 1 356 770 元的损失数额向被保险人支付了理财赔款。）

（2）侵权车辆津 AD0770（津 AN762 挂）斯太尔重型半挂车在 P 保险公司主车

投保三责险 500 000 元，挂车投保三责险 500 000 元，全车三责险保险金额共计 1 000 000 元。

P 保险公司的《保险合同条款》第二十条约定："挂车投保后与主车视为一体，发生保险事故时，挂车引起的赔偿责任视同主车引起的赔偿责任，本公司对挂车赔偿责任与主车赔偿责任所负责之和，以主车赔偿限额为限。"

（三）案件知识点解析

1. 保险代位求偿权的构成要件

（1）保险事故的发生是由于第三者的过错所致，即二者存在直接因果关系。实践中，保险事故发生时，被保险人才可能因同一损害事实享有请求权：一是向第三者请求赔偿的权利，二是向保险人请求赔偿保险金的权利；否则就不具有成立保险代位求偿权的可能。

（2）第三者的过错行为给被保险人造成了伤害。第三者的过错行为必须是给被保险人造成了损失，即要有损害后果的发生。如果没有损失后果的发生，被保险人没有任何损失，保险人就无须负任何赔偿责任，也就不存在保险代位求偿权的问题。

（3）被保险人对第三者享有赔偿请求权。保险人的代位求偿权行使的先决条件就是被保险人对第三者造成保险事故发生导致的损害享有赔偿请求权，否则保险人的代位求偿权自然无法成立。

实践中，被保险人对第三者的赔偿请求权的来源既可以包括第三者的侵权行为，也可以包括被保险人与第三者的合同行为。如保管公司中保管人未尽到保管义务致使保管物毁损或运输合同中运输人的违法行为致使货物损毁等情况。

（4）保险人已向被保险人赔偿保险金。保险代位求偿权的主体是保险人，而保险人之所以能够取得代位求偿权，其对价则是保险人已向被保险人赔偿了保险金。如果允许保险人在未支付对价（向被保险人赔偿金）就取得代位求偿权，将可能出现保险人从中受益而损害被保险人利益的情况，从而有悖于设立求偿权的初衷。当然保险人在具体支付保险赔偿金时，根据《保险法》第六十条的规定，被保险人已经从第三者取得赔偿损失时，保险人赔偿保险金时，可以相应扣减被保险人从第三者已取得的赔偿金额。根据财产保险的"损失补偿原则"，保险人仅对被保险人因保险事故发生所受实际损失中未获得第三者赔偿部分的损失承担赔付责任。

2. 保险代位行使的范围

财产保险中，第三人大致可因侵权行为和合同违约行为损害保险标的，在海商法中还有共同海损引起的保险代位求偿范围。

侵权行为的民事责任，根据侵权行为的具体情节，侵害人应承担返还财产、折价赔偿、恢复原状赔偿损失的民事责任。侵占财产的，应当返还财产，不能返还财产的应当折价赔偿。损坏财产的，应当恢复原状或者折价赔偿。受害人因此遭受其他重大损失的，侵害人应当理赔损失。鉴于保险所代位权利的债权性质，保险因侵权的代位求偿权指的是损害赔偿请求权，不包括返还财产和恢复原状。合同违约行为的民事责任，依据《合同法》第一百零七条的规定，有继续履行、采取补救措施或者赔偿损失等形式。保险人的依法合同违约的代位求偿权也仅仅是赔偿损失，不包括继续履行和采取补救措施。可见保险人可代位行使的权利范围，原则上不享有被保险人对第三方可行使的所有权利。

保险人代位的被保险人对第三人的损失赔偿请求权与保险人实际享有的对第三人的损害赔偿请求权的金额范围也不完全一致。第一，保险人代位受到保险赔偿额的限制。第二，与保险责任的范围有关，在保险范围内发生的损失额，属于保险人可代位行使的权利范围，原则上保险责任之外的原因造成保险标的的损失，保险人不负赔偿责任，因此保险人代位的求偿权中也不包括此项损失的赔偿请求权。

此外，《合同法》第一百二十一条规定，当事人一方因第三方的原因造成违约的，应当向对方承担违约责任。当事人一方和第三方之间的纠纷，依照法律规定或者照约定解决。而在过错责任归责原则下，因合同当事人之外的第三方原因造成保险标的损害的，保险人行使代位求偿权的同时也受到限制。以货物运输合同为例，两车未相撞的交通事故造成货物损失，事故责任无外乎承运人自身原因、相对方原因和混合原因。无论何种原因，都造成承运人对货主（被保险人）的违约，货主对承运人当然有合同权利。然而，因相对方原因造成承运人对货主违约的，依照《合同法》第一百二十一条的规定，货主不能追究相对方责任，但责任方为侵权方，货主可直接追究相对方的侵权责任。此种情况下，保险人只能选择代位侵权的损害赔偿直接追究责任，而不能选择承运人合同违约的赔偿责任。

四、总结

此案中，作为基层法院的法官，如果不了解保险，不熟悉保险事务，不熟悉保险法律事务，在审理案件时就会有失偏颇。此案件中 A 公司依法享有求偿权无疑，但上述两个争议焦点都会影响 A 公司可能获偿数额。基于上述考虑，我们认为，仅仅靠开庭时的观点陈述和论辩是不够的，法官或许更需要类似的判例作为参照物。

另外，保险人要正确行使代位求偿权，尽管保险求偿权制度在我国立法中确定已久，但在业务中，在实践过程中却始终没有得到很好的贯彻。例如，在部分车险案件中，已经投保车辆损失险的机动车辆在无责或有部分责任的情况下被第三方碰撞而导致车辆损失，在肇事车辆第三方逃逸或未投保机动车辆责任保险及没有经济赔偿能力的情况下，保险人疏于通过行使代位求偿权保护被保险人的利益，运用拒赔或限制赔偿额度的方式推卸保险责任，让客户自行向肇事者追偿损失。因此，从保护被保险人利益的角度出发，监管机关和行业组织有必要对于保险公司行使代位求偿权的情况进行调查，督促保险公司按照保险法的要求，对于由于第三方原因导致保险标的发生保险事故，而被保险人未从第三方取得损害赔偿的，被保险人未放弃对第三者请求赔偿的权利的，第三方非被保险人的家庭成员或其组成成员，保险人应当以被保险人利益为重，自觉行使代位求偿权。

五、思考题

（1）在保险合同中，挂车的保险责任如何认定？

（2）代位追偿有哪两种类型？二者有何差异？

第三章　车险业务

案例 3-1　车险理赔服务质量

一、背景介绍

近年来，私家车数量迅猛增长，随之而来的"车险理赔难"问题也日益成为社会关注的焦点，其中车主们反映最多的就是"索赔时间长""流程繁琐"等问题。民众反映强烈的"车险理赔难"究竟难在何处？如何解决这个难题呢？在机动车辆保险快速发展的今天，对机动车保险理赔服务进行深入、全面的研究，分析机动车保险理赔服务究竟存在哪些问题、对哪些方面应该进行创新，具有极大的现实意义。

二、相关理论知识

（一）汽车保险的特点

我国汽车保险的被保险人曾经是以单位、企业为主，但是随着个人拥有车辆数量的增加，被保险人中个人车主的比例逐步增加。汽车保险的保险事故虽然损失金额一般不大，但是事故发生的频率高，保险公司在经营过程中需要投入的精力和费用较大，保险公司应予以足够的重视。由于汽车的功能特点，决定了其具有相当大的流动性，车辆发生事故的地点和时间不确定，要求保险公司必须拥有一个运作良好的服务体系来支持理赔服务。在汽车保险的理赔中扮演重要角色的是修理厂，修理厂的修理价格、工期和质量均直接影响汽车保险的服务。此外，汽车保险是道德风险的"重灾区"。

（二）汽车保险理赔常见流程

1. 接受索赔申请

发生保险事故后，客户通过约定的方式及时报案，并索赔。保险理赔人员核对基本信息无误之后，要向客户询问出险情况，协助安排救助，告知后续理赔处理流程并指导拨打报警电话（紧急情况下客户应该先拨打报警电话）。

2. 现场查勘

车险公司理赔人员或委托的公估机构、技术鉴定机构、海外代理人到事故现场勘查事故经过，了解涉及的损失情况，查阅和初步收集与事故性质、原因和损失情况等有关的证据和资料，确认事故是否属于保险责任，必要时委托专门的技术鉴定部门或科研机构提供专业技术支持。指导客户填写出险通知书（索赔申请书），向客户出具索赔须知等。

3. 理算

对保险财产的损失范围、损失数量、损失程度、损失金额等损失内容、涉及的人身伤亡损害赔偿内容、施救和其他相关费用进行确认，确定受损财产的修复方式和费用，必要时委托具备资质的第三方损失鉴定评估机构提供专业技术支持。

4. 达成赔偿协议

对客户提交的索赔材料的真实性和完备性进行审核确认。在提交的索赔材料真实齐全的情况下，与客户达成最终的赔偿协议。

5. 支付赔款及追偿

保险公司依据相关法律以及与客户商定的赔款支付方式和保险合同的约定支付赔款。因第三者对保险标的的损害而造成保险事故的，在保险公司根据保险合同的约定和相关的法律法规支付赔款后，双方签署权益转让书，由保险公司向第三方进行追偿工作。

三、案例分析

（一）案例介绍

家住辽宁省沈阳市的陶某于 2013 年 9 月贷款购买了一台国产轿车，加入"有车一族"。然而，经历一次事故之后，与保险公司的"纠葛"使陶某对车再也没了当初的兴致。2013 年 11 月 19 日下午，陶某驾车从安达市返回沈阳。16 时许，天空下着大雪，由于前方一辆大货车突然发生侧滑，横在路中央，陶某慌忙躲闪之中，汽车滑进高速公路一侧的深沟内。

陶某在事后的第一时间拨通了交警部门"122"电话，随即于 16 时 49 分拨通 R 保险公司的报案电话。接线员仔细询问了事故情况和发生地点之后说："你们在现场等着，公司马上派人去勘查。"

不多时，安达市交警队的事故处理车到达现场。近 18 时，吊车也赶到了。陶某和交警在寒风中等待保险公司前来勘查确认现场。直到近 20 时，大家终于耐不住性子，自作主张把汽车从深沟里吊了出来。"再熬下去就得冻死，大不了不用他们赔了！"陶某说。待陶某驾驶损坏的汽车重新驶上高速公路之后，手机里传来保险公司人员甜美却是责怪的声音："真是的，不是跟你说在原地等着吗？咳！既然这样了，你们明天到公司来立案吧！"

由于辽宁省各地普遍降雪，交通"摩擦"比平时频繁得多。11 月 20 日一早，陶某按指令来到位于开发区内的保险公司总部时，事故报案受理处前已经围了很多人。陶某只见一个保险公司的小伙子忙得不可开交，而大厅内其他工作人员则闲适地各自做着自己的事情。

一个多小时后，陶某终于拿到几张表格。陶某按要求填好表格，又按要求将车开到修理厂，然后打电话联系察看损坏情况，确定维修所需费用。电话那头的接线员说：

"你在那里等着，会有我们的业务员与你联系的。"直到下午，仍不见有人与自己联系，陶某只好再次拨通电话询问。那位接线员在电话中说："业务员太忙了，每天要走很多地方。你等明天吧。"

第二天一早，陶某再次通过电话与保险公司商定上午到修理厂"定损"，但是左等右等不见有人露面。临近中午，陶某忍不住再次打电话追问，得到的回答是："他们太忙，下午1点去吧。"一直等到下午3时，还是不见有人来，也没有电话联系。气愤之下，陶某将车径自开到保险公司总部。公司前台的一位业务员问明情况，便带了摄影器材来到停车场，直接察看损坏情况，仔细记录了损坏部位和需要更换的部件。原来以为多么复杂的"定损"过程，其实前后只用几分钟时间就完事了。

因为那一段时间陶某的工作比较忙碌，经常出差到外地，所以等修复了汽车，又按要求重返事故发生地的交警部门开具证明，办好所有手续已经到了12月末。带着保险公司出具的材料，陶某来到当初投保的公司办理最后的赔付程序。

巧合的是，接待陶某的正是当初介绍保险的业务员。不同的是，当初灿烂的笑容不见了，取而代之的是一张冷冰冰的脸孔。"10天之后来取。事先打电话联系一下。"女子言简意赅，看起来不愿多说一个字。2014年1月17日，早已过了10天的期限，陶某径直到保险公司领取1 700元的赔偿金。由于临近春节，公司业务量不多，业务厅内只有陶某一个客户。挂着"理赔"牌子的窗口没有人在岗。一连问了几声，终于从其他窗口懒洋洋地走过来一位女子，不耐烦地问道："什么事？"听罢陶某自报的姓名，女子粗略地翻阅了一下桌面上的登记簿后说："没到，再等两天吧。"

1月19日，陶某拨通了保险公司留下的联系电话。电话那头的声音迟疑了一下，回答道："还没到，等过了年吧。"就这样，1 000多元钱到底成了一笔"隔年账"。

（二）案例评析

分析上述案例，我们可以看出，该案中，理赔人员的不负责任是整个理赔流程的一大阻力所在，从查勘环节到定损再到核赔，各个环节中的工作人员服务态度不尽如人意，不仅影响了理赔时效，也大大降低了客户体验。然而，类似的"理赔难"现象还有许多。

我们可以先从整个流程的始发端"客户出险"说起。从客户的角度出发，理赔流程以及赔付周期就是从出险时间而不是从报案时间开始算起的。客户在出险后，进入保险公司内部理赔流程之前，补报案是使客户产生"车险理赔难"困扰的矛盾集中点。有些保险公司将出险时间超过48小时的案件计为补报案[①]。补报案流程相当繁琐，如果因被保险人自身原因引起的补报案，还需被保险人携带身份证原件亲自到保险公司办理补报案手续。对于补报案周期较长的案件，更是需要逐级审批，使客户感到耗时、费力。

客户出险这一环节是理赔服务的开始，一个好的理赔服务开端，对提升车险理赔

---

① 各个公司的流程和名称各不相同。

服务质量非常重要。通过案例分析，针对车险理赔存在的问题，保险公司要确保车险从业人员达到专业水平。据业内有关人士透露，目前车险定损员管理缺少行业标准，存在着各公司录用标准不统一、业务培训不充足、内部管控不严格等弊病，导致行业服务水平下降、违规行为屡有发生，这就需要保险行业管理部门对车险从业人员水平进行规范和管理。

保险公司车险案件查勘环节一般包含接报案、现场查勘、车辆定损、材料收集几方面。客户出险后，一般与查勘人员的联系最为密切，第一个接触的人也是保险公司的理赔查勘人员。如果查勘人员能在处理现场时将所有能收集到的材料一次性收齐，将大大提高理赔服务时效，如行驶证、驾驶证、被保险人身份证、银行账户信息等。只要查勘员在处理案件的过程中，从多角度思考问题，增强工作责任心，将案件疑点在源头抓住，便能有效地提高工作效率，在客户心中树立公司良好形象。

此外，强化车险人伤案件管理流程、构建保险消费者权益保护的司法审查机制都可以提升理赔服务水平。

四、总结

机动车辆保险作为金融服务行业重要组成部分，忽略金融行业的客观经营规律，粗放型的比拼理赔速度必不能长久。改变目前国内车险行业人才匮乏的不利局面，以高端管理人才为主导，利用高科技手段辅助管控风险、明确服务对象、打造高素质的理赔团队，从理赔理念转变的源头提升理赔服务水平，提供更加贴近客户实际需求、具有核心竞争力的理赔增值服务，才可以有效解决机动车辆保险理赔服务存在的问题。

社会在不断进步，终端客户的思想观念也在不断发生变化。对未出险客户的增值服务进一步强化、对已出险客户的风险分析进一步细化，以利益导向引导客户自主、自助管控风险，使优质客户共享经营风险得利，最终构建广大客户共同参与的最广泛的风险管控体系，引导客户购买保险的核心目的由"出险可赔"转为"风险可控"，应该是未来机动车辆保险理赔服务乃至整个行业的发展方向。

五、思考题

（1）车险理赔服务为何日益重要？

（2）请查阅任一保险公司的车险理赔流程。

（3）保险公司提升车险理赔服务采取了哪些改革措施？

案例 3-2 交强险免责条款的理解

一、背景介绍

交强险的全称是"机动车交通事故责任强制保险",是由保险公司对被保险机动车发生道路交通事故造成受害人(不包括本车人员和被保险人)的人身伤亡、财产损失,在责任限额内予以赔偿的强制性责任保险。交强险是中国首个由国家法律规定实行的强制保险制度。交强险的实施,一方面促进了社会的稳定,但是另一方面,由于一些规定的不够完善,仍存在许多的争议。

近年来,随着人民生活水平的逐步提高和国家交通事业的不断发展,车辆数量猛增,各类交通事故频发。因交通事故产生的人身损害赔偿纠纷和财产损害赔偿纠纷不断涌现,人民法院受理此类案件数量也大幅上升,保险公司经常成为被诉的对象,并往往承担赔偿责任。受害人起诉保险公司赔偿损失,一方面反映了公民维权意识、转嫁风险意识和法律意识的提高,另一方面也不同程度地暴露出相关法律制度的缺陷。

二、相关理论知识

(一) 交强险条款

《机动车交通事故责任强制保险条款》(以下简称《交强险条款》)第八条规定:在中华人民共和国境内(不含港、澳、台地区),被保险人在使用被保险机动车过程中发生交通事故,致使受害人遭受人身伤亡或者财产损失,依法应当由被保险人承担的损害赔偿责任,保险人按照交强险合同的约定对每次事故在下列赔偿限额内负责赔偿:

(1) 死亡伤残赔偿限额为 110 000 元;

(2) 医疗费用赔偿限额为 10 000 元;

(3) 财产损失赔偿限额为 2 000 元;

(4) 被保险人无责任时,无责任死亡伤残赔偿限额为 11 000 元,无责任医疗费用赔偿限额为 1 000 元,无责任财产损失赔偿限额为 100 元。

死亡伤残赔偿限额和无责任死亡伤残赔偿限额项下负责赔偿丧葬费、死亡补偿费、受害人亲属办理丧葬事宜支出的交通费用、残疾赔偿金、残疾辅助器具费、护理费、康复费、交通费、被扶养人生活费、住宿费、误工费,被保险人依照法院判决或者调解承担的精神损害抚慰金。

医疗费用赔偿限额和无责任医疗费用赔偿限额项下负责赔偿医药费、诊疗费、住院费、住院伙食补助费,必要的、合理的后续治疗费、整容费、营养费。

《交强险条款》第九条规定:被保险机动车在本条(1)至(4)之一的情形下发生交通事故,造成受害人受伤需要抢救的,保险人在接到公安机关交通管理部门的书面通知和医疗机构出具的抢救费用清单后,按照国务院卫生主管部门组织制定的交通事故人员创伤临床诊疗指南和国家基本医疗保险标准进行核实。对于符合规定的抢救费用，保险人在医疗费用赔偿限额内垫付。被保险人在交通事故中无责任的，保险人在无责任医疗费用赔偿限额内垫付。对于其他损失和费用，保险人不负责垫付和赔偿。

（1）驾驶人未取得驾驶资格的；

（2）驾驶人醉酒的；

（3）被保险机动车被盗抢期间肇事的；

（4）被保险人故意制造交通事故的。

对于垫付的抢救费用，保险人有权向致害人追偿。

《交强险条款》第四条规定：下列损失和费用，交强险不负责赔偿和垫付：

（1）因受害人故意造成的交通事故的损失；

（2）被保险人所有的财产及被保险机动车上的财产遭受的损失；

（3）被保险机动车发生交通事故，致使受害人停业、停驶、停电、停水、停气、停产、通信或者网络中断、数据丢失、电压变化等造成的损失以及受害人财产因市场价格变动造成的贬值、修理后因价值降低造成的损失等其他各种间接损失；

（4）因交通事故产生的仲裁或者诉讼费用以及其他相关费用。

三、案例分析

（一）案例介绍

2010 年 5 月 21 日 16 时许，被告张某在未取得机动车驾驶证的情况下驾驶轻型普通货车，沿国道 109 线由西向东行驶至白银职专大门前路段时，与步行横过马路的原告李某相撞，致原告李某受伤，车辆损坏，造成交通事故。该事故经白银交警部门认定，被告张某安全意识淡薄，未取得机动车驾驶证驾驶机动车辆，遇行人横过道路时，不注意避让，是造成此事故的直接原因。该事故由被告张某承担全部责任，原告李某不承担责任。

原告李某伤后即入住白银市第二人民医院，被诊断为重度颅脑损伤。住院期间，李某进行了各项常规检查，医院给予其肌肉注射破伤风抗毒素、清创缝合、止血、降血压、预防感染、营养脑神经、激素对症及支持等综合性抢救治疗，李某于 2010 年 7 月 12 日出院。同年 7 月 27 日，原告李某再次入住白银市第二人民医院，进行了各项常规检查后，李某被诊断为左额亚急性硬膜外血肿和重度颅脑损伤恢复期。医院给予其微创锥颅引流术、抗炎、止血、营养脑神经、对症及支持等综合性治疗，李某于 2010 年 8 月 18 日出院。

原告李某上述两次住院共 76 天，花去住院费 38 729.65 元，门诊检查治疗费 363 元，合计 39 092.65 元，其中 2 700 元由被告张某支付，其余由原告李某自行垫付。住院期间原告李某因购买成人尿裤花去费用 75 元，因做伤情鉴定支付鉴定费 250 元。住院期间原告李某由其儿子李某某护理，其与儿子李某某均为农业人口。

事故车辆在 R 保险公司投保有交强险。李某因与张某及 R 保险公司就赔偿问题协商未果后，遂于 2010 年 8 月诉至一审法院。原告李某认为，被告张某无照驾驶机动车，忽视交通安全，撞伤行人，依据交通事故认定书，被告张某负本次事故的全部责任，由于该事故车辆在被告 R 保险公司处投有交强险，故请求判令两被告共同赔偿其医疗费 39 342.65 元、误工费 3 792.4 元、护理费 5 654.4 元、住院伙食补助费 3 040 元、营养费 760 元、交通费 1 520 元、鉴定费 250 元、后续治疗费 15 000 元，康复费 5 000元，合计 77 067 元，并由两被告承担本案全部诉讼费用。

被告张某辩称，原告李某的陈述属实，其已经支付了 2 700 元医疗费，现已无能力赔偿，但事故车辆在保险公司投保有交强险，所以应当由保险公司在交强险额度内先赔偿受害人。被告 R 保险公司辩称，本次事故系被告张某无照驾驶所致，根据交强险条例及条款的相关规定，无照驾驶系保险公司的法定免责事由，故其不承担任何赔偿责任。

一审法院审理后认为原告李某因道路交通事故受伤致残，《中华人民共和国侵权责任法》（以下简称《侵权责任法》）第四十八条规定：机动车发生交通事故造成损害的，依照道路交通安全法的有关规定承担赔偿责任。《中华人民共和国道路交通安全法》（以下简称《道路交通安全法》）第七十六条规定：机动车发生交通事故造成人身伤亡、财产损失的，由保险公司在机动车第三者责任强制保险责任限额范围内予以赔偿；不足的部分，按照下列规定承担赔偿责任：

（1）机动车之间发生交通事故的，由有过错的一方承担赔偿责任；双方都有过错的，按照各自过错的比例分担责任。

（2）机动车与非机动车驾驶人、行人之间发生交通事故，非机动车驾驶人、行人没有过错的，由机动车一方承担赔偿责任；有证据证明非机动车驾驶人、行人有过错的，根据过错程度适当减轻机动车一方的赔偿责任；机动车一方没有过错的，承担不超过 10% 的赔偿责任。交通事故的损失是由非机动车驾驶人、行人故意碰撞机动车造成的，机动车一方不承担赔偿责任。

根据上述规定，对本案原告李某的损害，首先由保险公司在机动车强制保险责任限额范围内予以赔偿，保险公司辩称无照驾驶系交强险免责事由无法律依据。

综上，法院判决被告 R 保险公司赔偿原告李某医疗费、鉴定费、误工费、护理费等共计 45 785.65 元（不含张某已付的医疗费 2 700 元），该款于判决生效之日起 10 日内一次性付清；驳回原告的其他诉讼请求。

一审宣判后，被告 R 保险公司不服，提起上诉，请求撤销一审判决，改判上诉人对李某不承担赔偿责任。二审法院在审理本案过程中，对案件基本事实的认定与一审一致，但对无照驾驶情形下保险公司应否免责以及赔偿费用应否按照分项限额判决的问题形成了不同意见：

第一种意见认为，《机动车交通事故责任强制保险条例》（以下简称《交强险条例》）第二十二条并非是对交强险免责事由的规定，该条例第二十二条第三款明确规定，只有受害人故意造成道路交通事故损失时，保险公司才不予赔偿。关于分项限额，因法律法规中并无相关规定，《交强险条款》为部门规章，因此，只要损失数额在交强险限额内，保险人均应予以赔偿。一审判决并无不当，应予维持。

第二种意见认为，国家设立交强险的目的在于有效、及时地填补受害人的损失，无照驾驶当然不能成为保险公司的免责理由，但基于公平原则和为进一步惩罚、打击无照驾驶、酒驾等违法犯罪行为，应当参照《交强险条款》第八条关于分项限额的规定进行判决。据此，本案中被上诉人的医疗费 36 392.65 元，上诉人 R 保险公司应在交强险医疗费 10 000 元限额内承担责任，其余 26 392.65 元医疗费应由侵权人张某负担。

第三种意见认为，《交强险条例》第二十二条明确了在"驾驶人未取得驾驶资格或者醉酒"造成交通事故的，保险公司只在交强险额度范围内垫付抢救费用，结合参照《交强险条款》第九条的相关规定，无照驾驶情形下造成损失的，保险公司免责。因此，本案上诉人 R 保险公司的上诉理由成立，对于被上诉人李某的损失，应由侵权人张某完全负担，上诉人 R 保险公司对此不承担责任。

该案因合议庭意见分歧较大，后经二审法院裁判委员会讨论，最终以上述第二种意见为理由进行了改判。

（二）案例评析

本案在一审、二审过程中，双方当事人、委托代理人就相关问题展开了激烈辩论，合议庭成员及裁判委员会委员对相关问题的认识也是仁者见仁，智者见智。一种意见认为，本案被上诉人张某无照驾驶致第三人李某受伤，R 保险公司应当免责。而多数法官坚持，无照驾驶并非保险公司的法定免责事由，本案中 R 保险公司仍应在交强险责任限额内承担赔付责任。此外，在认定本案 R 保险公司承担赔偿责任的前提下，又形成两种不同观点，一是严格按照《交强险条款》第八条关于分项限额的规定进行裁判，超出分项限额部分由侵权人张某负担；二是保监会制定分项限额赔付标准不具有可操作性，应当依据《道路交通安全法》第七十六条规定在 12.2 万元交强险责任限额内判决 R 保险公司承担赔偿责任，超过 12.2 万元的部分由侵权人张某负担。

1. 免责观点分析

第一，我国实行机动车交通事故责任强制保险、制定《交强险条例》的目的，不仅仅在于保障无辜受害人的利益，更是为了维护正常的交通秩序，保障交通安全。而要保障交通安全，就应当严厉处罚无照驾驶等违法行为，这样才能真正实现立法目的。如果一味地让保险公司承担赔偿责任，等同于守法者将为违法者的行为支付费用，不仅违反公平原则，而且还让真正的违法者逃避了法律的责任，从而造成社会负面影响。事实上，从《侵权责任法》《道路交通安全法》和《交强险条例》的立法目的来看，立法者对于无照驾驶等违法情形"在道德上都是进行责难的"。

第二，《交强险条例》第二十二条第一款规定的是 4 种特殊情况下保险公司的垫付抢救费义务，并不能说明保险公司负有代替无照驾驶人等违法者进行赔偿的义务，立法者本着能够让受害人及时得到救治的原则，规定保险公司作为交强险的承保人，由其先履行此项义务并无不当。

第三，《交强险条例》第二十二条是关于保险公司除外责任的规定，作为赔偿义务人，保险公司只有在法律有明确规定时才负有垫付或者赔偿义务，不能推理为法律没有禁止即为必须，否则不仅违反了扩大解释的原则，更不符合《交强险条例》的立法意图，也与立法者对无照驾驶等违法行为"在道德上都是进行责难的"本意不符。

第四，《道路交通安全法》第七十六条第一款的规定，是为了明确机动车交通事故责任强制保险的作用，无法必然得出凡机动车发生交通事故造成人身伤亡、财产损失的，一律由保险公司在责任限额内予以赔偿的结论。而无证驾驶作为"马路杀手"是人人痛恨的违法行为，如果法律对这样的行为不严加惩罚，公平正义何在？

综上，本案中被上诉人张某无照驾驶机动车肇事，造成被上诉人李某受伤，该车虽在上诉人 R 保险公司处投保有交强险，根据《交强险条例》第二十二条的规定，并参照《交强险条款》第九条的规定，被上诉人 R 保险公司的上诉请求成立，应当改判其不承担任何赔偿责任。

2. 有责观点分析

《侵权责任法》第四十八条和《道路交通安全法》第七十六条是裁判机动车道路交通事故责任的一般性规则，《交强险条例》相对于上述法律而言虽为特别法，但该条例中也未明确规定无照驾驶机动车发生道路交通事故情形下承保交强险的保险人应当免责，《交强险条款》更是保监会单方制定的部门规章，包括其发布的相关函件，当法律法规有一般性规定时，该部门规章、文件精神并不能成为法院裁判该类案件的法律依据。

第一，《侵权责任法》第四十八条规定：机动车发生交通事故造成损害的，依照道路交通安全法的有关规定承担赔偿责任。该法第四十九条至五十三条均为机动车持有人与使用人不一致造成交通事损害责任的规则，在学说上叫作机动车关于交强险免责事由及分项限额的事故特殊责任主体。除上述规定外，《侵权责任法》对无照驾驶造成道路交通事故承保交强险的保险公司应否承担赔偿责任及如何承担赔偿责任并未做出规定。故此，依据上述第四十八条的规定，一般机动车道路交通事故赔偿纠纷，应当按照《道路交通安全法》的有关规定确定赔偿责任。

第二，《道路交通安全法》第七十六条规定，机动车发生道路交通事故造成人员伤亡、财产损失的，首先由保险公司在肇事机动车投保的第三者责任强制保险的责任限额范围内进行理赔。这是法院裁判处理交通事故损害赔偿纠纷案件的一般性规则。同时，因交强险保险金额有数额限制，在事故损失大于保险金额的情况下，上述法条又明确规定了超过责任限额的补充性赔偿处理原则。持赔偿观点的认为，《道路交通安全法》第七十六条明确规定了保险公司在交强险责任范围内的赔偿责任是无过错责任原则，即不论被保险机动车一方是否具有过错保险公司都要给予赔付，除非道路交通事故的损失是由受害人一方故意造成的，保险公司则不予赔偿。另外，根据该条规定，结合《保险法》第六十八条第一款关于"保险人对责任保险的被保险人给第三者造成的损害，可以依照法律的规定或者合同的约定，直接向该第三者赔偿保险金"的规定，可以得出受害人对保险公司享有直接请求权的结论。《道路交通安全法》《保险法》均是受害人要求保险公司在交强险限额内直接赔付的一般条款。

第三，本案审理过程中不同观点的分歧点仍然是对《交强险条例》第二十二条的不同理解。主张赔付的法官认为，关于保险公司的免责情形，《交强险条例》第二十二条第三款明确规定，只有在受害人故意造成道路交通事故时，保险公司才能免责。《交强险条例》第二十二条规定的是保险公司在无照驾驶、醉酒驾驶、被保险机动车在被盗抢期间肇事、被保险人故意制造交通事故等四种情况下负有的垫付抢救费用的义务、向致害人追偿和对受害人财产损失不予赔偿的权利，该条并非保险公司的免责条款。

对立观点认为此处的"财产损失"与最高院《关于审理人身损害赔偿案件适用法律若干问题的解释》第一条中"财产损失"的概念等同，但缺乏相关的立法表述，况且，运用其他司法解释中的概念来解释本法规中的概念也没有法律依据。具体分析《交强险条例》第二十一条第一款中的"人身伤亡、财产损失"与第二十三条第一款中的"死亡伤残赔偿限额、医疗费用赔偿限额、财产损失赔偿限额"，不难看出，立法者已经将"人身伤亡"与"财产损失"分别表述，区别开来，同一部法律中的相同名词，不可能做出不同的解释。关于无照驾驶情况下保险公司是否免责的问题，《侵权责任法》《道路交通安全法》虽无明确规定，但对于保险公司赔偿责任却有明确的原则性的规定，如有法外免责和例外适用的情形，在《交强险条例》这一特别法中应有具体而明确的规定，否则，应当适用法律的原则性规定。

保监会单方制定的《交强险条款》第十条明确规定了保险公司的免责事由，其中并不包括无照驾驶。而在法律有明确规定的情况下，部门规章和行业内部文件也并不必然成为人民法院裁判案件适用的依据。概言之，无照驾驶保险公司不能免责。

四、总结

一审法院和二审法院对同一案件做出了不同的判决结果，从表面看，只是改变了保险公司赔偿数额，但问题的实质在于：按照一审判决，受害人李某的损失包括医疗费、误工费、护理费、住院伙食补助费等共计 45 785.65 元完全由 R 保险公司赔付，只要判决生效，李某在很短时间内就能拿到保险公司的赔偿金；按照二审判决，受害人李某只能从保险公司获得部分赔偿金，剩余 26 392.65 元医疗费由侵权人张某给付，鉴于张某的实际情况，结合"执行难"这一普遍情形，李某能拿到这医疗费的可能几乎为零。近年来随着公私车辆数量的猛增，机动车道路交通事故侵权纠纷案件的数量也呈几何倍增加，本案只是冰山一角。因此完善我国交强险制度已是迫在眉睫！

五、思考题

（1）交强险分项限额有没有法律效力？

（2）请给案例中涉及的法律法规的效力从高到低排序。

（3）保险公司垫付之后，能否向张某追偿？

案例 3-3 车险欺诈问题

一、背景介绍

随着经济快速发展，汽车数量不断增加，车险业务占财产保险公司业务的比例现已突破 70%，成为财产保险业务最大的险种。随着车险市场的快速发展，车险在维护道路交通安全、解决纠纷和促进社会经济建设等方面扮演着越来越重要的角色。然而，车险欺诈的现象日益频繁，成为保险犯罪的高发区，呈现出团伙化、专业化和职业化等特征。据统计，西方国家车险欺诈犯罪活动频发，美国车险赔付支出的近20%是被欺诈者违法获得的；欧洲的保险欺诈也相当严重，保险公司一年内因欺诈要有多出近百亿欧元的赔付支出。

我国因车险欺诈而导致的理赔支出比例也在不断攀升，严重威胁着车险业务的稳定健康发展。2009—2013年，车险赔付占财产保险公司赔款的76%左右，以2012年为例，车险承保利润呈负增长状态，为-41.1%。因此，通过典型案例对车险欺诈进行全面的分析进而提出车险反欺诈的策略显得尤为必要。

二、相关理论知识

（一）保险欺诈的含义与特点

1. 含义

在国际上，通常根据保险欺诈的性质，将保险欺诈分为保险硬欺诈和保险软欺诈。保险硬欺诈是指投保方在保单承保范围内，故意编造或制造保险事故；保险软欺诈是指投保方夸大合法的索赔。基于欺诈的性质进行分类，一般将欺诈分为机会型欺诈和计划型欺诈，所谓机会型就是指随机偶然的，即事故发生后，为骗取保险公司赔偿或更多的赔偿而故意造假或夸大损失；而计划型是指行事之前做出计划安排的，即指事故前经过精心策划，在计划中制造看似属于保险责任范围内的事故，骗取保险公司的赔偿。

车险的赔付情况不容乐观，赔付支出占整个产险的赔付支出均在70%以上，赔付率基本在50%以上，基本高于产险整体的赔付率。车险欺诈无疑是造成车险赔付率居高不下的主要原因之一。据相关资料统计，我国每年汽车保险骗赔金额占理赔总额的20%左右。

2. 车险欺诈的特点

（1）团伙化，即车险欺诈人员内部组织严密，分工明确。如今涉及伪造、编造修车发票，伪造公安交警部门交通事故责任认定书等骗保行为的多为团伙勾结作案。通常有以下几种情况：车主自己勾结同伙实施骗赔，修理厂、代理机构实施团伙骗赔，保险公司与社会人员内外勾结骗赔，车主与医院联合造假骗赔等。

（2）专业化，即车险欺诈作案手法专业性越来越强，极具隐蔽性。由于参与车险欺诈的作案人员对于车险查勘定损及理赔的流程比较了解，作案现场布置得很有迷惑性，再加上现如今高科技的发展，伪造有交通事故责任认定书及医院的诊断证明等材料，在相当程度上能够以假乱真。诈骗实施人思路清晰，手法专业，通常能利用异地出险查勘理赔程序的漏洞。

（3）职业化，即车险欺诈由起初的机会型欺诈逐渐向职业化转变。随着车险市场的发展，使得人们为追逐利益链而走险，做起了专门进行保险诈骗的勾当。这其中既有专门制造假事故、伪造理赔资料向保险公司要求赔偿，骗取保险金的，也有制售假保单，出具假保险证、收据、印章等，骗取消费者的保费，最后卷款跑路的，严重影响着保险市场的秩序。

（二）车险欺诈的危害

1. 增加保险公司经营风险

（1）假车险事故发生后，保险公司对保险事故进行调查要付出大量人力、物力和财力，而带有欺诈性的事故调查更是困难。因为车险欺诈案件往往具有极强的隐蔽性，作案手法具有极高的专业性，欺诈证据获取非常艰难，这样使欺诈者较易得逞，公司做出赔付致使其经济利益受损。

（2）如果公司对案件的调查需要更长时间的取证，欺诈者为逼迫保险公司赔付，就会在社会公众面前散布谣言，损害保险公司的声誉，致使保险公司现有客户和潜在客户的流失。

（3）车险占据产险公司业务量的绝对数额，由于车险赔付率较高，盈利状态维系艰难，将会影响产险公司整体的可持续发展，甚至出现偿付能力不足，濒临破产的境地。

2. 侵犯保险消费者合法权益

（1）据美国商会估计，车险欺诈致使非寿险业的费率上升了25%，每年仅人伤案件中的欺诈金额估计高达52亿~63亿美元。保险公司会将由于车险欺诈造成的成本上升通过提高保险产品的费率转嫁给消费者，即车险欺诈导致保险公司增加的成本，都是由众多投保人承担的，间接侵犯了消费者的利益。

（2）那些制售假保单和打着本不存在的保险公司的旗号进行车险经营的假机构，以优惠活动进行车险促销，招揽投保客户的，当保险事故发生时，就使得被保险人得不到应有的赔偿，这是对保险消费者合法权益的直接损害。

3. 损坏保险行业形象

（1）由于假事故的大量存在使得保险公司为转嫁成本的上升而提高保费，同时严格审查投保条件和理赔条件，使保险公司与客户之间存在隔阂，加重了客户对保险行业的疑惑感，不利于保险行业的公信力建设。

（2）由于假保单的泛滥，不少保险消费者深受其害，花钱买到的不是保障，而是不能兑现的承诺。保险消费者由于保险业的诈骗行为的存在，对保险行业整体的信任感下降。

4. 影响和谐社会的构建

（1）利益驱使诈骗分子以身试法，采用各种手段诈骗保险公司的赔付和保险消费者的保费，是对诚信道德底线的严重践踏，败坏了社会道德风气。

（2）车险欺诈严重破坏了社会秩序，不仅引发了巨大的经济损失，还滋长了行骗获利之风，严重影响着保险经济助推器和社会稳定器功能的发挥，不利于社会主义和谐社会的构建。

（三）骗保行为的定义和法律后果

我国《保险法》规定，保险事故发生后，被保险人或其允许的驾驶人在未依法采取措施的情况下驾驶被保险机动车或者遗弃被保险机动车逃离事故现场，或故意破坏、伪造现场、毁灭证据的，都属于骗保。

骗保的后果包括：

1. 投保人骗保，解除保险合同，并不退还保费

《保险法》规定，如果投保人故意隐瞒事实，不履行如实告知义务的，或者因过失未履行如实告知义务，足以影响保险人决定是否同意承保或者提高保险费率的，保险人有权解除保险合同。投保人故意不履行如实告知义务的，保险人对于保险合同解除前发生的保险事故，不承担赔偿或者给付保险金的责任，并不退还保险费。

2. 投保人骗保，或构成保险诈骗罪

根据《中华人民共和国刑法》（以下简称《刑法》）第一百九十八条的规定，有下列情形之一进行保险诈骗活动，数额较大的，处五年以下有期徒刑或者拘役，并处一万元以上十万元以下罚金；数额巨大或者有其他严重情节的，处五年以上十年以下有期徒刑，并处二万元以上二十万元以下罚金；数额特别巨大或者有其他特别严重情节的，处十年以上有期徒刑，并处二万元以上二十万元以下罚金或者没收财产。

保险事故的鉴定人、证明人、财产评估人故意提供虚假的证明文件，为他人诈骗提供条件的，以保险诈骗的共犯论处。

三、案例分析

（一）案例介绍

1. 机会型车险欺诈的典型案例

2014 年 2 月，R 保险公司接到报案，称一辆由该公司承保的帕萨特在超车时不慎与一辆正常行驶的奔驰发生剐蹭。查勘员接到报案后迅速与报案人取得联系，并赶往事故现场。在对事故现场进行查勘时，查勘员发现 3 处疑点：

（1）从报案人员报案到查勘员到现场仅 20 分钟，帕萨特车体温热，但奔驰车却冰凉，明显与报案人称辆车辆正常行驶超车时发生事故的情况不符。

（2）奔驰车受损部位还有多处"旧伤"，与此次事故造成的剐蹭相互重叠。可奔驰车主却声称近期未出现过事故。

（3）事故路段较宽阔，日常车流量并不多，并且事故发生在中午，视线良好，正常情况下行驶一般不会发生这种事故。

查勘人员将上述疑点报给了 R 保险公司理赔案件反欺诈小组，反欺诈小组与事故车辆车主联系后，向其讲述了此案的疑点，同时说明了故意制造虚假事故进行骗赔的法律后果。报案人员迫于法律的威严最终道出了实情，原来是未买保险的奔驰车不慎发生了事故，不甘心自己掏钱修车，找来拖车将受损奔驰车拖到路边，又找来自己的朋友开帕萨特制造了此起交通事故。

2. 职业型车险欺诈的典型案例

案例一：被保险方组建诈骗团伙。

2013 年 12 月 12 日，Y 保险公司向宜宾公安局经侦支队报案称，2013 年 12 月 9 日23 时，一辆 POLO 轿车在宜宾至琪县路段与一辆黑色奔驰轿车和一辆红色中华车三车

追尾，损坏严重，向保险公司申报维修费用 10 万余元。

查勘员在处理事故理赔时发现 4 处疑点：

（1）该公司查勘员当晚 11 点多接到报案，驾驶员陈某称交警已经处理了三车追尾事故，车已经开走了，不用过来查勘了。然而查勘员第二天去车场定损时，陈某却说交警没有到过现场。

（2）当晚查勘员询问陈某追尾的是什么车时，陈某说不知道是什么车。查勘员到车场发现被撞的是辆奔驰车，而按照这个品牌的知名度，陈某不可能不知道。

（3）查勘员在修理厂定损时，发现碰撞痕迹不吻合。

（4）陈某的情绪异常激动，要求马上赔付，不配合理赔查勘员的调查。

查勘员认为，POLO 驾驶员陈某有伙同他人骗取保险赔偿金的嫌疑，立即向保险公司上级主管报告了此事。

发现这起事故可疑后，宜宾市保险行业协会立刻启动了保险行业的协调调查制度，同时向公安经侦报案。经侦要保险行业协会提供更多案例，协会立刻群发短信给行业协会会员要求协助调查，找出 2013 年所有涉及奔驰车的保险赔案。各会员单位迅速组织工作人员将 2013 年所有涉及奔驰车的赔付案件进行复查。结果发现，的确有两个奔驰车赔案很可疑，并将其中三车追尾的类似案件提交到公安机关。

在多家保险公司提交给公安机关的资料中，警方发现从 2013 年 4 月到 2013 年 12 月，共有 13 起涉嫌车险欺诈的理赔案件。从资料中可以发现，每起事故中都有一辆成都牌照的奔驰轿车，并且都是被追尾的无责任车，在多张保险公司定损的照片中都有一个人在场。经过警方严密侦查，此人正是这一系列车险诈骗案的幕后操作者彭某。2014 年 3 月 10 日，宜宾市公安局在前期侦查的基础上，开始破案收网，抓获 11 名犯罪嫌疑人，打掉了一个以高档轿车作为作案工具，诈骗 13 起，涉案金额近 100 万元的车险诈骗团伙。

案例二：内外勾结诈骗团伙。

2014 年 10 月 27 日，福建晋江警方对外透露：该局日前摧毁一个特大车险欺诈团伙，9 名涉案人员悉数被刑拘。据了解，该团伙自 2012 年 10 月以来，在厦门、泉州、晋江等多地伪造交通事故、拆换破旧汽车配件并夸大交通事故损失，同时，用赔款总额的 10% 诱惑某保险公司查勘员黄某对其伪造的涉及其公司的虚假交通事故"睁一只眼闭一只眼"，并适时抬高定损价格，共作案 17 起，骗取了四家保险公司赔付保险金总额达 50 余万元。经调查，该团伙以一名卢姓男子为首，其余人员多数是卢某的亲戚朋友，在向保险公司投保时，交替更换投保人、报案人、被保险人、驾驶员等角色，这些人分别在伪造的交通事故中扮演修理厂老板、修理工和车主等身份。保险公司在处理赔案时，就发现赔案有骗保嫌疑，但苦于找不到证据，只能当"冤大头"。

（二）案例评析

1. 车险欺诈的主要手段

（1）利用"拆车件"组装后制造交通事故。据宜宾市公安局经侦大队副大队长罗文虎介绍，以彭某为首的诈骗团伙嫌疑人利用在成都汽配件市场上购买修复后的奔驰车的旧配件，又称"拆车件"，主要是保险杠、大灯，组装到从租赁公司租来的奔驰轿车上，然后用自己或同伙的车制造与奔驰车三车或两车追尾的交通事故，骗取保险公司赔偿金。

（2）选择夜间偏僻处制造事故现场。诈骗团伙往往会在夜里选择十分偏僻并且人迹罕至的道路制造事故现场，原因在于这些地方没有目击者，也没有摄像头监控，同时给保险公司的现场查勘制造了困难。

（3）选择车流量大且事故多发的地段制造事故。据彭某交代，一般设置一个现场的准备时间为两天，地点选在车流量大、有弯道、双向车道容易产生事故的地方，并且避过监控摄像头。

（4）串通熟悉的汽修厂老板一起完成骗赔。汽修厂是诈骗团伙骗取保险赔款的重要环节，犯罪嫌疑人事先将租回的奔驰车开到修理厂，把修复后的旧配件，如前后保险杠、大灯、叶子板和引擎盖等换到奔驰车上，然后人为制造事故现场，报案骗取保险赔款。据犯罪嫌疑人刘某交代，一起假赔案最高的获利七八万元，非法暴利使得犯罪分子铤而走险。

（5）利用代年检或者借车伪造事故。据宜宾市公安局经侦大队介绍，彭某等往往是借用朋友的车来制造假事故，骗取保险后将这些车修复后再还给车主。他们也利用找他帮忙年检或者修车的车辆来骗保，当然，这些车主根本不知道自己的车竟被利用去实施犯罪。这些并不知情的车主往往在续保的时候才会发现自己的利益受到了损害，而此类保险诈骗行为也会制造被保险人和保险公司之间的矛盾。

（6）利用虚假维修车辆票据来骗取保险赔偿金。在彭某等人进行的十几起诈骗保险赔款案中，都出具有虚假维修车辆票据来骗取保险公司的保险赔偿金。知情人士透露，在行业内确实有这样的现象，有些车主要求你给他开票据来报保险赔偿金，汽修厂开出了票据以后，也会从中得到一些利益，形成了"互动互利"的合作关系。

2. 车险欺诈产生原因

（1）法律法规不够完善，惩罚力度不够。"低投入，高产出"诱使诈骗团伙铤而走险，频频作案。在上述案例中不难发现，在多数车险欺诈行为被识破后，多数保险公司只会采取批评教育的方式对欺诈者进行说教，最终也只是对假赔案拒赔或是解除保险合同而已。在保险业内很难找到对车险欺诈案件走法律诉讼的，即使诉诸法律，很多时候都会被认定为一般的合同纠纷，欺诈者只承担一些民事责任。这样看来，欺诈者几乎没有承担法律责任的风险，如此低的犯罪成本让很多欺诈者都抱有侥幸心理。

（2）车险信息共享平台有待全面普及。案例中的诈骗团伙之所以能够成功作案十多起，究其原因就在于行业信息没能实现共享，多起疑似诈骗的案件由于没能放在一起做比对，导致保险公司最后做出了赔付的决定。

2013 年 5 月保监会要求行业协会积极搭建反欺诈工作平台，及时发布案情通报和风险提示，在涉及多家保险公司案件侦办中牵头组织开展联合调查和风险排查。黑龙江、北京、河北等一些省保险行业协会相继在其官网上建立了车险信息共享平台，基本实现了省内信息共享。但是大部分省份乃至全国性的车险信息平台仍是空白区。在这些无法实现车辆信息共享的地区，保险公司无从得知投保车辆的历史信息和理赔记录。信息不对称使得投保者能重复投保、异地作案、重复索赔等。由于作案手段隐蔽，筛查成本大，使得骗赔成功率大大升高。

（3）考虑到声誉影响，保险公司对车险欺诈的态度不够强硬。由于保险公司更重视企业形象、客户满意度等因素，在有欺诈风险而理赔金额较小时，常选择赔付。在有欺诈风险的大客户理赔金额较大时，尽管没有实际证据，但为了保持与大客户的合作关系或者担心败诉带来负面影响，保险公司宁愿放弃立案调查，给付赔款。由于保险公司的瞻前顾后，过分看重公司声誉，使得欺诈者有机可乘，造成公司大量的财务损失。

（4）保险公司的管理存在漏洞。第一，随着越来越多的保险公司的成立，车险市场的竞争越来越激烈，为了抢占市场份额，许多保险公司忽视保险单证的管理和印章合同管理的重要性，未认真做好风险控制，理赔时便容易处于劣势。主要表现在业务员为尽快完成承保手续赚取佣金，违规在投保单上代客户签字确认。第二，保险公司对虚假事故的查勘调查缺乏有效的方法。从技术方面看，当接到报案后，现场查勘的熟练查勘员人手配备不足，对欺诈案件缺乏有效识别，造成了车险欺诈行为高发的可能。从态度方面看，对于欺诈金额较小的，保险公司担心查勘成本过高，往往不会真正调查事故真实与否便会赔付。第三，对于汽修企业"代索赔政策"的空隙缺乏有效的规避措施。保险公司为在日益激烈的竞争中占有一席之地，服务品质成为公司竞争力的重要体现。如保险公司为了提高客户满意度，方便消费者理赔，给予一些有合作关系的4S店、汽修厂代索赔权限。这从表面上看是节省了客户理赔环节，实际上却减少了保险公司与客户的直接沟通，为欺诈者提供了作案空间，使保险公司处于被动地位。

（5）监管缺失，尤其是对兼业代理的监管。无论是银行保险渠道还是4S店车险渠道，从某种意义上，这些兼业代理机构垄断着相当一部分的保险资源。在这种情况下，兼业代理机构实际上控制了代理关系的主动权，以此为筹码抬高代理手续费，费用高者自然就成了这些兼业代理机构的合作对象，然而兼业代理机构却未考虑合作者的合法性，从而使诈骗具备了可行性。

（6）部分车主风险防范意识不强，贪图便宜。部分车主为省事将车开到修理厂，留下驾驶证、行驶证、保单等相关理赔资料就放心地走了，把相关事宜交予修理厂全权处理。竟不知正是让其放心的修理厂，会利用其留下的资料制造虚假的保险事故进行诈骗，损害车主的利益。

四、总结

车险作为产险公司最主要的业务来源，其经营的好坏直接影响着整个产险公司的持续发展。然而，车险在经历了快速发展的阶段后，暴露出了许多严重问题，车险欺诈就是其中之一。车险欺诈的存在扰乱了车险市场的经营秩序，无论是对产险公司还是社会公众都产生了严重的危害，尤其是职业型欺诈。所以，车险反欺诈工作的推进是非常必要和迫切的。而推进车险反欺诈的工作需要多方的共同努力，如保险监管机构、保险行业协会、保险公司、其他相关部门和社会公众等。只有经过各方的协调配合，车险反欺诈工作才能得到有序、有效的推进，车险市场也将得到净化，才能有利于和谐社会的构建。

五、思考题

（1）车险欺诈产生的原因主要有哪些？

（2）根据《保险法》的规定，车险欺诈的法律后果有哪些？

（3）全国各地车险信息平台建设的情况如何？

案例 3-4　Y 保险公司的车险理赔管控

一、背景介绍

车辆保险是 Y 保险公司陕西分公司（以下简称 Y 保险公司）的龙头产品，在 Y 保险公司占比约为 86%，车险的经营结果直接决定着分公司的经营结果。提高车险经营质量，在严格把好承保质量关的同时，理赔工作质量的作用显得非常重要。理赔管控的重点就是要加强对理赔高风险案件发生规律的研究，梳理出高风险案件的类型及其主要的风险点，同时基于风险管控的思路再造理赔作业流程以实现对理赔高风险案件的管控。加强高风险车险案件的管控是 Y 保险公司控制影响赔付率升高的核心要素，通过对高风险案件的识别及制度化管控，在机动车辆保险业务中，建立新的车险业务发展战略，加强车险经营的承保管理工作，控制整体赔付率水平，从而保障公司业务的健康可持续发展。

二、相关理论知识

（一）保险经营的主要风险

保险业是经营风险的特殊金融服务行业。保险公司通过评估保险标的风险的大小，以收取合理的保费为条件，一旦发生保险事故，保险公司即按照合同约定承担赔付保险金的责任。保险经营和其他的经营活动一样，面临许多风险，但集中表现在财务风险上。如果保险公司有足够的资金支付保险金，就可以持续经营；如果没有资金支付保险金，就只能破产倒闭。保险公司的财务状况取决于收入和支出的关系。收入部分主要包括保费收入、投资收入、分保佣金、追加资本金等；支出部分主要包括保险金赔付、营运费用、再保险费、红利支付、税金、退保费等。

（二）车险理赔风险

车险理赔管理制度建设的风险是指因财产保险公司在理赔管理制度设计上不完善而存在的风险。车险理赔权限管理的风险是指保财产保险公司在理赔作业时采取逐级授权的管理模式而存在的风险。车险接报案环节的风险是指财产保险公司在接报案环节中报案信息真实性及报案证据完整性带来的风险。代领保险赔款的风险是指代理被保险人领取赔款的风险。理赔资金支付环节的风险是指理赔资金支付环节存在的风险。虚假理赔案件的风险是指理赔中虚假理赔案件给公司带来的风险。

车险理赔风险分类的维度有很多，从车险经营的险种的维度将其分为两类：一是车损险中理赔风险的类型，主要包括虚构（冒充）保险标的、重复保险、先险后保、主观故意欺诈（包括编造事故经过、编造虚假事故、故意扩大损失程度、故意制造事故等）和随机性欺诈（包括夸大损失程度、顶包酒驾人员等）。车损险的欺诈目前有朝着全产业链参与、集团化运作的方向发展的趋势。二是责任险中理赔风险的类型，主要包括虚假索赔资料，与交警部门、医疗部门公估人公司中的个别不法分子联合欺诈。

三、案例分析

（一）Y 保险公司车险理赔现有管控流程介绍

1. 理赔管控流程各环节

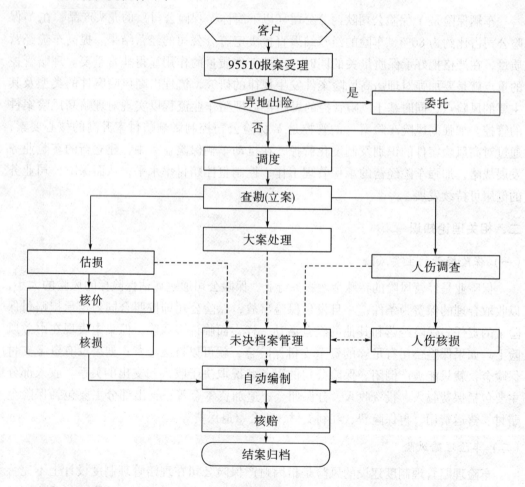

2. 事故现场的查勘

（1）接派工：查勘员接到派工后，按照时效要求到达现场。首先，查勘员需要指导客户填写《索赔申请书》，要求当事人详细描述事故发生经过；现场查勘时需要及时掌握承保信息，特别是划痕险、玻璃单独破碎险等附加险的历史赔付记录；对于单方事故，出险车辆需施救时，查勘定损人员在征得客户同意后应主动与客服人员联系，由客服人员通知查勘救援服务合作单位进行施救，采取合理的施救措施。

（2）拍摄事故现场照片：查勘员需要对事故现场进行 4 张 45 度角的全貌拍摄。数码相机设置的要求：数码相机的日期顺序调整为年、月、日；数码照片显示日期必须与拍摄日期一致，不能以各种理由调整相机后备日期；照相机的焦距调整准确，光线适用得当；数码相机像素调整为 480×640；尽量避免使用立式拍摄与对角拍摄。

（3）确认保险标的：查勘员依据承保信息详细核对标的车辆的各项身份信息并拍照确认，重大事故需拓印发动机号、车架号以核对标的。

3. 现场定损

简易案件客户决定自修事故车辆时，由定损人员与被保险人一起协商核定本次事故造成的车辆损失部分和修理项目，确定修理工时费及材料费，协商一致后，由当事人或被保险人签名确认并出具定损单。另外，对于造成的三者非车损失不大且能协商处理的损失，必须现场协助客户处理，确定损失，以免给被保险人造成损害。

4. 非现场定损

一般事故定损根据损失类型分为事故车辆定损与财产损失定损。

（1）保险公司根据抄单信息、查勘录入信息、行驶证信息、受损车辆照片信息，了解受损车辆型号、规格、年款及车身构造的类型，比对上述四处提供的车牌号码、发动机号和车架号（VIN 码）是否一致。

（2）保险公司通过抄单信息、报案信息、查勘情况说明了解事故发生的时间、地点、原因及碰撞过程情况，确定保险责任范围。

（3）通过查阅查勘记录的信息，落实保险人是否存在故意扩大事故损失程度的情况。

5. 理赔权限设置

（1）查勘权限设置：一般查勘员的现场查勘权为 3 000 元，超 3 000 元的报地市理赔经理，超 10 000 元的上报省公司理赔部，超 100 000 元的由省公司理赔部报总公司理赔部。

（2）定损权限设置：一般定损员具有 10 000 元以下单车损失的定损权，超 10 000元的需报省公司理赔部。超 100 000 元的由省公司理赔部报总公司理赔部。

（3）核赔权限设置：一般核赔员具有 10 000 元以内的核赔权限，中级核赔员有10 000~50 000 元的核赔权限，高级核赔员有 50 000 元以上的核赔权限。

6. 理赔的管理

从作业流程及管理权限设置可以看出，Y 保险公司的理赔管控及理赔资源的配比完全是以案件金额的大小来配比的。理赔的作业流程也按照案件的金额大小来进行作业环节的分流。对于占到总案件发生数量超过 60%，总赔款超过 50% 的 10 000 元以内的事故配比的理赔资源最少，涉及的理赔环节最少。

（二）目前理赔管控存在的问题

（1）查勘定损人员基本素质较差、理论知识匮乏、业务能力不足、实际工作技能偏低，不能满足现阶段下查勘定损工作的需求，更跟不上行业发展的步伐。

（2）现场查勘工作不到位。经统计，目前单方事故的第一现场查勘率不足60%，远远没有达到要求的95%以上。

（3）核损核价管理不到位。定损权限管控不合理、核损机制不健全，部分二级机构对95%左右的案件及近40%的赔款下放了查勘核损权，存在极大的风险隐患。

核价权限设定不科学、不合理，本地价格维护较为粗犷。部分机构对核价岗重视不够，未严格执行系统价格。正在使用的核价系统涵盖车型数量从起初的4 500个车型，扩充到15 500多个车型，增长了2.4倍，每个车型平均配件数量约600个，完全可以满足常规车型日常定损核价需求。可是由于部分机构对核价工作不重视，岗位人力缺失，核价单的大多数价格都是经验价格或维修单位的报价，没有切实发挥系统价格的作用。

（4）重大案件管理不到位。重大案件管控权限不明确，相互推诿时有发生，造成管理上的混乱；查勘定损责任人制不明确，查勘定损跟踪缺乏责任心，造成损失核定变化无常且找不到责任人。机构为推卸责任往往会以当事人离司、照片丢失、案件无法核准、只能如此等理由搪塞上级，蒙混过关，给公司造成诸多方面的损失。

（5）复勘管理不到位。复勘岗是查勘定损工作的监督、检查、监察岗位，是对查勘结果的真实性、查勘资料的完整性、核损核价的准确性、定损结果的合理性进行全流程监督检查的岗位。

（6）人伤案件管理不到位。公司相当一部分机构对这方面的管理几乎处于失控状态，仅有的人伤核损人员仅仅只能就医疗结果核定其合理与否，没有跟踪案件、跟踪医院和跟踪受伤人员，未能将风险控制点前移，导致了人伤案件管理十分被动的局面。

（7）"直赔"管理不到位。部分机构没有认真对待而是变通使用了"直赔"服务，歪曲了"直赔"的意义，影响了"直赔"质量。个别机构甚至内外勾结，将一些不符合条件的、与小团体或个人存在利益关系的修理厂作为"直赔"合作企业，违规甚至违法操作，给公司的车险经营带来了较为严重的经济损失和十分恶劣的社会影响。

（三）Y保险公司车险理赔风险实证分析

事故概况：2013年4月9日11时许，驾驶员姚某电话报案诉称，其本人驾驶陕AK553U"起亚"轿车，沿临潼迎宾路由西向东行驶中遇见熟人，因向后倒车与后面驶来的一辆车碰撞，致使两车受损，已向当地交警部门报警，受损车辆被拖移至执法停车场。

查勘经过：临潼营销服务部查勘员刘某接到勘查任务后，赶到停车现场，听取了驾驶员对事发经过的陈述，做了详细的询问笔录，查验了标的车及三者车辆损失情况，初步估计两车损失约50 000元。通过对受损车辆的勘验，结合驾驶员对事故发生过程的描述，刘某敏感地觉察到此案存在有疑点。

复勘调查及结论：4月10日上午，刘某向西安理赔中心复勘组通报了案情，说出了自己的疑虑并且提请复勘组介入复勘。受理该案后，复勘组长牛某，复勘员吴某、高某于当日上午 10 点到达临潼事故发生地，对出险现场进行全方位拍照，模拟了两车碰撞情景，并向周边群众了解当日事故发生情况。两名知情者讲述了当时所看到的事故情况。得到这些信息后，复勘人员又前往临潼区公安交警大队了解了一些情况并拷贝了事故现场照片，接着到达受损车辆停放场地，对标的车及三者车辆的碰撞痕迹进行了比对分析。

通过查勘、复勘人员广泛细致的调查、核实、勘验、取证和分析判断，他们一致认为，当事车辆车损严重，如果按当事人报案所称，存在的疑点有：一是现场停放车辆较多，车流量大，常规情况下是不可能倒车的；二是两车碰撞的痕迹不符合当事人描述的相撞后的特征，复勘时所看到的是后车追尾前车的碰撞特征；三是现场照片反映的受损车辆位置与倒车碰后车不一致。因此综合得出的结论是：倒车相撞事故不成立。

事故实情：根据以上的论证结果，复勘组单独与当事人面谈，再三询问事故详情，告知复勘所取得的证据和公安、司法、保险联合严厉打击保险骗赔的案例等，当事人终于在复勘人员的耐心规劝和自身心理压力下，讲述了事故实情。事发时，他停车在路边和朋友说话，突然一辆高速行驶的车撞在他的车辆尾部而且强大的撞击推力导致停放在他车前的两辆车也受损。事故发生后，肇事车驾驶员对三辆车给予了补偿，给了他 20 000 元让他承揽此次事故责任并向保险公司报案索赔。未料到被勘查出破绽，姚某自感心存压力和后悔，于是当面主动道歉和随后电话告知公司客服撤案。

（四）理赔管理改进措施

1. 建立和完善理赔的人才机制

目前，保险从业人员的专业知识普遍不足，原因在于我国的保险业起步较晚，相关专业的研究、教育工作明显滞后于保险业的发展。近几年，各高校特别是经济类院校普遍开设了保险相关专业。同时，随着这几年我国各类职业技术院校的发展，围绕保险公司的保险公估、汽车估损、汽车理赔、保险人伤理赔等职业教育专业也大量开展起来。以上相关教育行业的发展为保险业新时期的发展奠定了基础，而有计划、有针对性地吸引、引进、培养相关保险专业甚至高端人才就显得尤为必要。

2. 优化理赔流程和环节

（1）接报案环节：接报案件数，即受理报案的件数，按事故级统计，可酌情考虑受损对象数量、对应案件数量等加权系数。平均振铃时长是指坐席人员受理来电报案振铃时长的总和除以电话量。报案通话平均时长是指坐席人员接报案电话的总时长与报案电话数量之比。通话质量是指对受理的服务电话按照电话时长、受理类型进行随机质量抽检，或拟定内容模拟拨打抽检，包括话务规范、操作规范和专业知识等内容。

（2）调度环节：调度件数，即调度提交的件数。

调度平均时长 = $\sum$（定损任务流入时间 − 调度任务流入时间）/ 调度任务数量。

及时调度率 =（查勘及时调度件数 + 定损及时调度件数）/（查勘调度总件数 + 定损调度总件数）× 100%，其中查勘及时调度以（调度任务流入时间 − 查勘任务流入时间）

不超过 10 分钟为准认定（系统故障除外），定损及时调度以（定损任务流入时间-调度任务流入时间）不超过 12 个小时为准认定。

（3）人伤调处环节：人伤调处件数即实际完成的查勘定损的案件数，酌情考虑金额、地域、有无机构、伤者数量等加权系数。

人伤调处及时率=及时完成人伤调处（定损）案件数/所有人伤案件数×100%，具体人伤调处时效可参照公司人伤理赔操作指引等相关规定，各级理赔服务中心也可在其基础上进一步细化。

人伤诉讼率（件数）=人伤核损案件中诉讼人伤任务数/人伤核损案件中人伤任务总数×100%。

人伤诉讼率（金额）=人伤核损案件中诉讼人伤任务核损金额/人伤核损案件中所有人伤任务核损金额×100%。

（4）核损环节：核损件数是指实际核损的人伤任务件数，酌情考虑金额、更换项目数等加权系数。

核损及时率=及时核损的任务数/核损的总任务数×100%。

核损核减率=（核损前金额-核损金额）/核损金额×100%。

核损问题案件数占比是指核赔、审计等环节发现的核损问题案件数与经办案件数或样本案件数的比例。

（5）报价环节：实际报价的任务件数，酌情考虑金额、更换项目数、有无系统价等加权系数。

报价及时率=及时报价的任务数/报价的总任务数×100%。

报价核减率=（报价前金额-报价金额）/报价金额×100%。

配件价格本地维护/更新完成率，实际完成本地维护或更新项目数量/应完成本地维护或更新项目数量×100%。

报价问题案件数占比是指核赔、审计等环节发现的报价问题案件数与经办案件数或样本案件数的比例。

（6）人伤核损环节：人伤核损件数是指实际人伤核损的任务数，酌情考虑金额、医疗/死亡/伤残、是否涉诉等加权系数。

人伤核损及时率=及时人伤核损的任务数/人伤核损的总任务数×100%，统计人伤定损到人伤核损的时长。

人伤核损核减率=（人伤核损前金额-人伤核损金额）/人伤核损金额×100%。

人伤核损后诉讼率（件数）=人伤核损后发生人伤诉讼的人伤任务数/完成人伤核损的任务总数×100%。

人伤核损后诉讼率（金额）=人伤核损后发生人伤诉讼的人伤任务金额/完成人伤核损的任务金额×100%。

人伤核损问题案件数占比是指核赔、审计等环节发现的人伤核损问题案件数与经办案件数或样本案件数的比例。人伤主动援助件数（占比）是指实际完成主动援助的人伤件数或占比。

（7）大案管理环节：大案处理件数即大案管理岗处理的大案件数，酌情考虑金额、地域、损失任务数量等加权系数。

（8）理算环节：理算件数，即理算已完成且已结案的件数，酌情考虑金额、任务数、是否人伤等加权系数。

理算及时率＝及时理算案件数量/理算案件总数量×100%。

核赔回退率＝核赔回退件数/理算总件数×100%。

支付信息差错率即案件支付信息因审核不到位导致回退修改的案件数量占比。

（9）核赔环节：核赔件数，即已核赔通过的案件数量，酌情考虑金额、任务数等加权系数。

核赔及时率＝及时核赔件数/核赔总件数×100%。

核赔问题案件数占比＝核赔问题案件数/核赔案件总数量×100%，该指标以理赔检查结果为准。

四、结论

本案例基于风险管控的角度，研究了 Y 保险公司的理赔风险管控现状，结合风险及风险管理的基本概念得出：基于案件金额大小简单区分案件类型，配比相应理赔资源的理赔作业流程，是无法实现通过理赔对案件的风险进行有效管控的。车险理赔风险管控的核心是高风险案件的管理，就 Y 保险公司而言，其高风险案件为小额高风险案件、重大损失案件、营运货车案件、涉及人伤的案件。基于风险管理的角度重建以上四种案件类型的管控流程将从制度设计上有效防范理赔风险。

相关建议是：针对车险理赔的外部环境，结合国情提出了在中国保监会框架内筹建"保险反欺诈局"及在司法部门建立专门的保险法庭的构想。提出了加强被保险人的引导和教育，使被保险人充分认识到理赔资源的稀缺性。针对车险理赔风险管理的内部环境，基于对风险发生规律的研究，通过对理赔案件的风险类型进行梳理，对理赔全流程的作业环节基于风险的类型及分布进行调整，最终实现以简单授权的理赔模式向风险管控的理赔模式的转变，有效控制理赔中的各类风险，对公司长期稳健经营起到积极作用。同时，通过理赔服务的提升打造财产险公司的核心竞争力。目前，公司的理赔作业信息化已成趋势，建议在相关理赔电子化作业系统中加入案件风险引擎。通过案件风险引擎的工作自动在理赔人员的作业终端自动推送风险提示信息，同时自动连带出相关比对信息，包括承保信息的比对及历次出险信息的比对。

五、思考题

（1）Y 保险公司车险理赔的主要风险是什么？

（2）可以从哪些方面对 Y 保险公司的理赔进行改进？

（3）请调查并获取其他某一保险公司的车险理赔控制措施。

案例 3-5　车商渠道建设与维护

一、背景介绍

在保险行业的发展中，创新意识不强、经营方式粗放、行业监管薄弱等问题，成为了制约我国保险行业发展的主要因素，阻碍了行业"转方式、促规范、防风险、稳增长"的发展要求。面对当前地区保险市场竞争与日加剧、行业产品同质性强、营销手段复制率高的现象，单纯依靠价格竞争已不能完全应对市场形势。提升创新意识、实现精细化管理、专业化渠道销售、全力助推保险业发展方式转变、实现保险业全面转型升级，是全行业需要采取的对策。

销售是保险企业一切经营活动的起始点与着眼点，销售渠道更是销售活动的核心要素之一。这几年，营销界很流行一句话："营销制胜，渠道为王"。可见销售渠道在营销活动中的重要地位。

二、相关理论知识

（一）保险销售渠道的定义及作用

保险销售渠道是指保险商品从保险公司向保户转移过程中所经过的途径。保险销售渠道的选择直接制约和影响着其销售策略的制定和执行效果。选择适当的销售渠道，不仅会减少保险公司经营费用的支出，而且还会促成保险商品的销售。保险销售渠道的功能主要有沟通信息、促进保险公司与客户之间的接触以及保险促销等。换言之，即是将保险商品由保险公司转移至保户，消除和克服保险公司与保户之间在时间、地点、所有权等方面的各种矛盾。保险销售渠道是保险公司的无形资产。

（二）保险销售渠道的分类

保险销售渠道按保险产品从保险公司转移到客户的过程中有无中间商参与，分为直接销售渠道和间接销售渠道两类。近几年随着科技信息技术发展，又出现了以电销、网销等为代表的新兴销售渠道。

1. 直接销售渠道

直销渠道也叫直销制，是保险公司利用支付薪金的员工向保险需求者直接提供各种保险险种的销售和服务。

2. 间接销售渠道

间接销售渠道也叫中介制，是指在保险公司与客户之间引进了中间商，通过中间商将保险产品或服务传达到客户手中。间接销售渠道主要包括保险代理人和保险经纪人。保险代理包括个人代理、兼业代理、专业代理。个人代理是指根据保险人的委托，在保险人授权的范围内代办保险业务并向保险人收取代理手续费的个人。兼业代理是指主营业务不是保险业务，但取得监管部门准予代理相应保险产品资格，与保险公司签订代理合同，利用其主营业务优势开展保险产品销售代理，获得代理手续费的机构。目前兼业代理机构主要包括银行、邮政、铁路货运部门、汽车销售商、汽车修理厂、旅行社等组织。专业代理是指专门从事保险代理业务的保险代理公司。经纪公司是指基于投保人的利益，为投保人与保险人订立保险合同提供中介服务，并依法收取佣金的单位。

3. 新兴销售渠道

新兴销售渠道也叫直复销售渠道，是指保险公司借助于信息技术和数字交互媒体，不经过其他中间商，直接向顾客提供信息，并通过获得顾客的回复信息达成交易。其具体形式有：电话销售、短信销售、网络销售、电视销售、自助服务等。目前部分同业公司正在尝试的门店渠道和手机终端渠道也是新兴销售渠道的一种。

三、案例分析

(一) 案例介绍

1. Z 保险公司的渠道业务情况

Z 保险公司作为国家财政部、农业部最早开展农业保险试点的单位，受到内蒙古自治区党政领导的重视，于 2004 年由自治区政府招商引资进入内蒙古自治区设立省级分公司。自 2004 年 10 月 18 日开业以来，分公司恪守"稳健、创新、持续、高效"的经营理念，坚持"服务至上、信守承诺、回报社会"的服务宗旨，以市场为导向，狠抓险种创新、服务创新和经营管理创新，强化内控制度，增强风险和效益意识，在规模和速度上保持良好发展势头的同时，在质量和结构、规范和秩序、品牌和形象等方面也同步取得了科学发展和新突破。

自 2005 年以来，Z 保险公司的业务规模逐渐壮大，保费规模连年稳居行业第二名。公司先后承保了多家国内大型商业风险项目百余个，项目涉及煤炭、冶金、电力、金融、化工、交通运输等众多行业，承担风险上千亿元。2013 年，公司全年保费收入达18.08 亿元，其中支农惠农的政策性农险保费收入 7.31 亿元，渠道业务保费收入 7.5亿元，占公司总保费的 60%。其中，个人代理人 4 700 人，个代渠道保费收入 5.75 亿元，占渠道保费收入的 75% 以上；车商合作 106 家，保费收入 6 000 万元，占渠道保费收入的 8%；省级银邮合作机构 10 家，保费收入 5 000 万元，占渠道保费收入的 7%；专业代理机构和经纪公司 20 家，保费收入 5 000 万元，占渠道保费收入的 7%。连续几年来，公司总体保费规模稳居全区 21 家财险公司主体市场第二位，公司综合实力和竞争力进一步加强和提升，为内蒙古经济社会的全面发展做出了应有的贡献。

2. Z 保险公司销售渠道的发展历程

2004 年公司成立初期，内蒙古的市场主体较少，竞争强度不大，且公司机构设置没有完成，业务没有全面铺开，在人力物力有限的情况下，公司业务基本靠公司员工直销来完成。2005 年开始，随着市场竞争主体的不断增加，竞争态势显现，为保持市场地位，公司开始大批量招募个人代理人，通过保险个人代理人拓展市场，拓宽业务范围和规模。随着公司代理人的不断涌入，业务规模也空前扩大，让公司的市场地位有了稳步提升。

伴随着个人代理人数量的不断增加，人员管理上的问题日渐显现，法律关系的不明晰，佣金（手续费）比例的价格战，责任义务的不对等等问题日益凸显，导致业务人员大进大出，公司业务也随之波动。此时，内蒙古地区其他先进主体，如人保、平安、太保等公司都已经建立了分渠道专业经营模式，且经营模式运作逐渐成熟。与同业市场主体比，公司依旧是以传统的个人代理业务为支撑，创新力度和建设力度较为滞后。为整合销售资源，提升销售能力，推进公司转型升级，公司决定进行销售渠道改革，加快销售渠道专业化建设。2013年年初，总公司启动了销售渠道改革，号召全系统探索符合公司实际的渠道改革之路。内蒙古分公司在细分客户和渠道的基础上，结合总公司渠道改革工作的部署，着手制订公司渠道改革实施方案，根据渠道配置资源，力求建成一个体系完善、结构合理、运营合规、综合竞争力强，发展速度和效益相统一的销售渠道新体系，以满足不同渠道客户的需求。

3. Z保险公司销售渠道改革综述

经过前几年的调整转型，公司的风险管控能力大大提升，各项经营指标已经达到行业先进水平，公司即将步入全新的发展阶段。为此，公司提出要转型升级，全面提升公司的发展能力。Z保险公司原有的以业务员直销和以个人代理为主的混合型大营销模式曾经在推动业务快速发展的过程中发挥了重要作用，但在当前保险业销售渠道专业化的时代背景下，也逐渐暴露出了诸多弊端。与行业先进公司相比，Z保险公司在销售渠道多元化发展、专业化建设、精细化管理等方面还存在很大差距。2013年年初，Z保险公司正式启动销售渠道改革工作。

4. 改革前Z保险公司销售渠道存在问题

（1）销售渠道单一。与行业平均水平相比，Z保险公司整体的渠道结构比较单一，个人代理业务占比超过70%，而兼业代理、专业代理、经纪公司等渠道业务占比都远低于行业水平。过于依赖业务员直销与个人代理业务，已经越来越难以适应营销渠道化发展的趋势，犹如游击队对阵正规军，在各专业渠道的夹击下，业务员与代理人在业务拓展上比较困难，很难做大做强。而且，销售渠道过于集中会导致销售费用列支困难，个人代理业务的手续费税赋过高也会直接影响到市场竞争力。部分机构为了降低税赋压力，存在虚挂中介业务套取手续费的违规行为，又使公司面临很大的监管风险。渠道的单一严重制约公司的业务发展能力与市场竞争能力。

（2）专业渠道发展滞后。一方面，新兴渠道发展与行业先进水平还有很大差距。2012年Z保险公司实现电、网销保费收入1.3亿元，保费收入在总业务中的占比为6.4%，在内蒙古地区电、网销售市场上占市场份额的5.57%，居第五位。虽说新兴渠道业务的快速发展对于推动公司提速发展作用明显，但与行业先进水平相比，还处于发展初期，无论是在业务规模还是业务占比上都还有较大的差距，还有很大的发展空间。另一方面，车商、银保、经代、大项目等专业渠道发展滞后，与公司的市场地位很不匹配。以车商业务为例，2012年公司车商代理业务占比只有8.34%；车商合作数量超过150家，但平均每家保费只有50万元，合作产能低。银保、经代、大项目等专业渠道业务发展同样存在类似的问题，规模小、占比低、份额少，与公司的行业地位很不匹配。

（3）销售渠道管理粗放。销售渠道管理粗放主要体现在：第一，Z 保险公司的营销管理模式仍然停留在混合型、粗放式的大营销模式阶段，业务发展对于费用的依赖度还很高，这种模式由于缺乏营销对象的针对性与营销策略的灵活性，一旦失去费用优势，业务发展就举步维艰。第二，由于没有专业渠道管理部门，导致 Z 保险公司的专业化渠道建设无法真正落地，渠道管理的架构不清、职责不明，存在相互交叉的问题。第三，销售渠道没有分清，没有考核，没有明确公司的销售渠道究竟分为哪几大类，要重点发展哪些渠道，渠道管理制度建设滞后，缺乏信息系统的有效支持。

（4）销售渠道控制力较弱。一方面，由于还没建立自上而下的销售渠道垂直管理与考核体系，销售渠道的发展还停留在各级经营机构自发拓展阶段，公司对于渠道的控制力比较弱，机构主动拓展与管理渠道的意识不强，主要依靠业务员的人脉关系来拓展与维护渠道，很多车行、银行、经代等渠道业务都控制在业务员手中，渠道业务发展缺乏稳定性与延续性。另一方面，由于公司不能有效控制渠道，就无法有效掌握渠道的客户资源，渠道客户信息真实性很低，公司无法与客户进行直接有效的沟通与联系，公司与客户之间的关系主要是通过业务员与渠道来维护，客户对于公司的忠诚度不高，续保率也难以提升。电销渠道的发展在一定程度上解决了客户真实性的问题，使公司增加了对电销渠道客户资源的掌控力度，但其他渠道仍普遍存在客户资源掌控力度不足的问题，非常不利于公司今后推进"以客户为中心"的发展战略。

（5）新兴销售渠道起步晚。Z 保险公司总公司电子商务部成立于 2011 年，内蒙古分公司 2012 年才开始开展电话销售业务，与此同时，平安、太保、人保、大地等保险公司已经占据车险电销市场的 95% 以上。受制于起步晚、社会知名度低、坐席少等客观因素，导致目前电销业务大多为原自有业务因价格竞争问题转换而来，真正的新保业务较少。

（6）销售人才缺失。在以往的运营管理模式下，公司的三、四级机构还承担着大量的业务管理职能，导致公司销售人员与管理服务人员的比例出现严重倒挂，Z 保险公司 3 400 名员工中，销售人员只有 40%，而非销售人员达到 60%，公司的人均产能远低于行业水平，使公司运营管理成本居高不下，在同样的费用率水平下，公司能够真正投入市场的费用就要低于竞争对手，从而大大削弱了公司的市场竞争力。缺乏专业化销售人才、销售队伍建设基础薄弱的弊端逐步显现，成为制约业务增长的重要瓶颈，与行业先进公司相比，Z 保险公司在队伍建设的渠道化、专业化、精细化管理方面存在较大差距。

（二）Z 保险公司销售渠道改进措施

针对销售管理粗放的问题，需要根据客户来源特性，将销售渠道进行重新界定，再根据目标市场的不同，划分六大销售渠道，并根据渠道划分进行组织机构的调整，形成专业化渠道管理，明晰管理职责。不同销售渠道的业务范围各具特点，统计分析各级机构各渠道业务的发展情况，进一步摸清家底，是保证保险销售渠道成员发挥自身功效的前提。按照公司对渠道的控制以及各类渠道的性质和特点，公司将销售渠道清分为：综合渠道、车商渠道、银保渠道、代理渠道、经纪重客渠道、电商渠道。

1. 综合渠道

综合渠道主要针对公司自属业务和代理人业务。公司对综合渠道的业务可控力最强，其中，自属业务主要来源于公司销售员工，其优势是销售人员忠诚度高，对公司的承保理赔服务熟悉程度高，对市场敏感性强。代理人业务的优势是展业动力较强，业务来源广。公司通过综合渠道能够充分地调动和发挥营销员在业务推动中的作用，更方便地对其进行考核和管理，达到扶持、吸引有发展潜力的营销员以促进公司业务发展的目的。

2. 车商渠道和银保渠道

车商渠道主要针对汽车制造商、经销商；银保渠道主要针对银行、邮政、小额信贷公司等金融类机构。汽车经销商和银行能够发挥其主营业务中所掌握的客户资源优势，利用主营业务渠道，代理销售保险产品，渠道销售能力较强，容易形成一定业务规模。缺陷是保险代理手续费要求很高，代理的保险产品种类受限。

3. 代理渠道

代理渠道主要针对专业代理公司。代理渠道的优势是代理产品种类范围宽泛，有助于提升公司品牌知名度；劣势是对佣金要求较高，合作成本大，缺乏稳定性。

4. 经纪重客渠道

经纪重客渠道主要针对保险经纪公司业务和大型招投标项目等重点客户或重要项目业务。经纪重客渠道的优势是合作方的保险知识丰富、保险技能专业，能够获得更大的客户群体；劣势是由于保险经纪公司对于保险市场及主体非常熟悉，保险公司的利润空间被大大压缩。

5. 电商渠道

电商渠道是依托公司统一搭建的电商平台，直接面向客户开展业务，渠道业务包括电话销售和网络销售。电商渠道的优势是成本低、便于管理、活动效果可测定；劣势是有较高的技术壁垒，需要借助于电话、网络、手机和终端自助设备。

四、总结

销售是保险企业一切经营活动的起点与落脚点，销售渠道则是销售活动的核心要素之一。纵观国内保险业30多年的发展，每一次销售渠道的重大变革与革新无不对行业的发展与竞争格局的变化产生重大而深远的影响。

在分析国内保险销售渠道现状后，提出我国保险销售渠道主要存在的问题：一是过分依赖传统销售渠道；二是中介销售渠道经营空间小，专业优势得不到发挥；三是保险公司与专业代理机构的合作浅显；四是保险销售人员业务素质不高；五是保险中介市场秩序混乱，监管困难。

对公司销售渠道的改革情况进行回顾并做出评价。积极方面：一是渠道改革明确了各级机构的定位；二是渠道改革重新调整了组织架构；三是渠道改革增强了各级机构销售管理职能；四是渠道改革完成了渠道清分，为做好专业化渠道建设奠定了基础。不足之处：一是在渠道配置上一刀切，二是没完成渠道业务数据清分，三是缺少对渠道市场的深入分析，四是渠道人员配置不足，五是缺少渠道考核激励体系。

对销售渠道建设的优化对策：一是优化组织架构、明确职能定位；二是清分客户群，制定差异化销售政策；三是设置考核指标，建立考核预警机制；四是建立销售人员的激励与保护机制；五是开展对客户和销售人员的常态化培训；六是加大公司品牌宣传推广力度。

五、思考题

（1）目前财险主要销售渠道发展情况如何？

（2）本案例中，Z 保险公司的渠道变革会不会成功？

（3）如何看待新型营销渠道的发展？

案例 3-6　滴滴顺风车事故拒赔案

一、背景介绍

"滴，您预约的车辆正在赶来的路上"，这是某手机应用软件的语音提示。没错，这就是近年来兴起的网约车行业。滴滴出行，是中国的一款打车平台。而在中国打车应用市场，滴滴出行无疑是市场领袖。调查显示，91.3%的打车用户表示，滴滴出行是他们最常使用的服务之一。目前，滴滴出行已从出租车打车软件，成长为涵盖出租车、专车、快车、顺风车、代驾及大巴等多项业务的一站式出行平台。滴滴出行因为其便利性——不仅便于注册为司机的车主，也便于出行的乘客，逐渐成为一项新的"兼职"与出行方式的选择。然而随着用户的增加，各方面的问题和弊端也逐渐暴露出来。

二、相关理论知识

（一）基本概念

家庭自用汽车：根据《家庭自用汽车损失保险条款》的规定，家庭自用汽车是指在中华人民共和国境内（不含港、澳、台地区）行驶的家庭或个人所有，且用途为非营业性运输的核定座位在 9 座以下的客车、核定载重量在 0.75 吨以下的客货两用汽车。

营运车辆：根据我国 1986 年《公路运输管理暂行条例》规定，营业性运输指为社会提供劳务、发生各种方式费用结算的公路运输。

保险实务中对于机动车的投保费率：对于车辆的使用性质不同，车辆可以分为营业车辆和非营业车辆。受利益驱动，营业车辆通常比非营业车辆使用率高、风险也更高。在保险合同中会对营业车辆和非营业车辆进行明确的确认。

（二）相关法律

根据《民法通则》《保险法》有关规定，当保险标的的危险显著增加的，被保险人应按照合同约定及时通知保险人，被保险人未履行通知义务的，因保险标的的危险程度显著增加而发生的保险事故，保险人不承担赔偿保险金责任。

（三）保险条款

《保险法》第十三条规定：投保人提出保险要求，经保险人同意承担，保险合同成立。保险人应当及时向投保人签发保险单或者其他保险凭证。保险单或者其他保险凭证应当载明当事人双方约定的合同内容。当事人也可以约定采用其他书面形式载明合同内容。依法成立的保险合同，自成立时生效。投保人和保险人可以对合同的效力约定附条件或者附期限。

《保险法》第十六条规定：订立保险合同，保险人就保险标的或者被保险人的有关情况提出询问的，投保人应当如实告知。投保人故意或者因重大过失未履行前款规定的如实告知义务，足以影响保险人决定是否同意承保或者提高保险费率的，保险人有权解除合同。投保人故意不履行如实告知义务的，保险人对于合同解除前发生的保险事故，不承担赔偿或者给付保险金的责任，并不退还保险费。

《保险法》第五十一条规定：被保险人应当遵守国家有关消防、安全、生产操作、劳动保护等方面的规定，维护保险标的的安全。保险人可以按照合同约定对保险标的的安全状况进行检查，及时向投保人、被保险人提出消除不安全因素和隐患的书面建议。投保人、被保险人未按照约定履行其对保险标的的安全应尽责任的，保险人有权要求增加保险费或者解除合同。保险人为维护保险标的的安全，经被保险人同意，可以采取安全预防措施。

《保险法》第五十二条规定：在合同有效期内，保险标的的危险程度显著增加的，被保险人应当按照合同约定及时通知保险人，保险人可以按照合同约定增加保险费或者解除合同。被保险人未履行前款规定的通知义务的，因保险标的的危险程度显著增加而发生的保险事故，保险人不承担赔偿保险金的责任。

《交强险条例》第十一条规定：投保人投保时，应当向保险公司如实告知重要事项。重要事项包括机动车的种类、厂牌型号、识别代码、牌照号码、使用性质和机动车所有人或者管理人的姓名（名称）、性别、年龄、住所、身份证或者驾驶证号码（组织机构代码）、续保前该机动车发生事故的情况以及保监会规定的其他事项。

三、案例介绍

2015 年 7 月，宋某筹钱买了一辆二手车，在网上注册了"滴滴出行"司机用户。7 月底，宋某委托在 4S 店工作的朋友办理该车保险手续。同年 8 月 15 日零时 20 分，宋某通过"滴滴出行"软件的"顺风车"平台，与乘客陆某联系并协商将陆某从群星城送到仁和路，滴滴出行软件自动计算出的车费为 10 元。当车行驶到团结大道仁和路地铁口时，宋某没有注意到前方有一个大坑，汽车一头扎进坑中，导致前轮胎爆胎、安全气囊打开，车头严重毁损。

宋某将该事故车辆拖运至 4S 店维修。2015 年 9 月 13 日，4S 店为该车出具维修估价单，预计维修费用为 131 005 元。事故发生后，R 保险公司武汉服务部工作人员前往事故现场进行了勘查，之后对发生本次交通事故时宋某车辆上的乘客陆某做了谈话笔录，确定了陆某在 2015 年 8 月 15 日通过"滴滴出行"软件上的"顺风车"平台叫了宋某的车，协商以 10 元的价格从群星城到仁和路，在仁和路地铁口处发生交通事故的事实。R 保险公司武汉服务部认为，宋某驾驶车辆从事营运，与保险申报情况不符，因此拒绝理赔。

2015 年 9 月 18 日，因理赔遭拒，宋某将 R 保险公司武汉车商营销服务部告上法庭，请求汉阳区法院判令保险公司支付全部车辆维修费。法院经审理查明，宋某办理涉案车辆所有权转移登记的日期为 2015 年 7 月 20 日，同年 7 月 29 日宋某在 R 保险公司武汉服务部处为这部车购买了包括机动车交通事故责任强制保险、机动车损失保险、第三者责任保险等险种，缴纳保费共计 6 015.29 元，申报的汽车使用性质为"家庭自用汽车"，保险期自 2015 年 7 月 30 日零时至 2016 年 7 月 29 日 24 时止。宋某提交的《R 保险公司电话营销专用机动车辆保险单（正本）》中的"特别约定"项载明："该车出险时，如为营业性用途，我公司不承担一切赔偿责任。"该保险单的"重要提示"项载明："收到本保险单、承保险种对应的保险条款后，请立即核对，如有不符或疏漏，请在 48 小时内通知保险人办理变更或补充手续；超过 48 小时未通知的，视为投保人无异议。"因此保险公司拒绝理赔。此外，宋某表示，在 4S 店托朋友购买保险后，保险单被朋友送到另外一个朋友那里，直到本次事故发生后其才拿到保险单，所以对保单内容并不知情。

四、案例分析

（一）出险原因及责任分析

（1）出险地点：群星城至仁和路地铁口路段，符合保单上规定的行使区域。

（2）出险时间：2015 年 8 月 15 日零时 20 分，在保险期限内。

（3）保险标的：家庭自用汽车，发生事故时与保单上说明的车辆性质不符。

（4）交费情况：已缴纳保费。

（5）出险原因：碰撞、倾覆。

据被保险人描述，当时车行驶到团结大道仁和路地铁口时，他没有注意到前方有一个大坑，汽车一头扎进坑中，导致前轮胎爆胎、安全气囊打开，车头严重毁损。经查证和现场查勘，本次事故原因为碰撞。

（6）保单责任："该车出险时，如为营业性用途，我公司不承担一切赔偿责任。"

（二）案例评析

该场索赔纠纷的原因在于对保险标的使用性质方面出现争议。保险公司认为当宋某作为"滴滴出行"的注册司机，在事故发生时处于营业状态，显著增加了保险标的的危险程度，并且没有告知保险人，因此保险公司拒绝赔付。而宋某认为自己当时并未向乘客陆某收取费用，属于合乘范围。但是 R 保险公司武汉服务部在订立保险合同后，提供的保险单虽为格式文本，但在保险单正本加粗字体"重要提示"项中已向宋某做出提示说明，该项标注已达到足以引起投保人注意的标准，R 保险公司武汉服务部对保险免责条款已尽到了提示说明义务。同时"滴滴出行"软件是提供了一个供车辆所有人使用自有车辆载客并收取一定费用的软件平台，由车辆所有人与乘客通过该软件平台联系，并自行收取或由该软件自动计算出行车费用，由乘客将乘车费用支付给车辆驾驶人，其本质就是交易行为，所以宋某并未尽到作为被保险人的责任。

（1）从车辆性质、保险实务以及相关条例的角度看，根据风险类别和风险大小会实施风险等级费率，在投保时，被保险人（投保人）应告知保险人车辆的用途与性质。公路运输分为营业性、非营业性两种。而宋某注册了"滴滴出行"平台的顺风车司机，以载客赚取乘车费用，本质就是交易行为，所以该车为营运车辆。

宋某当时投保的保险标的是"家庭自用汽车"，而不是营运车辆，且保单上已经印有"特别约定"项载明"该车出险时，如为营业性用途，我公司不承担一切赔偿责任"。宋某增加了保险标的的危险程度，却并未告知保险公司。

（2）从法律角度看，《保险法》第五十二条规定："在合同有效期内，保险标的的危险程度显著增加的，被保险人应当按照合同约定及时通知保险人，保险人可以按照合同约定增加保险费或者解除合同。被保险人未履行前款规定的通知义务的，因保险标的的危险程度显著增加而发生的保险事故，保险人不承担赔偿保险金的责任。"并且保险公司出示的保单上已经明确说明提示印有"特别约定"。

宋某并未如实告知保险公司车辆的性质，同时一直辩称当时属于合乘而非载客。这种做法是对《保险法》的片面了解，并不能改变车辆从事营运的事实。R保险公司已经完成了告知的义务，在这种情况下，R保险公司选择拒绝理赔是正确的。

（3）从保险学原理角度看，签订保险合同的双方必须遵守最大诚信原则，告知是最大诚信原则的主要内容。R保险公司已经在保单上明确提示，但司机宋某在买这辆二手车时，已经在网上注册了"滴滴出行"的司机用户，即当时宋某已经违反最大诚信原则。

（4）宋某表示，在4S店托朋友购买保险后，因保险单被朋友送到另外一个朋友那里，直到本次事故发生后其才拿到保险单，所以对保单内容并不知情。该说法难以减轻宋某的责任。汽车保险投保有一定特殊性，可以远程无纸化投保，合同双方不需要面对面。宋某委托他人投保，其结果真实有效，对合同内容视同已知。

五、总结

在市场经济的发展中，"滴滴出行"是顺应用户的需求而产生的应用软件。但是由于这个市场的规则并不完善，"滴滴出行"存在着很多缺陷，需要一定的解决策略去应对打车软件所带来的一系列问题。加入类似打车平台之后，司机应当按照营运车辆投保，以避免本案争议再次出现，切实维护自身权益。

"滴滴出行"运营商也可以根据软件的实际使用情况，设置相应的对策，处理好各种问题。

六、思考题

（1）有没有专为"滴滴出行"车辆设立的保险产品？

（2）"滴滴出行"公司可以采取哪些措施避免类似问题出现？

案例 3-7 交强险精神抚慰金的归属

一、开篇

某省市中级人民法院近日调解一起由该院再审提审的道路交通事故人身损害赔偿纠纷案，法官的释法析理得到当事人的理解和赞同，最终申请再审方撤诉，由原审被告保险公司赔偿死者家属精神抚慰金3万元。该中院法官认定：同时购买交强险与商业险，确定赔偿顺序应有利于被保险人。

二、背景介绍

《交强险条款》第八条第二款规定："死亡伤残赔偿限额和无责任死亡伤残赔偿限额项下负责赔偿丧葬费、死亡补偿费、受害人亲属办理丧葬事宜支出的交通费用、残疾赔偿金、残疾辅助器具费、护理费、康复费、交通费、被扶养人生活费、住宿费、误工费，被保险人依照法院判决或者调解承担的精神损害抚慰金。"

条款中将精神损害抚慰金排在赔偿项目的最后一位，这样的规定暗示着在其他项目赔偿完毕之后，如有余额才可以赔偿精神损害抚慰金。同时，中国保险行业协会《机动车交通事故责任强制保险承保、理赔实务规程要点》（中保协发〔2006〕8号）规定："对被保险人依照法院判决或者调解承担的精神损害抚慰金，原则上在其他赔偿项目足额赔偿后，在死亡伤残限额内赔偿。"

然而，2008年10月16日，《最高人民法院关于机动车交通事故责任强制保险赔偿限额中物质损害赔偿和精神损害赔偿次序问题的批复》（〔2008〕民一他字第25号）指出：《交强险条例》第三条规定的"人身伤亡"所造成的损害包括财产损害和精神损害。精神损害赔偿与物质损害赔偿在强制责任保险限额中的赔偿次序，请求权人有权选择。请求权人选择优先赔偿精神损害，对物质损害赔偿不足部分由商业第三者责任险赔偿。

而商业第三者责任险的赔偿责任范围限于被保险人遭受的能用货币来衡量经济价值的损失，并以损害补偿原则为理赔基本原则。被保险人所遭受的精神损害赔偿是不包括在财产保险合同承保范围之内的，并且是无法用货币来衡量的生理上和心理上的伤害，所以保险公司对商业第三者责任险的赔偿责任不应包括精神损害赔偿。

因此，在商业第三者责任险不承保精神损害赔偿金的情况下，一旦赔偿超出交强险的保险限额，就会产生由被保险人赔偿精神抚慰金的结果。如果保险公司和被保险人双方不能很好地进行调解，就极易引发纠纷。

三、相关理论知识

（一）机动车第三者责任强制险与机动车第三者责任商业保险的区别

"机动车第三者责任强制保险"这一用语主要来源于《道路交通安全法》，而《交强险条款》将其改为"交强险"。之所以做这样的改变，其原因在于"机动车第三者责任强制保险"的称法和以前所谓的"商业性机动车第三者责任强制保险"的区别不是很明显，因此立法者为了更好地区分二者，而称其为"交强险"。它是由国家以立法方式强制推行的保险，源于德国、瑞典及挪威。目前，美国、英国、法国、日本、韩国以及我国港、澳、台地区均已通过立法明确规定了这种强制汽车责任保险。该保险由国家立法强制推行，如果机动车一方拒绝投保或者保险公司拒绝承保，均将遭到相应处罚或制裁。在机动车一方投保该保险后，如果被保险机动车发生交通事故造成损害，保险公司对被保险机动车辆发生道路交通事故造成本车人员、被保险人以外的受害人的人身伤亡、财产损失，在责任限额内予以赔偿。

机动车交强险与机动车商业三责险的不同点一：法律依据、社会功能不同。机动车交强险优先适用《道路交通安全法》《交强险条例》，为交通事故受害人提供基本保障；机动车第三者责任商业险适用《保险法》，以商业保险的功能，在机动车强制责任保险责任限额外承担保险责任。

机动车交强险与机动车商业三责险的不同点二：投保费率、责任限额不同。机动车交强险的基础费率由保监会审批，责任限额由保监会制定；机动车第三者责任商业险的投保费率由保险公司制定，责任限额由保险当事人以合同方式约定。

机动车交强险与机动车商业三责险的不同点三：管理模式不同。机动车交强险坚持不盈不亏的运营原则，保险费交纳后，国家抽取一定比例作为救助基金的资金来源；机动车第三者责任商业险的保险费完全由保险机构管理支配，采用商业化的运营模式，以营利为目的。

机动车交强险与机动车商业三责险的不同点四：承担责任的方式不同。强制险较商业险具有更强的公益性，在一定程度上具有社会保险性质，承担保险责任不以被保险人的过错程度、不法行为性质为前提，而是依据法律的明确规定；商业险依据保险合同约定承担保险责任。

(二) 我国的交强险制度现状

交强险承保被保险人或其允许的合格驾驶人在使用保险车辆的过程中发生意外事故，致使第三者遭受人身伤亡或者财产损失，依法应由被保险人承担的经济赔偿责任，保险公司负责赔偿。《道路交通安全法》第十七条规定，国家实行机动车第三者责任强制保险制度，设立道路交通事故社会救助基金。具体办法由国务院规定。其中，精神赔偿纳入强制保险范围。

《最高人民法院关于审理道路交通事故损害赔偿案件适用法律若干问题的解释》第十六条规定：同时投保机动车第三者责任强制保险和第三者责任商业保险的机动车发生交通事故造成损害，当事人同时起诉侵权人和保险公司的，人民法院应当按照下列规则确定赔偿责任：先由承保交强险的保险公司在责任限额范围内予以赔偿；不足部分，由承保商业三者险的保险公司根据保险合同予以赔偿；仍有不足的，依照《道路交通安全法》和《侵权责任法》的相关规定由侵权人予以赔偿。被侵权人或者其近亲属请求承保交强险的保险公司优先赔偿精神损害的，人民法院应予支持。

由此可见，被侵权人或者其近亲属可以优先选择精神损害抚慰金在交强险死亡伤残项下赔偿。

（三）精神损害抚慰金的含义及处理

1. 精神损害抚慰金的确认

（1）必须是人民法院依职权确定的精神损害抚慰金。

（2）必须是法院判决者调解的精神损害抚慰金。

（3）必须是依法由被保险人承担的精神损害抚慰金。

（4）驾驶人在交通事故中有较大过错（负事故同等责任以上）。

（5）精神损害抚慰金原则上在其他赔偿项目足额赔偿后，在死亡伤残赔偿限额内赔偿。

2. 责任免除

（1）根据被保险人与他人的合同协议，应由他人承担的精神损害抚慰金。

（2）未发生交通事故，仅因第三者或本车人员的惊恐而引起的损害。

（3）怀孕妇女的流产发生在交通事故发生之日起 30 天以外的。

（4）每次赔偿实行一定的绝对免赔率，不适用主险中的各项免赔率、免赔额约定。

3. 相关附加险

各家保险公司该险种的条款基本相似，一般来说，只有在投保了机动车第三者责任险或机动车车上人员责任险的基础上才可投保这一附加险。如果在三者险基础上附加该险种，保险公司只负责赔偿第三者的精神损害抚慰金；在车上人员责任险的基础上附加该险种，那么保险公司只负责赔偿车上人员的精神损害抚慰金。各公司新车险的精神损害附加险在事故赔偿限额和绝对免赔率的设定也不相同。

根据《交强险条款》的规定，交强险所指的"精神损害抚慰金"仅限于"被保险人依照法院判决或者调解承担的精神损害抚慰金"，对于"被保险人依照交警部门调解或者其自行和解承担的精神损害抚慰金"，交强险均不负责赔偿。《交强险条款》第二十条有类似规定："因保险事故造成受害人人身伤亡的，未经保险人书面同意，被保险人自行承诺或支付的赔偿金额，保险人在交强险责任限额内有权重新核定。""被保险人依照交警部门调解或者其自行和解承担的精神损害抚慰金"属于该条规定的"被保险人自行承诺或支付的赔偿金额"，保险公司对此"有权重新核定"。因此，发生交通事故争议，最好通过诉讼途径处理，在保险理赔方面更能有效保护自身的权益。

四、案例分析

（一）案例介绍

2008 年 3 月 15 日，原审被告杨某驾驶其公司的长安小客车，在通过一人行横道时，与正在行走的刘某发生碰撞致其受伤死亡。公安交管部门认定不能确认当事人的责任。刘某的子女与杨某及其公司协商不成，将杨某告上法庭，法院审理中追加保险公司为被告。一审法院查明，杨某所在公司在同一家保险公司为肇事车购买了限额为 12.2 万元的交强险和限额为 10 万元的商业险，约定精神损害赔偿、诉讼费不为商业险的赔偿范围。

一审法院认为，杨某驾车通过人行横道时，对正在行走的行人未停车让行，在没有证据证明刘某违反《道路交通安全法》的情况下，杨某对事故负全部过错，并承担相应民事责任。依照规定和其所在公司与保险公司约定，保险公司应在责任限额范围内对相关损失进行赔偿。该案核定的医疗费、死亡赔偿金等共计13万余元，扣除杨某及其公司已垫付的1.7万元、保险公司垫付的1万元，故判决保险公司赔偿原告方11.1万余元，杨某及其公司赔偿原告方精神抚慰金3万元，驳回原告方其他诉请（交强险限额共12.2万元，本案中交代不清楚，数据略有出入。下同）。

判决生效后，杨某及其公司不服，向中院提起再审申请，认为判决由其承担的3万元也应在投保的交强险和商业险约定的由保险公司赔付的责任限额内，应判决由保险公司承担该精神抚慰金的赔付责任。保险公司则辩称，加上这3万元，已超出交强险的赔偿限额，其不应再承担精神抚慰金的赔偿。

中院决定再审并提审该案，在审理过程中，当事人对原审认定事实无异议，但对由谁承担精神损害赔偿发生分歧，最终承办法官在查明案情的基础上，辨法析理，耐心细致地向各方当事人仔细分析、阐释相关法律关系及法律风险，提出和解方案，使当事人心悦诚服地接受了法官的建议，并最终握手言和。

（二）案例评析

1. 保险公司只认法院判决的精神抚慰金，不承认调解的精神抚慰金

据业内人士透露，交强险的理赔范围包括精神损失，但是有相当的限制。比如在一起事故中，法院判决责任方赔偿20万元，其中包括2万元的精神赔偿。按照责任划分，交强险理赔金达到上限11.2万元，那么其中精神赔偿的比例约10%，也就是1.12万元，剩余部分精神赔偿不能在交强险范围内得到赔付。如果车主没有附加精神损害抚慰金责任险，商业三者险是不负责的，也就是其余8 800元精神赔偿部分将由责任方自己承担。

2. 条款本身没有规定赔偿项目的先后顺序

有业内人士指出，该案争议焦点为，同时购买交强险和商业险，当受害人的损失超出交强险限额时，由于商业第三者责任险不予赔偿精神损害，故精神损害在交强险中的赔偿序位应如何界定较为关键。即在交强险赔偿限额不足以赔付损失时，先在交强险限额内赔偿精神抚慰金，可最大限度实现商业险的补偿功能，投保人可实现赔付利益的最大化。若不在交强险限额内先行赔偿精神抚慰金，而商业险又明确不对精神损害进行赔偿，投保人就不能实现赔付利益的最大化。

有学者认为，商业三者险确实不应负担精神抚慰金，最直接的理由是商业三者险在其条款中明确将精神抚慰金排除在保障范围之外。只要是保险公司在销售商业三者险时就将这一排除对投保人予以明确说明，则该条款合法有效。也就是说，商业三者险不负担精神抚慰金。倘若法院要求首先在交强险限额内支付精神抚慰金，则是变相强制商业三者险承担一部分精神损害抚慰金。法院将精神损害抚慰金首先全额支付，导致交强险限额可支付的其他项目金额减少，而这些项目的金额能够在商业三者险限额内获得赔付。于是，本不应该由商业三者险赔付的部分精神损害抚慰金，现在以其他项目赔偿的名义进入了商业三者险。

3. 最大限度保护被保险人的利益

权威机构认为，应当允许请求权人选择对自己有利的赔偿顺序，理由如下：

第一，从设立目的和赔偿范围看，交强险属于具有强制性的特别保险，其突破了一般商业保险"自愿、只赔偿直接损失"原则，目的在于扩大投保范围，为受害人提供基本需要保障。目前交强险保险条款中规定，交强险限额为 12.2 万元，且将精神抚慰金纳入死亡伤残赔偿范围。本案中，应当赔偿的费用总计 16 万余元，而杨某所在公司还另行购买了 10 万元商业三者险，故所有损失也在 22.2 万元总限额范围内。因此，在商业险明确将精神损害赔偿纳入合同免赔事项的前提下，其可用交强险进行补充赔付。而被保险人之所以选择购买商业险，也是希望最大程度转移自己的风险。如以精神抚慰金超出交强险限额为由不赔，而根据商业险条款也不予赔付，不仅有违当事人订立合同的目的，也不利于交强险功能的发挥。

第二，从债权特性出发，因交通事故导致的物质损害和精神损害求偿权，可视为标的物上并存的互不存在排他性和优先性的债权，彼此具有相容性和平等性。该案中，物质损害和精神损害总和虽超出了交强险限额，但受害方可以选择物质损害赔偿和精神损害赔偿的顺序，这并非是对抗债权的相容性和平等性，而是行使其作为债权人对数个债权的处分权。而保险公司在案件审理中主张在交强险中排除精神损害，实质是替代债权人行使债权处分权的行为，颠倒了二者的权利义务关系，同时也构成了对债权人债权实现方式的限制。

第三，从充分保护第三人利益出发，现阶段我国的交强险总限额虽有所提高，但在受害人伤亡较大的情况下，交强险可能还是难以充分赔偿受害人的损失，故在同时购买商业险时，受害方选择在交强险中优先赔付精神损害，将更好、更充分地弥补其损失。同时，保险人在签订合同时也应当预见到自己的义务是保险限额下的所有损失，应允许请求权人选择在交强险赔付范围先行赔付精神损害，这未超出保险人的合理预期，也未增加其负担。

五、总结

从上述分析中可看出，该案一审判决显属不当。而中院的上述剖析解释，杨某及其公司、保险公司均认为较为合理并予以认可，故在互谅互让的基础上和解，并在受害人获得赔偿的基础上以撤诉的方式做到案结事了。

法律规定，商业三责险不赔偿精神抚慰金，但是交强险可以赔偿精神损害抚慰金，赔偿的条件是要通过诉讼经过法院判决认可的精神损害抚慰金数额，而且要在交强险的限额内赔偿。如果发生交通事故的车辆既投保交强险又投保商业三责险，那么赔偿权利人在诉讼的过程中请求保险公司在交强险范围内先赔偿精神损害抚慰金，对于其他超过交强险限额的赔偿，都可以在商业三责险中一并解决。但是如果没有经过诉讼途径判决精神损害抚慰金数额而由双方当事人自由协商精神损害抚慰金数额，保险公司一般不予承认、赔偿。所以遇到此类案件，当事人最好通过诉讼途径解决，最大限度地免除得不到精神损害抚慰金赔偿的尴尬。

国家以法律法规的形式确立了机动车交通事故强制保险，然而在交强险的赔付问题上，精神抚慰金能否在交强险中优先赔付，直接关系到受害人、被保险人和保险公司的切身利益。为实现赔付利益最大化，精神抚慰金应在交强险中赔付。

六、思考题

（1）可保风险损失必须是经济价值的减少，而以上谈到的是精神损害抚慰金，你认为这两者是否矛盾呢？

（2）如果理赔精神损害抚慰金不得已真的要通过诉讼等途径来解决，如此麻烦，你认为是否有必要废除它呢？

（3）为实现投保人利益的最大化，你认为在实际操作中应该怎样处理精神抚慰金的赔付问题呢？

七、补充阅读①

福建某巴士公司诉讼案

2013 年 4 月 16 日，某巴士公司就所属某客车与保险公司签订了《机动车交通事故责任强制保险合同》和《机动车第三者责任保险合同》。合同约定：事故责任强制保险赔偿限额为 12.2 万元，其中死亡伤残赔偿限额为 11 万元、医疗费用赔偿限额为 1 万元、财产损失赔偿限额为 2 000 元以及死亡伤残赔偿项下负责赔偿丧葬费、残疾赔偿金、残疾辅助器具费、护理费、交通费、误工费、被保险人依照法院判决或者调解承担的精神损害抚慰金等。第三者责任险赔偿限额为 100 万元。保险期间自 2013 年 4 月 22 日零时起至 2014 年 4 月 21 日 24 时止。

2013 年 11 月 2 日 19 时 15 分许，该保险车辆发生了致行人黄某死亡、车辆损坏的道路交通事故。2013 年 11 月 21 日，武夷山市交警大队做出《道路交通事故认定书》，认定肇事司机马某承担该事故的全部责任。事故发生后，马某与受害人家属在武夷山市道路交通事故人民调解委员会的主持下，达成了《交通事故人民调解协议书》，同意赔偿黄某的亲属因道路交通事故造成的死亡赔偿金、精神损害抚慰金等共计685 262.57 元，其中精神损害抚慰金为 6 万元。武夷山市法院于 2013 年 12 月 13 日制发民事调解书，对上述协议内容进行了确认。因马某系巴士公司雇佣的驾驶员且肇事车辆属于巴士公司所有，故巴士公司于 2013 年 11 月 29 日支付了理赔款 685 262.57 元。

后来，巴士公司向保险公司提出理赔请求，保险公司做出核定，但核定项目中不包含精神损害抚慰金 6 万元，认为原告驾驶员与被害人家属之间达成的协议没有保险公司的参与，不对保险公司产生约束力，保险免责条款约定精神损害赔偿不属于商业险赔偿范围，故请求驳回原告的诉请。

武夷山市法院经审理后认为，在原告巴士公司主动愿意承担 1 万元精神损害抚慰金的情况下，依法判决被告保险公司应支付原告巴士公司赔付给死者家属的精神损害抚慰金 5 万元。

宣判后，保险公司不服，提出上诉。二审法院于 2014 年 8 月 14 日做出民事判决：驳回上诉，维持原判。判决现已发生法律效力。

---

① 补充阅读摘自福建省武夷山市人民法院网站。

第四章　非车险业务

案例 4-1　校方责任险责任判定

一、背景介绍

近年来，随着教育事业的蓬勃发展，学生意外伤害事故的发生率居高估下。关于赔偿问题与责任判定，家长与学校争议不断，频频发生冲突，这给学校和教育管理部门带来困扰，也给教育事业的发展带来阴影。而学校为了减少学生意外伤害事故的发生，甚至采取减少户外活动，取消体育活动等措施，这些措施非常不利于和谐校园的构建，不利于学生的全面发展。针对这些问题，校方责任保险制度于 2001 年在上海实施。校方责任保险的出现，使校园意外伤害事故的解决由原来单纯的校方和学生间的赔偿逐步演变成社会保障体系。该保险从一定程度上解决了学生意外伤害事故责任赔偿问题，缓解了学校的赔偿压力，甚至是社会压力和矛盾，对学校起到了一定的帮助。但其在实施过程中，如何确定哪些学生伤害事故属于校方责任险的赔偿范围，这是合理妥善解决学生伤害事故，处理好学校、学生、保险公司等多方利益的基础。

二、相关理论知识

（一）校方责任险的定义

校方责任险的保险责任是在保险期间，被保险人及其雇员在其校园内或由其统一组织并带领下的校园外活动中（限中国大陆地区，港、澳、台地区除外），由于过失造成下列依照中华人民共和国法律（不包括港、澳、台地区法规）应由被保险人承担的经济赔偿责任，保险人按照本保险合同的约定负责赔偿：第一，在校注册学生的人身伤亡或财产损失；第二，事先经保险人书面同意的仲裁或诉讼费用。保险事故发生后，被保险人为防止或减少对注册学生的人身伤亡或财产损失的赔偿责任所支付的必要的、合理的费用，保险人按照本保险合同的约定也负责赔偿。

校方责任险是建立在学校伤害事故的基础上的，而学校伤害事故是在学校实施的教育教学活动或学校组织的校外活动中，以及在学校负有管理责任的校舍、场地以及其他教育教学设施、生活设施内发生的，造成在校学生人身损害后果的事故，学校应承担与其过错相应的责任并给予赔偿。

（二）与校方责任险有关的法律规定

我国在《民法通则》《最高人民法院关于贯彻执行〈民法通则〉若干问题的意见（试行）》《最高人民法院关于审理人身损害赔偿案件适用法律若干问题的解释》等法律法规中有相关规定。对未成年人依法负有教育、管理、保护义务的学校、幼儿园或者其他教育机构，未尽职责范围内的相关义务致使未成年人遭受人身损害，或者未成年人致他人人身损害的，应当承担与其过错相应的赔偿责任。第三人侵权致未成年人遭受人身损害的，应当承担赔偿责任。学校、幼儿园等教育机构有过错的，应当承担相应的补充赔偿责任。

上述规定都对学生伤害事故人身损害赔偿责任做了明确的法律规定，学校必须承担与其过错相应的法律后果和责任，但是对承担责任的后果轻重、范围大小、赔偿金额等没有强制。而对于学校的归责原则，我国《民法通则》中第一百二十三、一百二十四、一百二十七条规定了学校应承担无过错责任，其他的法律法规有：《侵权责任法》的第三十八、三十九、四十条；《学生伤害事故处理办法》的第九条，从 12 个方面归纳概括了学校在学生伤害事故中应承担责任的过错行为，这些违法行为是在我国校方责任险规定的保险责任范围内的。

（三）我国校方责任险基本责任的主要特点

1. 我国校方责任险基本责任中伤害对象的特定性

我国校方责任险的基本责任中保险事故发生的特定伤害对象主要是指各类公立、私立学校在校正式注册、住宿或走读、正常学习生活的学生，不包含临时来校学习、交流、参观的外校学生或进入校园的校外人员及校内教职员工等。

2. 我国校方责任险基本责任中时间的特定性

我国校方责任险的基本责任中保险事故发生的特定时间主要是学校实施的教育教学活动或者学校组织的校外活动中。学校实施的教育教学活动或者学校组织的校外活动主要包括上课期间、体育活动、实验课、课间操、课外活动、春秋游、夏冬令营和各类社会实践活动、校内外实习等，还应包括学生在学习期间与在校生活的期间。学生在节假日或寒暑假期间，自行上学、放学、返校、离校途中，或者放学后、假期期间自行留校或自行到校期间等，学生自行组织的校内外活动期间都不属于校方责任险规定的保险责任范围。

3. 我国校方责任险基本责任中地点的特定性

我国校方责任险的基本责任中保险事故发生的特定地点主要是指学校负有管理责任的校舍、场地、其他教育教学设施、生活设施，这包括教室、运动场、花园、学生宿舍、学校的超市、澡堂等校园延伸设施。

4. 我国校方责任险基本责任中主观意愿的特定性

我国校方责任险的基本责任中保险事故发生的主观特点是疏忽或者过失。校方如果主观上是故意过错或者明知过错会引发的校园伤害事故，故意行为造成受害人的人身伤害和财产损失，不属于校方责任险的保险责任范围，保险公司是不负赔偿责任的。

5. 我国校方责任险基本责任中违法行为与结果的特定性

我国校方责任险中规定了违法行为与结果的必然因果性。校方的疏忽或过失行为与受害学生的人身伤害和财产损失有直接的关系，即必然造成了学生的人身伤害和财产损失的事实存在。如果校方的行为没有造成学生的伤害事故的结果，也无须承担赔偿责任，也就是说校方行为与伤害结果有直接利害关系就承担赔偿责任，没有直接利害关系就不承担赔偿责任，光有行为无结果的也不承担赔偿责任。

学校的违法行为必然违反了应对学生承担的法定职责，致使学生伤害事故发生，也就是说，学校的违法行为必须承担相应的责任，如果学校的行为并不需要承担责任，要求学校承担法律责任于法无据。这里所说的违法，应当是广义的，既可以是作为违法，也可以是不作为违法。作为违法是指侵权行为人违反法律规定，主动或故意的行为致使受害人的合法权益受到了损害。不作为违法是指侵权行为人没有尽到法定的职责，未排除威胁到受害人的危险，因疏忽或过失致使受害人的合法权益受到了损害。法定的学校义务是判断学校是否违反了对学生所应承担的职责的前提。如果恶意侮辱、体罚学生，非法搜查学生身体，那么学校违反了法定的义务，是法律规定不该为的违法行为。如果学校明知校舍或教育教学设施有危险，而不采取措施或不及时报告，致使发生重大伤亡事故的学生在校期间突发疾病或受到伤害，学校发现，但未根据实际情况及时采取相应措施，导致不良后果加重的，都属学校未尽对学生的安全保障义务，是不作为之违法行为。

我国校方责任中保险责任规定了保险人承担赔偿的三类费用，即注册学生的人身伤亡或财产损失，事先经保险人书面同意的仲裁或诉讼费用，被保险人为缩小或减少对注册学生的人身伤亡或财产损失的赔偿责任所支付必要的、合理的费用，其他费用不在保险人赔偿范围之内。校方责任险的赔偿数额限于保险合同中规定的每次赔偿限额，如果超出赔偿限额的部分由校方自行承担。

三、案例分析

1. 案例一

2008 年 3 月，A 县某高级中学的学生毕某在体育课上打篮球时不慎摔倒致伤头部，当时毕某牙出血并感觉头疼，毕某到学校医务室治疗后坚持在校上课。后因病情加重，于 2008 年 4 月请假回家，回家当天毕某父母带其到县中医院检查，结论是左额颞顶部慢性硬膜下出血。此后，毕某父母带其到第一附属医院治疗，确诊为：骨髓增生异常综合征与硬膜下出血。当天，第一附属医院向毕某父母发出毕某的病危通知单，并进行抢救，结果毕某因血小板减少、颅内出血经抢救无效死亡。毕某死亡后，父母向学校提出理赔要求。

另查明，2007 年 9 月，学校就其注册学生向保险公司投保了校（园）方责任保险，保险期限自 2007 年 9 月 25 日零时起至 2008 年 9 月 24 日 24 时，保险费 34 100 元，每次事故赔偿限额为 4 500 000 元，赔偿总限额为 204 600 000 元，每人赔偿限额为 300 000 元。学校于 2007 年 9 月 25 日将保险费交给被告保险公司。2008 年 8 月，保险公司以毕某脑外伤死亡为由，按照学生伤害保险条款赔付给毕某父母保险金 10 000 元。

在该案例中，学生毕某在学校就读期间，意外摔伤头部后，学校的医务室为学生毕某治疗时对学生头部受伤危险性认识不够，没有对毕某进行全面的检查，也没有告知学生到校外其他的医疗机构做进一步的检查。学校也没有尽到将学生受伤的事情告知其父母的义务，致使学生硬膜下出血这一病变不能及时被发现，延误了治疗，从而导致学生因颅内出血死亡的严重后果。因此，学校对学生毕某的死亡应当承担管理上的疏忽、过错责任。被害人毕某虽然是在校的中学生，还没有走进社会，生活经验不足，但其受伤时已经满 18 周岁了，对其自身的伤病应该有一定的判断，其对自己疾病的严重程度、危险性的认识不够而没有及时去校外的医疗机构及时检查、治疗，自己也是有一定的过错，应该承担相应的责任。

因为学校就其注册的学生在保险公司投保了校（园）方责任保险，《校（园）方责任保险条款》第三条约定：在本保险期限和本保单明细表中列明的保险区域范围内，被保险人在其校（园）内或由其统一组织并带领下的校（园）外活动中（限中国境内、港澳台地区除外），由于疏忽或过失造成下列依法应由被保险人承担的经济赔偿责任，保险人负责赔偿：（一）注册学生的人身伤亡或财产损失……根据条款，学校的民事赔偿责任应该由保险公司来负责赔偿。不论是学校先对学生进行赔偿而后找保险公司理赔，还是保险公司直接对学生理赔，最终的理赔主体应是保险公司。

2. 案例二

2007 年 9 月 6 日郑州某高校一名大二女生康某从宿舍的上铺意外摔下，脑部砸到地板，康某当时昏迷，口吐白沫，被 120 急救车送到了河南省某医院。经诊断，康某头左侧颞顶部着地，蛛网膜下腔出血，经抢救无效死亡。康某父亲认为，学校床铺设计不合理，康某上铺床板距离地板 182 厘米，护栏高度 17.5 厘米，而护栏和床头之间的缺口有 78 厘米，故学校应该承担一定的赔偿责任。他查到了 2002 年教育部颁布的《学生伤害事故处理办法》。该办法规定，学校提供给学生使用的学具、教育教学和生活设施、设备有明显不安全因素的，因此造成的学生伤害事故，学校应当依法承担相应的责任。学校已为康某垫出了医药费，双方经过协商，最后，学校又赔偿康某父母损失费 4.5 万元。

该案例中，学生年龄是首要考虑条件之一。康某虽然是在校就读学生，坠床事件纯属意外，但由于受伤时已经年满 18 周岁，对其行为是否妥当，应该有一定判断的能力，应当预见可能发生的危险。因此，康某对自己发生该意外事故有不可推卸的责任。另外，学校在学生入校时，进行过必要的安全教育，学校尽了其教育的责任。而对于家长认为学校高低床设计暗藏隐患，学校应当承担一定责任。如果学校的住宿管理和床具设置确实存在安全隐患，那么学校就应该承担相应的赔偿责任。如果没有安全隐患，学校不应承担相关责任。但目前国内还没有专门制定高低床的国家标准和行业标准，对高低床的高度并没有限制，只在《GB/T3328-1997 家具床类主要尺寸》中规定，高低床的安全护栏高度要大于等于 20 厘米，护栏和床头之前的缺口应为 50~60 厘米。对高低床的高度并没有明确规定，只规定第一层和第二层之间高度要大于等于 98 厘米，所以给责任认定造成困难。

3. 案例三

12 岁的原告伍某全托就读于被告江苏省宿迁市某小学。该校为学生宿舍每层楼安排一个宿管人员。2012 年 5 月 28 日晚，伍某在双层床上铺睡觉时头朝着没有护栏的一头，宿管人员未予发现和制止。29 日凌晨，伍某从上铺摔下，导致眼睛受伤。住院 17 天，花费医疗费合计 19 901.3 元。经鉴定，伍某高处坠落致左眼盲目 5 级构成人体损伤八级伤残。经查实，原告摔伤时使用的双层床，床铺净长 167.5 厘米，上铺离地面高度为 149.5 厘米，护栏高度不足 20 厘米，长度不足整张床的一半。法院认为，学校未尽到教育、管理责任，具有过错，鉴于原告违反学校管理要求头朝没有护栏一头睡觉存在一定过错，确定学校承担 80% 责任，判决学校赔偿原告各项损失合计 180 233.52 元。

该案例同样是学生在学校宿舍从床上摔下，但由于学生摔伤时使用的双层床床铺净长 167.5 厘米，护栏高度不足 20 厘米，长度不足整张床的一半，即学校的双层床安全护栏缺口长度和安全护栏高度均未达到国家规定的标准，更不符合未成年学生的安全需要，不足以防止学生睡觉时从上铺摔下来，存在明显的安全隐患，所以学校明显具有过错。而且学生受伤时刚年满 12 周岁，属于限制民事行为能力人，对于提供不符合国家规定标准并有明显不安全因素卧具给 12 周岁未成年人的学校，应当尽到更为严格的教育、管理责任。而学校的宿管人员没有发现和制止学生头朝没有护栏的一头睡觉，更加重了其过错。

退一步说，对于作为未成年人的中、小学生，学校对其居住上铺可能存在的安全隐患认识能力和控制能力不足。即使床铺符合安全标准，学校因使用了双层床仍应当承担相应的管理责任，且因国家安全标准系工业产品的门槛性标准，也不是小学生卧具的选择标准，其法律的位阶层级亦不可与民法等量齐观；学校使用双层床，则应提供保证学生安全的更为严格的看管、照顾责任，未尽到这一职责，应认定学校有过错。

另外，学校事故案件的责任承担并非学校承担全部责任，还存在着受害人有过错的情形，这就涉及责任分配问题。依据《侵权责任法》第二十六条的规定，被侵权人对损害的发生也有过错的，可以减轻侵权人的责任。结合该案例中，未成年学生违反学校和宿管人员要求在没有护栏一头睡觉，也存在一定的过错，为此，酌情确定学校承担 80% 的责任，是适当的。

四、总结

从案例二、三可见，校方责任险仍然存在不完善之处，高校的校方责任缺乏法律基础，导致事后索赔较为复杂。责任险的保险标的是被保险人在法律上应负的民事损害赔偿责任。社会法中的未成年人保护法是校方责任保险的法律基础。但是高校学生的年龄大多是 18 周岁以上的成年人，这使得事故发生后的赔偿变得缺少法律依据，使得事后索赔往往几经波折。加之保险责任范围过窄，免责条款过宽的问题，保险人在面对扩大风险责任时，通常会采取增加附加条款进而来减少风险造成的损失，但与此同时被保险人即校方必然会面临由此带来的保费提高这一现实经济问题；或者保险人只承担过错责任，不承担无过错责任，在事故发生后对损失赔偿没有起到积极有效的成果。因此我们要完善校方责任险相关的法律法规。

第一，完善现有的条款。消除现有条款的前后矛盾的情况，把保险责任里带有故意性质的行为剔除，如体罚、变相体罚学生对于被保险人的学具、教育教学和生活设施等不符合国家规定的标准导致的事故，要详细区分被保险人是否履行规定的职责去维护修缮。如果被保险人已经履行了职责，仍然导致事故发生，则纳入校方责任保险的范畴；如果被保险人没有履行相关的职责，或者这些建筑及场地等存在被保险人应该知道的安全隐患，被保险人没有及时采取防范措施导致的安全事故，应为除外责任。

第二，建议制定针对大学生意外伤害事件专门的法律。目前，我国针对大学生意外伤害事件还没有制定专门的法律予以调整，多数法律法规仅仅针对中小学校的责任给予保障方案，对全国各大高校则没有给予足够的关注。事实上，大学生在大学期间独立生活，其在校期间更长，面临的风险也更为复杂。因此，引入校方责任保险的风险管理机制对高校更有意义。

第三，建议制定校园安全法。学校安全事故频频发生，已经引起了学校、事故受害者家属、教育界及国家司法和立法机构的极大关注。2006年日本出台了《学校安全法》（草案），本着从学生和教职员工的生命及财产安全出发，全力维护和管理校园教学及生活环境，提出并规定了学校和国家政府的基本义务。我们国家也可以以此作为参考。

综上所述，我国校方责任险的产生对解决学校伤害事故有很大的积极作用，较为合理地为学校与学生间的伤害纠纷提供了处理办法。校方责任险应是保障学校和学生利益的社会公益性质保险，要从学校和学生本身出发。在发生伤害事故时，保险公司要和学校一起处理伤害事故，认定事故性质是否属于校方责任险范围，合理快速解决伤害事故的赔偿问题。但是我国校方责任险出台时间不长，发展较为缓慢，近年来有在全国逐步扩大和发展的势头。我国的校方责任险需要逐步完善和发展，完善现有的条款，建立制定针对大学生意外伤害事件专门的法律，制定校园安全法，合理快速处理我国校园伤害事故。

五、思考题

（1）我国校园安全相关法律有哪些？

（2）我国校园责任险发展历程如何？

（3）目前校园责任险发展的主要问题有哪些？

案例 4-2　财险施救费用及清理残骸费用

一、背景介绍

保险的意义在于促进防灾减损，而施救费用就是为了促进财产拥有人在发生事故后积极地做防灾减损工作，尽可能地降低损失。这样做符合保险合同双方的共同利益，因此保险公司也应当鼓励当事人尽可能地采取施救手段，降低受损损失。但是并非所有的施救费用或相关的费用都会获得赔偿，保险公司赔偿施救费用的前提是施救费用必须是"必要的""合理的"。在财产保险领域，几乎所有的险种都对合理的施救费用予以赔偿，其目的是鼓励被保险人积极施救，从而减少保险人和被保险人的损失。我国保险法有保险人对施救费用补偿义务之规定。在保险索赔和核定损失时，经常需要界定清理残骸费用的范围和金额。但是，关于施救费用及清理残骸含义和范围的理解和界定，在实务中屡屡有争议发生。

二、相关理论知识

（一）定义

施救费用亦称营救费用，是指保险标的在遭遇承保的灾害事故时，被保险人或其代理人、雇用人为避免、减少损失采取各种抢救、防护措施时所支付的合理费用。保险标的的受损，经被保险人施救，花了费用但并未奏效，保险标的仍然全损，保险人对施救费用仍予负责。

清理残骸费用是指投保财产因受到保险责任范围内的灾害原因造成损失后，进行清除或消除所有残余废物所造成的必要及合理的费用，包括这些财产未损失部分。具体费用包括清理残骸、废物、拆卸或拆毁受损保险财产的任何部分和支撑或支撑物。

（二）相关法律法规和条款

我国《保险法》第五十七条规定："保险事故发生时，被保险人有责任尽力采取必要的措施，防止或者减少损失。保险事故发生后，被保险人为防止或者减少保险标的损失所支付的必要的、合理的费用，由保险人承担；保险人所承担的数额在保险标的损失赔偿金额以外另行计算，最高不超过保险金额的数额。"

根据保险条款规定，财产险出险后，被保险人采取的必要的、合理的施救费用，保险人在不超过保险金额的范围内赔偿。财产如果发生全损，施救费用可以得到赔偿，但实际上是有几个条件的：一是投保财产是否足额保险，因为财产保险单是不定值保单，按比例赔付方式赔付，如果保险金额小于保险价值，要按保险金额与保险价值的比例赔付，而施救费用也要按比例赔付。二是施救费用是否"必要""合理"，如果已经可以知道不可避免要发生全损，已无施救必要，却花费人力物力施救，或用不恰当的方式，采取高代价施救，都有可能得不到赔偿。当然，是否"必要""合理"有一个界定问题。三是施救的财产是否包括非投保财产，如果有，也要按比例承担。

（三）国内与国外比较分析

对于"保险标的损失"，在一般财产保险中很容易理解，因为一般财产保险的保险标的是有形的物，而责任保险中保险标的是指被保险人对第三者依法应负的赔偿责任，所谓赔偿责任的"损失"就不太容易理解了。而且对于必要的、合理的费用，在一般财产保险中主要表现为施救、保护、整理保险标的所支出的合理费用，如救火的人工费、消防器材费用、整理损余物质的费用等，这类费用与保险标的的损失是较容易区分的。而在责任保险中施救费用主要表现为对人身伤亡的抢救、医疗费用，对财产损失的抢救、修理、灾害控制费用等，这类费用与被保险人依法应当承担的赔偿责任则较难区分，甚至根本无法区分。

外国责任保险条款一般也不将施救费用单列。而在国内保险公司的财产保险条款中，往往对施救费用设定一些专门条款，以控制风险并合理分担损失。在责任保险中，由于不存在不足额投保和比例赔偿的问题，同比例赔偿规则即无法适用，有可能导致保险公司责任的扩大。

综上所述，责任保险的施救费用与财产保险的施救费用在性质及范围上截然不同，责任保险中不应存在单独的施救费用问题，国内保险公司在设计条款时对此应慎重考虑，而不应简单照抄照搬财产损失险的做法，以免增加实务操作中的困难。

三、案例分析

（一）案例介绍

陕西省某公路管理站担负着全县 475 千米县、乡公路的养护任务。该管理站就其所养护的县乡公路向 A 财险公司投保财产保险综合险。2013 年 11 月 4 日晚，该公路管理站所养护的一段线路下行右侧紧挨公路高 50 米左右的土质山体发生大面积滑坡现象，滑坡后的雍土堵塞公路，造成交通中断。公路本身并没有因为山体滑坡而受损，但是被保险人为了尽快恢复正常交通，采取紧急施工，将滑落下来的土石方进行清理。由于在保险期限内，被保险人向保险人就清理现场费用提出索赔。

事故发生后，某公估师受保险人委托进行了现场查勘。公估师认为：

1. 本案构成保险事故

《保险法》第十六条规定："保险事故是指保险合同约定的保险责任范围内的事故。"从该条规定可以看出，《保险法》在定义保险事故时用的是"保险合同约定的保险责任范围内的事故"，而并不是需要造成保险标的损失的内容。本案中，根据财产综合险条款，突发性滑坡是属于保险责任范围内的自然灾害。故本案件中，虽然山体滑坡没有造成保单承保的公路受损，但仍应当认定"滑坡"保险事故发生。

2. 清理现场费用的性质认定

该公估师认为，本案关键是对施救费、清除残骸费用和清除滑坡土石方费用的区分。公估师提出，在认定清除残骸费用时，要把握两点：一是造成损失的原因是保险条款所规定的保险责任，如火灾、自然灾害等；二是清除的是保险财产损坏所形成的残骸，是对保险财产的清除或拆除及支撑。清除滑坡土石方费用是指滑坡发生后，被保险人清除滑坡土石方的费用。清除残骸费用和清除滑坡土石方费用属于建筑工程中经常发生的费用，而财产保险综合险则一般不予附加该两项险种。

3. 被保险人清理现场费用应属于施救费

由于本次事故仅造成交通中断，被保险人在本次滑坡事故发生后，仅支出了清理道路以恢复交通的施工费用，故认定该费用支出的性质是确定保险人是否赔偿的前提。那么，该费用支出应当如何定性，是施救费、清除残骸费用还是清除土石方费用呢？如属前者，则保险人应当给予赔偿，如属于后两者之一，因为本保险并未附加投保清除残骸费用以及清除土石方费用，故保险人进行理赔并无依据。本案件中，为了恢复公路交通而清理道路雍土，虽然属于清除滑坡土石方费用，同样具有施救费用的性质，从恢复道路交通的角度看，该项费用支出也是值得的。另作为该段公路的法定养护管理单位，被保险人有责任、有义务及时地组织清理现场，以恢复道路交通。从这个角度看，该项费用的支出也是必须的。故本案件中，被保险人清理道路交通所支出的费用应当认定为施救费，保险人应当给予赔偿。

（二）案例剖析

要想正确分析此案，需要对"保险事故""施救费用""清理残骸费用"进行全面理解和把握。

1. 关于保险事故的界定

（1）事故必须发生在保险期限内，这是构成任何保险事故的前提。

（2）事故必须发生在保单约定的承保区域内。例如企业财产保险，如果承保的设备损坏拿到维修厂修理过程中发生火灾，由于已经不在保单约定的承保区域内，即使"火灾"是保险承保责任范围，保险人也不负责赔偿，除非在保单中有"场所外修理扩展条款"的特别约定。

（3）事故必须由保单承保的风险引起。不同的险种都对保单承保的责任范围进行了明确约定，只有保单约定的风险引起的事故，保险人才负责赔偿。

（4）事故必须是由承保风险造成了保险标的的损失。没有保险标的的"损失"，就谈不上保险事故。

例如，某商场投保了财产综合险，通往商场唯一一座大桥被洪水冲毁，商场因交通中断被迫停业。这种情况下，由于大桥不是保险标的，洪水即使是综合险的承保风险，但是商场本身没有受损，则不能因发生洪水而认定商场构成"保险事故"。再如，上述情况发生雷击导致公共电路中断，商场因停电无法运营，造成营业损失。此时因没有造成商场大楼的物质损失，也不能因"雷击"是综合险的承保责任而认定发生了"保险事故"。

本案中满足前3个要件当无争议，但是对于第4个条件却没有满足。此处，该公估师之所以仅仅根据《保险法》第十六条的规定就得出结论，在于其混淆了"风险"和"事故"的区别。没有保险标的的损失，就谈不上保险事故，只能称为"风险"。而当"风险"造成了保险标的的损失，才能构成"保险事故"。

2. 关于施救费用的界定

（1）必须是保险事故已经发生。施救费用产生的前提是承保危险必须已经发生，或者说保险标的已处于危险之中，而非仅仅是担心很可能会发生危险。这一要件使施救费用与防灾费用相区别。凡在灾害、事故发生之前支出的费用即属预防性质，保险人不予负责。但在某些特殊情况下，灾害、事故虽未发生，但已接近发生而施救刻不容缓，为了避免保险财产遭受更大的损失，采取保护保险财产的紧急必要措施而支出的费用，事后证明是及时有效的，应视同施救费，负责予以赔偿。典型的情形如保险财产因抗洪抢险而搬动，事后原堆放地点又确被洪水所淹，其搬运和搬回的费用以及被抢救保险财产在最近安全地点的存仓租金都可负责赔付。另外，这种保险标的所处的危险必须是保险单所承保的风险，即必须是保险人应负责的风险。如果发生的危险不是本保险所承保的危险，或者危险所造成的损失不是本保险所应补偿的，对保险人来说，施救费用当然也就根本不存在。

（2）必须是为了减少或防止损失进一步扩大。施救费用产生的另一前提是其目的是防止损失进一步扩大。如果损失已经发生，但不会继续扩大，产生的费用就不能界定为施救费用。这是施救费用与清理残骸费用、专业费用等的本质区别之一。例如2006年1月某地铁工程施工时因透水发生塌方事故，正在基坑旁边施工的价值300多万的挖掘机倾覆到基坑里，施工机具报废。事后需要将设备拆解清除，由此产生的费用就不属于施救费用。因为损失已经发生，没有继续扩大。如果污水管道继续涌水，为了修复管道必须将受损机具清除，否则工程损失必将继续扩大，则可认定为施救费用。

在此，还需要特别提出的是，损失进一步扩大的风险，必须是保险单"承保的风险"。即如果被保险人不采取施救措施，保险人将承担更大的损失。本案例中，公估师认为"清理滑坡土石方费用目的是为了恢复道路交通，被保险人作为该段公路的法定养护管理单位，有责任、有义务及时地组织清理现场"，鉴于"该费用是值得和必须的"，从而认定为施救费用。但是，因为该被保险人并没有投保财产综合险项下的利润损失险，由于道路不通造成的运营损失，并不是保险人承担的风险，滑坡已经发生，道路本身损失没有继续扩大，因此，清理土石方费用，不能界定为施救费用。

（3）必须"必要"和"合理"。施救费用必须是"必要""合理"的费用，这实质上是一个事实问题而非法律问题。判断某项费用是否必要合理，通常只能按照一个谨慎的未投保的所有人在危险发生的情况下可能会采取的措施这一标准来要求。另外，在进行施救时，只要条件允许，应该取得保险人的书面同意；对于重大施救措施，还应该让保险人共同参与，以免事后对施救费用的"必要性"和"合理性"发生争议。

（4）赔偿额度以保险金额为限。为了鼓励被保险人积极施救，保单通常规定施救费用的额度最高可以达到保险金额。极端情况下，如果保险标的发生全损，保险人最高可以赔偿两倍的保险金额（施救费用+物质损失保险金额）。如果施救费用超过了保险金额，则应认定未达到"必要"及"合理"的要求，保险人将以保险金额为限承担施救费用。

通过保险人支付施救费用，被保险人施行施救行为，均衡了保险当事人双方的权利、义务关系。从以上分析，公估师将清理土石方费用界定为施救费用，明显欠妥。

3. 清理残骸费用的界定及与施救费用的区别

（1）保险责任条款不同。施救费是包括在工程保险主条款之中的，而清除残骸费用是附加条款，被保险人可以选择附加，也可以不选择附加。

（2）收取保险费不同。保险公司承担施救费不收保险费，承担清除残骸费用要收保险费，其办法是将清除残骸费用的最高赔偿限额加入工程保险金额一并收取保险费。

（3）保险责任性质不同。施救费是在事故发生时，为减少损失所采取措施而发生的费用，其目的是阻止损失扩大蔓延，减少损失。如使用灭火器灭火、将受水灾的物资搬运到安全地带等。清除残骸费用是清除损失保险财产的残骸。如某房屋发生火灾，首先是灭火，将财产抢救到安全区域，所发生的费用是施救费。火灾停止后，在未加保清除残骸费用扩展条款的情况下，保险公司只赔偿烧毁的房屋和灭火费用；如果加保清除残骸费用扩展条款，保险公司除赔偿以上损失外，还要赔偿将房屋残骸清除的费用。

（4）发生的时序不同。施救费是在事故发生时，如烈火正在燃烧，而清除残骸费用是在事故停止后，如火灾熄灭之后。

（5）赔偿金额项目不同。施救费的赔偿在《保险法》中规定：保险人所承担的数额在保险标的损失赔偿金额以外另行计算，最高不超过保险金额的数额。也就是说，施救费最高赔偿限额是以被施救的受损财产的保险金额为最高赔偿标准，而清除残骸费用的赔偿是以保险单中列明的赔偿限额为标准。所以，保险公司在对施救费与清除残骸费用进行赔偿时要严格区别，分项计算。

4. 实务中关于清理残骸费用的焦点问题

在实务中，争议最多的就是"残骸"范围的界定。一种观点如本案公估师提出的，"残骸"应是保险财产损坏所形成的残骸，是对保险财产的清除或拆除及支撑。例如滑坡产生的土石方，由于不是公路的组成部分，不是保险标的，故不能界定为"残骸"；另一种观点则相反，如学者孙智认为，"当由于发生保险责任范围内的自然灾害所形成的土石、泥沙、浪渣等覆盖或掩埋了保险财产所发生的清除费用，尽管其不是保险财产所形成的残骸，但不清除将构成保险财产的损失或影响工程施工。在这种情况下，保险公司可赔偿清除残骸费用"。笔者认为，应从清理残骸费用条款的措辞及扩展该条款的意图本身两个方面考虑。从字面上看，应是受损保险财产的残骸。

但是，扩展清理残骸费用条款的意图，则是发生保险事故后，被保险人为了恢复重建或修复保险标的，有时必须将受损财产的残骸进行清除，由此产生了一笔费用。为了能获得此类费用的补偿，试图通过"清理残骸费用条款"进行转移。如果仅仅界定为"保险财产的残骸"，则实务中将会非常麻烦和不可操作。例如某房地产公司将大楼主体投保，但是里面有大量的非保险标的（如承租人的财产，包括文件、电脑、家具、装修等），假如发生火灾，大楼烧毁，需要重建，则此种情况下，无法区分哪些是保险财产的残骸，哪些是承租人的非承保财产的残骸。

再如某房屋投保财产综合险，因暴风将房屋旁边大树吹倒将房屋压塌。此处对于清除大树的费用，可否界定为残骸？在美国"9·11"恐怖袭击中，世贸大厦的两座大楼倒塌在一起，如何界定"残骸"的范围？如果只有其中一座大楼购买了保险，或者两座大楼都购买了保险，对于残骸的界定是否有影响？对于这些问题，可能仁者见仁，智者见智。建议根据不同的险种，结合经常发生争议的情形，在保单中予以明确约定为宜。

四、结论

从以上对保险事故、施救费用、清理残骸费用的分析看，认定公路本身并没有受损，不能仅仅认为"滑坡"是财产综合险的保险责任范围而认定已经"构成保险事故"。被保险人没有投保财产综合险项下的利润损失险，也不能认为紧急施工进行的清理土石方费用属于"施救费用"。不能单从"滑坡产生的土石方不是承保标的公路的组成部分"的字面意思而认定其不属于"清理残骸费用"。

此外，还需要补充说明的是，清理残骸费用在财产险和工程险中的使用都比较普通，而土石方费用在建筑工程中使用较多，一般财产保险较少涉及。但是，这两项费用属于扩展承保的"条款"。因此，对于该公路，由于本身完好，在没有其他特别约定的情况下，不应认定构成保险事故，对于清理土石方的费用，保险人不应赔偿。

处理本案，其焦点和难点应是对"公路是否受损"的认定上。假如滑坡产生的不是土石方，而是一块滚石，挡住车辆通行，简单将滚石移开后公路即可恢复正常运营，而公路毫发无损，是否认定"公路受损"？认定保险标的是否受损，应从几个方面考虑：一是看标的本身是否损坏，例如变压器线圈烧毁，这个比较容易判断。二是外观虽然完好，但是精度达不到既定要求。例如在精密仪器的运输过程中，由于震动导致精度下降，仪器虽然可以使用，但是精度已经不如完好状态，此时也应认定设备受损。三是标的功能的发挥受到影响，例如本案，由于滑坡产生的土石方导致公路无法完成车辆通行的功能。从常理上应该认定公路受损，但是否就此认定构成保险事故却尚待商榷。类似的情形是，企业仅将厂房里面的设备投保了财产保险，厂房倒塌后影响设备的正常生产，但是设备完好，此时对于设备不应认定构成保险事故。因此，对于该公路，由于本身完好，在没有其他特别约定的情况下，不应认定构成保险事故，对于清理土石方的费用，保险人不应赔偿。

这个结论在情理上也许难以被保险人接受，但是从保险原理的分析上，不能认定该费用为施救费用。要解决类似的问题，建议在投保的时候，企业应根据保险标的的风险状况，先进行风险识别和评估，然后将试图转移的风险和可能发生的情形在保单中予以明确约定，避免发生纠纷。

五、思考题

（1）本案中，被保险人如果想获得赔偿，应该如何正确投保？

（2）在财产保险中，保险人除了赔付保险标的物质损失外，还赔付哪些费用？

（3）你认为本案应该如何赔付？

案例 4-3 责任保险中的第三人直接请求权

一、背景介绍

1880 年英国通过了《雇主责任法》，首次在立法上设置了责任保险制度，使得责任保险制度有法可依。到了 20 世纪 20 年代，雇主责任险率先实行强制责任保险，一举突破了原来"无过错便无责任"的法律观念。20 世纪 70 年代，责任保险得到了全面迅速的发展，成为现代经济不可或缺的一部分。

现代责任保险越来越突出它的社会性，它的理念也从保护被保险人渐渐过渡到保护受害人的权益，于是理论上赋予第三人直接请求权的呼声也越来越高。在此背景下，域外一些国家和地区先后以立法或司法解释方式，确立了责任保险第三人直接请求权。我国责任保险制度体系中也对第三人直接请求权做出了规定，但直接请求权规则仍然存在诸多问题。2009 年修订的《保险法》第六十五条规定了第三人在一定条件下享有直接请求权，但对于该请求权行使条件的规定模糊不清且过于单一，易造成实务中的认定困难，且该条规定缺乏一定的科学性。在有关责任保险的特别法中，对第三人直接请求权的规定参差不齐，难成系统。此外，虽然国外立法上对第三人直接请求权做出了规定，然而这些规定也参差不齐，操作性不够强，且理论上对第三人直接请求权的性质还存在较大争议。

二、相关理论知识

(一) 国内责任保险第三人直接请求权

我国《保险法》六十五条规定：保险人对责任保险的被保险人给第三者造成的损害，可以依照法律的规定或者合同的约定，直接向该第三者赔偿保险金。被保险人怠于请求时，第三人可以取得对保险人的赔偿请求权。被保险人不履行赔偿责任时，保险人应当拒绝被保险人的索赔请求。

(二) 国外责任保险的第三人直接请求权

美国各州对直接请求权的态度并不完全相同。明确规定第三人直接请求权的代表性地区包括纽约州、路易斯安那州、罗德岛等。其立法条文的共同点是规定保险人必须"直接"对受害第三人负责。

欧盟指令中并没有普遍对一般责任保险第三人直接请求权做出规定。其只是在机动车强制责任险方面要求："各成员国应当确保在机动车交通事故中受害的任何一方，有权依据承保加害人的机动车交通事故责任保险合同直接提起诉讼。"

英国 1930 年出台的《第三人权利法》规定："在被保险人破产、合并或死亡等情况下，其求偿权利转移到第三人，受害第三人有权向他们的保险人请求赔偿。"就机动车强制责任险而言，英国 1972 年《道路交通法》第一百四十九条规定："保险人向被保险人签发有效责任保险单，被保险人因交通事故对受害人承担责任，属于保险单承保范围，受害人取得对被保险人的赔偿判决后，有权直接请求保险人给付保险赔偿金。"

1930 年法国《保险契约法》对责任保险人的保险给付义务做出了规定。当时法国保险学界普遍认为，受害人能够就此条款享有对保险人的直接请求权。在强制责任险领域，1926 年法国即以判例承认车祸受害人享有直接请求权。法国最高法院在当年对某起车祸赔偿案件进行审判，对于投保责任险的加害人，法院判决受害人可以向其责任保险人起诉请求赔偿损失。该判决引起学界广泛讨论，法律也最终确认了此种直接诉权（Direct Action）。

德国的《保险合同法》对一般性的直接请求权做出了规定。其较为全面地规定了请求权行使的条件与方式。按照该法规定，第三人在法定条件下有权在保险金额之内向保险人直接求偿。而且其在规定中强调了强制责任险中的第三人，可以直接享有对保险人请求补偿的权利，且完全没有行使条件。德国亦在特别法中，对某些特定责任保险之第三人直接请求权做出了规定。例如其《汽车保有人责任强制保险法》中明确规定，汽车责任保险具有第三人利益的性质，允许第三人直接向保险公司求偿。

日本现行的保险法中并没有关于直接请求权的规定，只有在一些特别法中得到体现，且范围仅限于强制责任保险。例如《机动车损害赔偿保障法》与《关于核能损害赔偿的法律》中赋予了被害人损害赔偿请求权。日本于 2008 年颁布了其历史上第一部关于保险的成文法典——《保险法》，从而结束了有关保险的规定仅以章节的形式存在于《商法典》中的历史。虽然日本《保险法》中并未明确规定责任保险第三人直接请求权，但为了加强对受害人的保护，其第二十二条中规定了受害人的"先取特权"，即责任保险中的受害人在特定损害的情况下对被保险人的保险金请求权具有优先权。

三、案例分析

（一）案例介绍

2010 年 7 月，原告李某某与某旅行社签订旅游合同，被告某旅行社向第三人某财产保险公司投保旅行责任险。原告在乘坐被告安排的车辆过程中发生交通事故。后原告以某旅行社为被告，以某财产保险公司为第三人向法院提起诉讼。

法院判决如下：第三人与被告是订立保险合同的当事人，被告系投保人、被保险人和受益人。根据合同的相对性原理，第三人只对被告负保险责任。但我国《保险法》第六十五条第二款的规定表明，在旅行社对旅游者应负的赔偿责任确定的情形下，保险人根据被保险人的请求可向第三者赔偿保险金。本案中，原告虽向被告主张违约责任，但为切实保护原告的权益，减少诉累[①]，原告的损失经本院确认后，第三人可直接向受害人赔偿保险金。

---

① "诉累"是司法界经常使用的一个术语。

（二）案例剖析

1.《保险法》第六十五条是否规定了受害第三人直接请求权

有学者指出，《保险法》第六十五条中的"当事人约定"属于"向第三人履行合同"范畴，并未赋予第三人履行请求权；"根据被保险人的请求"保险人直接向第三人请求赔偿保险金，属于"代位清偿请求权"，"被保险人怠于请求的，第三人有权就其应获赔部分直接向保险人请求赔偿保险金"为"附条件的第三人直接请求权"；第三款属于对保险人的保险金给付义务履行的限制。

还有学者认为，第六十五条规定的是任意责任保险中的受害第三人直接请求权。理由在于，强制责任保险的受害第三人请求权只能由法律明确规定，该请求权应该是无条件的。任意责任保险中，第三人对保险人的直接请求权实质是一种代位请求权，由第三人取代被保险人来行使保险金赔偿请求权，该请求权不仅可由法律直接规定，也可依保险合同约定取得。

在最高人民法院主持编著的《〈中华人民共和国保险法〉保险公司章条文理解与适用》一书中，司法机关对第六十五条做出如下解释：第一款从保险人履行合同义务的角度，规定保险人可以按照法律的规定或合同的约定，以直接向第三者赔偿保险金的方式履行合同义务。言外之意，即原则上保险人应向被保险人履行合同，法律有规定或合同有约定的情况下，可直接向第三者履行合同。第二款可分为前后两部分。前半部分规定在一定条件下，责任保险的保险人应直接向第三者赔偿保险金，该部分属于第一款规定的"法律规定"的情形之一。后半部分赋予了责任保险第三者向保险人主张赔偿请求的权利，但也附加了一定条件。第三款是对保险人履行对象或者是对被保险人合同权利的限制。

2. 区分强制责任保险和自愿责任保险

在《保险法》修订过程中，许多学者建议取消第六十五条第二款的相关条件，采取域外立法例，赋予受害第三人无条件限制的直接请求权，但立法机关并未采纳。在最高人民法院的上述著作中，司法机关也持回避态度，对拒绝理由避而不谈。一方面，立法、司法机关对受害第三人的直接请求权的适用条件做出规定，未盲目赋予受害第三人直接请求的做法值得肯定；另一方面，对受害第三人直接请求权的限制方法是不合理的，应对责任保险按强制责任保险和任意责任保险（自愿责任保险）做出区分，针对强制责任保险和任意责任保险各自的功能制定不同的受害第三人直接请求权方案。

责任保险可以分为强制责任保险和自愿责任保险。强制责任保险严格依法设定，其目的在于分散特定领域的风险和责任，保障受害第三人获得赔偿，达成社会共同体的经济价值，实现社会公平与正义，具有社会保障的功能。因此，法律应在责任保险中赋予受害第三人无条件的直接请求权，以实现强制责任保险的价值和作用。自愿责任保险合同与一般财产保险合同一样，均是当事人意思自治的结果，法律理应充分尊重合同自由和债的相对性①原则，不能对此多加干涉。

受害第三人享有直接请求权的法理基础不适用于自愿责任保险。受害第三人直接请求权的法理基础可以概括为修正契约相对性的理论、强化责任保险合同的信赖保护主义、通过责任保险分散侵权行为的损害赔偿、保险人对第三受害人具有补偿的责任和实践第三人利益契约的直接请求权等。其中，最重要的法理是"相对分离原则"，即在责任保险中严格遵守债的相对性，无法使责任保险的功能得到发挥，但第三人毕竟并非保险合同的当事人，不能完全背离债的相对性原则。自愿责任保险因当事人自愿订立而产生，所承担的风险分散责任没有强制责任保险广泛，其产生基础是保险合同当事人的合意，是意思自治的表现，故应坚持债的相对性原则，不应以"相对分离原则"对其加以限制。

与大多数国家的立法例保持一致，受害人直接请求权不是唯一必须选择大多数国家或地区的法律规定，受害第三人直接请求权的适用范围通常局限于某些强制责任保险。受害第三人的直接请求权并非各国保险法所认可的一般规则，例如在奥地利，对于受害第三人的救济不是单纯依靠直接请求权实现的。在德国，受害人只在交通事故领域享有直接向保险人提出赔偿的权利，在其他所有情形下，受害人必须起诉侵权人本人。在意大利，立法中没有规定原告对保险人的直接请求权的规则更为普遍。在瑞士，《侵权法修订草案》曾建议，将直接请求权扩展到自愿保险，但在批准程序中备受批评，理由是"该规定与国际形势不符，且个性化设定合约可能带来巨大的风险。"

3. 受害第三人直接请求权的行使是否附带条件

强制责任保险中的受害第三人应享有直接请求权，不附任何条件。原因在于：第一，法理上讲，赋予强制责任保险中的受害第三人直接请求权，目的在于给予受害人最大的保护，如这种请求权附带条件，必然使强制责任保险的立法价值打折扣；第二，大量的司法实践表明，在适用第六十五条时，忽视了该条规定的附带条件，只要是责任保险，法院就会判决受害第三人享有直接请求权；第三，诸多域外立法例中，强制责任保险中受害第三人的直接请求权都是无条件的。

关于任意责任保险中的受害第三人有没有直接请求权，如何获得保护的问题，正如前述各主流国家的立法所示，受害第三人直接请求权不是保护受害人的唯一方式。可通过以下方式对任意责任保险中的受害人给予保护：第一，保险合同当事人可以约定，受害第三人有权请求保险公司支付保险金；第二，适用合同法中的债权代位权制度；第三，保险金给付的限制，即如现行第六十五条第三款的规定，如果被保险人未向受害人给付赔偿金，则保险人不得向被保险人赔偿保险金。

四、结论

本案例颇具特色，法院大胆地突破了《保险法》第六十五条的框架，给予受害第三人无条件的直接请求权，代表了一批司法实务工作者对责任保险第三人直接请求权

---

① 债的相对性是指债的关系只产生于双方之间，因而权利义务的效力也只发生于债的双方之间，该权利义务不会对第三人产生任何实质性影响，罗马法上将债比喻为当事人之间的"法锁"。

问题的态度——出于保护受害人的迫切需要，受害人向责任保险人请求保险金的权利应是不附条件的。但权利的扩张并非无限制的，过度地突破债的相对性会破坏意思自由和私法自治。因此，第六十五条应给予强制责任保险中的受害人无条件的直接请求权，而任意责任保险中的受害人可以通过当事人约定、债权代位制度、保险金给付的限制等方式获得救济。

域外直接请求权立法、司法现状给我们的启示是：各国和地区的立法是直接请求权来源的主要依据，当事人之间约定亦是第三人直接请求权的来源。虽然法国和英国的学说在一定程度上影响了第三人直接请求权的取得，但一般来说，在强制责任保险中，法律规范仍然是第三人直接请求权的直接来源。任意责任保险情形下，第三人直接请求权首先看当事人的约定，有约定则为约定取得。其次，如保险合同未约定第三人可以享有直接请求权，而法律有规定或者司法解释对它做出了解释的，则可依一般法取得。

域外第三人直接请求权行使条件方面给我们的启示是：第三人行使对保险人的直接请求权要满足一定的条件，比如赔偿责任确定，被保险人破产等条件。而这些条件如何确定，一方面与责任保险的种类，即是任意责任保险还是强制责任保险有关；另一方面，也与一国所认同的直接请求权的性质有关。在直接请求权行使的方式上，英国、法国都认可将保险人和被保险人作为共同被告的诉讼模式，而对单独起诉保险人，英国设定了较高的限定条件，而法国对此则没有规定。

直接请求权不应当是无限制的，因为赋予一方权利的同时，对方的义务必然加重，为了平衡他们之间的权利义务关系，应当赋予赔偿义务人对抗第三人的权利。就责任承担方面而言，作为赔偿义务人的保险人可以针对原告的诉讼请求提出使自己免责或减轻责任的事由。而在强制责任保险领域，由于放宽了第三人取得直接请求权的条件，保险人的抗辩事由也就相应地减少了，这与强制责任保险保护弱势群体的目的是一致的。

五、思考题

（1）责任保险中的第三人直接请求权在其他财产保险中存在吗？

（2）保险公司如何减少因第三人直接请求权导致的风险？

（3）你觉得责任保险中第三人直接请求权应该如何规定？

案例 4-4　工程保险的理赔

一、背景介绍

随着国民经济的发展，建筑市场规范不断得到完善，保险已成为工程招投标、建设和管理中不可缺少的一部分。在承包商对合同履行过程中，由于施工周期长，所遇到各种情况复杂，为了保障承包商的利益不受到意外损失，所有的国际工程承包合同都强制要求承包商购买各种保险，主要投保工程一切险。当发生意外时，便可将部分风险损失转移给保险公司承担，保险公司熟悉和运用保险合同条款、风险索赔的程序，可以减轻承包商的风险压力，并降低风险事故发生后承包商的损失。值得注意的是，尽管承包商对工程购买了工程保险，但有时保险公司不可能赔偿其全部经济损失。由于建筑工程施工中容易受到各种自然灾害和其他灾害的影响，所承担的各种风险比较大，因此承包商仍要经常注意各种潜在的风险征兆，采取各种有力措施，防止事故和灾害的发生，并阻止受灾后损失的继续扩大。本案例就标的在建筑过程中出险后的理赔过程进行讨论。

二、相关理论知识

（一）保险合同签订

在 FIDIC（国际咨询工程师联合会）合同条款中，对工程保险有明确和严格的要求。承包商在签订工程合同后，自开工之日起就有建设并照管工程的责任，直至业主发出最终验收证书为止。因建筑工程工期较长，受外界各种情况影响较大，为此承担的风险也高。比如当雨季到来时，暴雨和洪水会导致山体滑坡、泥石流等灾害，对路基产生较严重的损害。

业主为了保护工程项目的利益，往往在合同条款中要求承包商对所建工程连同材料和待安装的工程设备投保，同时也要求承包商对人身或财产损害和第三者责任险投保。对保险公司的选择可由业主指定，也可由承包商自己选择。承包商选择保险公司时，应特别注意其赔偿能力和资信，并认真阅读理解保险条款及有关细节。为更准确掌握理解保险条款，承包商可参加保险专家的讲座。在对投保的险种选择时，要分析施工过程中发生各种事故的可能性，准确地选择合格的保险险种。有的合同条款已指定了承包商必须投保的险种，如建筑工程一切险、第三者责任险等，在投保时就必须按合同条款指定险种进行投保。

签订保险合同前，须与保险公司磋商的主要保险条款和应注意仔细阅读理解的保险条款有以下几点：保险合同的保险范围；保险合同的免赔金额；合同规定的保险理赔程序和要求，出现风险事故后将按合同规定的保险理赔程序进行理赔工作，并按照合同理赔条款的要求执行。如：合同中规定出险后承包人需要在一定的期限内以书面形式报案，超出期限需要经保险公司书面同意等。在与保险公司签订了保险合同后，承包商应在合同规定的期限内向业主提供已按合同条款要求所投的各种保险已生效的证明，并向业主提供保险合同副本。所签订的保险单应与发出中标通知书前达成的合同总条款一致。

（二）理赔工作

保险公司代表一般在收到出险通知后 12 小时以内到达事故现场，协调有关索赔事宜。保险合同规定有如果保险公司代表在 48 小时内未到达事故现场，将被认为保险人已认可被保险人所申报的事故发生属实。在保险公司代表或检验师勘查现场并计算受灾损失后，承包人应对保险公司代表认可的受损失范围和理赔金额等进行研究。在依据保险合同的基础上，双方对有关赔款的一切争议，都可以协商解决，直至达成一致意见。承包人在对保险公司提出理赔要求时要做到有理、有据、实事求是。证明资料要齐全，理赔款计算要合理，并根据保险合同的相关条款规定办理理赔工作。

双方明确受灾损失工作量和赔偿金额后，需要签订一份赔款确认书，说明出险原因、过程、受损失工程量及赔款金额等情况。在保险公司支付承包商理赔款后理赔工作就结束。在理赔工作进行中，承包商要注意整理、收集与保险公司的来往文件、通知书、出险的各类证明资料，并及时归档保存好。承包商对理赔工作要指定专人负责，负责人要有较强的责任心，精通业务，熟悉保险合同，并且能够熟练处理好对外业务往来。

三、案例分析

（一）工程保险标的简介

A 公司码头项目是为了满足 60 万吨甲醇项目竣工后化工产品外运的需要而建设的一个专用码头。为了保证码头项目能与 60 万吨甲醇项目同步竣工，码头项目的建设周期十分紧张，所面临的不确定的工程风险十分复杂。因此 A 公司决定采用工程保险的方式为码头建设提供安全高效的保障。具体保险方案如下：

1. 被保险人

（1）业主：中海石油化学有限公司。

（2）承包商：渤海石油航务建筑工程公司、中铁十六局集团有限公司、广东省航盛工程有限公司、其他由业主指定的参与工程的任何承包商和代理商。

2. 被保险财产

被保险财产包括所有的供应、服务、永久工程和材料，所有的设计、图纸、规格书以及在建设过程中由承包商按保险合同提供的作业（包括业主和承包商为建设码头项目而临时修建的建筑）；不包括承包商和分包商的设备和施工机具，但包括保单生效后由业主和承包商及分包商接收的、已完成的工作。

3. 免赔额

（1）物质损失部分：包括地震和海啸 300 000 元，暴雨、台风、风暴、洪水、滑坡、地陷 200 000 元，其他由本保单保障的风险 200 000 元。

（2）第三者责任险：对财产造成的损失 10 000 元/每次事故。

4. 保险责任

（1）自然灾害指雷电、飓风、台风、龙卷风、风暴、暴雨、洪水、水灾、冻灾、冰雹、地崩、山崩、火山爆发、地面下陷下沉及其他人力不可抗拒破坏力强大的自然现象。

（2）意外事故指不可预料的以及被保险人无法控制并造成物质损失的突发性事件，包括火灾和爆炸。

5. 保险期限

由工程取得开工许可证起至工程竣工验收止，附加 60 天的自动延展期。

6. 保费支付

支付保险费 500 000 元。

7. 保险人

T 保险公司。

(二) 赔案处理

A 码头建安装工程一切险自 2005 年 5 月 22 日起生效。由于业主和施工单位严格的施工管理措施和先进的风险管理意识,很少出现大型风险事故,涉及的理赔也较小。2005 年 9 月出现第一个较大规模的保险责任范围内的风险事故。2005 年 9 月 5 日至 7 日,在风浪袭击下,正在施工的南防波堤堤体遭受了比较严重的损坏,大量堤体石块被打到海里。

9 月 8 日,风浪过后,施工单位按照索赔程序的规定向监理工程师及业主报案,并于 4 小时后递交了书面报案通知。经初步估算,施工单位面临的灾后恢复工作主要是堤体的清理和恢复及入海石块的清除等,预计风险损失将达 300 多万元。监理工程师及业主在接到施工单位的报案通知后确认此次风险事故属于保险责任范围,随即向保险公司报案并提出索赔申请。

当日,保险公司代表赶赴现场并在被保险人的陪同下进行了查勘和拍照取证等工作,同时要求施工单位暂不破坏现场等待公估人进一步调查取证。同时业主也委托承担码头项目全过程造价控制的中审造价师事务所有限公司代表业主处理向保险人索赔事宜。

两日后,保险公估人到现场进行了测量、拍照等取证工作,并向业主及施工单位索取了图纸、设计说明、施工记录、阶段验收记录、工程造价表、定额手册、恢复施工方案等文件。各方同意可以开始灾后恢复工作。

保险公估人在随后的时间里又陆续收集了气象资料和工程恢复的各种记录文件,但未能出具初步理算报告。在被保险人的要求下,保险公估人在事故发生 4 个多月后,出具了初步理算报告。报告指出:保单中的除外责任里规定,正常的海洋作用造成的损失不在赔付范围之内。经保险公估人对海南八所地区 10 年、20 年和 50 年海浪记录的分析,此次风浪在施工期的历年风浪比较为 20 年一遇,远未达到 50 年一遇的水平。因此此次风浪可视为正常海洋活动,属于保单规定的除外责任,所造成的损失保险人不应予以赔偿。

中审所不能认同初步理算报告的结论,要求保险公估人就正常海洋作用的定义做出解释。同时中审所开始进行海浪资料的收集和研究。从当地海洋观测站获得的资料显示,此次风浪最大波高为 3.2 米,最高风速为 19 米/秒,经与历史数据对比,大致为十几年一遇的风浪。

至此,保险双方赔案处理问题的症结在于对"正常海洋作用"的定义和解释上。然而,经向国家海洋局咨询并无正常海洋作用的科学定义,但交通部出台的《防波堤设计与施工规范》中明确规定施工中的防波堤可按防范 2~5 年的波浪设计。

因此,中审所要求保险公估人分析施工的防范设计和措施是否符合交通部的规范,如符合规范,要给出拒赔的理由。中审所还进一步指出,按照保险的原则,在条款解释不清晰的情况下应做出对被保险人有利的解释,即在国家海洋局未做出对正常海洋作用科学定义的情况下应按照交通部出台的《防波堤设计与施工规范》中有关防波堤波浪设计的标准对此次风险事故予以合理赔偿。

在中审所的积极争取下，保险公估人决定采取有利于被保险人的解释将此次风险事故列为保险责任范围。对此保险人出具了应予赔偿的最终理算报告，并对恢复原状实际发生的费用进行了落实，为170余万元。这一结果得到了施工单位的认可。

（三）案例评析

此次赔案处理工作历时6个月，保险双方在维护各自权益时都做了充分的工作和努力，推动了赔案处理的开展和落实。对此次赔案处理工作可以得出以下结论：

第一，被保险人要想获得比较合理的赔偿，必须做好灾后的资料收集和整理工作，特别是要在实质问题上拿出足够的证据，不能消极地、被动地等待保险人的处理结果。特别是在出现较大的赔案后，保险公司、国际再保和公估人通常集中精力寻找确定赔偿责任的依据，对损失量的理算投入不足，之后再进行这部分工作会出现取证难的问题。因此被保险人应注意主动收集这些有价值的数据资料，为今后确定理赔金额提供有力的依据。积极主动地寻求有利于公平合理赔付的条件是维护自身在赔案处理中合法权益的关键。委托专业的顾问公司处理索赔，借助顾问公司的丰富专业经验，将会得到更有利于业主的保险理赔。

第二，保险条款中相关重要条款的措辞，特别是除外责任的规定必须明确无误，不存在任何歧义，必要时应将其量化。针对上述案例中"正常海洋作用"的定义，就应在保险条款中明确规定是几十年一遇的标准，以减少理赔的争议，促进理赔工作及时开展和顺利结案。

第三，在赔案处理过程中，特别是大型风险事故的理赔工作中，保险人和公估人应积极主动地开展调查取证等理赔工作。做到既能严格遵循保险条款和相关法律法规进行合理理赔，又能加快节奏、提高办事效率实现及时理赔。保险人不能因案情的复杂或金额的大小而延缓理赔进程或推卸理赔责任，否则被保险人的索赔成本会高于出险损失。

综上所述，根据《保险法》和保险合同的约定，本案依据应是建筑工程一切险约定中"投保人、被保险人义务"项下关于"在保险期间内，被保险人在工程设计、施工方式、工艺、技术手段等方面发生改变致使保险工程风险程度显著增加或其他足以影响保险人决定是否继续承保或是否增加保险费的保险合同重要事项变更……被保险人未履行通知义务，因上述保险合同重要事项变更而导致保险事故发生的，保险人不承担赔偿责任"的约定，和《保险法》第五十二条规定的"在合同有效期内，保险标的的危险程度显著增加的，被保险人应当按照合同约定及时通知保险人，保险人可以按照合同约定增加保险费或者解除合同……被保险人未履行前款规定的通知义务的，因保险标的的危险程度显著增加而发生的保险事故，保险人不承担赔偿保险金的责任。"

四、结论

工程保险已逐渐成了建筑工程项目经营中不可缺少的一部分。熟悉和运用保险合同条款、风险索赔的程序，可以减轻承包商的风险压力，并降低风险事故发生后承包商的损失。值得注意的是，尽管承包商对工程进行了工程保险，但有时保险公司不可能赔偿其全部经济损失。由于建筑工程施工中容易受到各种自然灾害和其他灾害的影响，所承担的各种风险比较大，因此承包商仍要经常注意各种潜在的风险征兆，采取各种有力措施，防止事故和灾害的发生，并阻止受灾后损失的继续扩大。

长期以来，工程建设以吞噬建设工程的安全保证为手段，追逐非法利润，危害工程安全进而危害社会的恶性事故屡有发生，作为保险从业的各方面，都应当从承担社会责任的角度抵制这种行为。站在保险业的角度，仅仅满足于责任分析是不够的，应考虑加强对施工过程的风险查勘，及时发现问题，做好防范工作。

值得欣慰的是，随着我国改革开放的进一步深入，计划经济向市场经济转轨，特别是《中华人民共和国建筑法》的颁布实施以及相关法律法规的制定，我国的建筑业法律体系正日趋完善。工程保险的作用正逐渐为建筑企业和业主认识和接受。建筑业的一系列变革，如业主负责制、承包合同制、工程监理制、工程招标投标制、投资渠道多元化以及工程投资由无偿投资转为有偿贷款这些政策性的变革，为建筑业注入了新的活力，也为工程保险机制的全面普及奠定了必要的政策基础。

近年来，国外资金介入我国建筑市场，外资金融机构为保证其资金的安全，以其贷款建设的工程项目必须参加保险作为工程取得贷款的资格条件之一。这些外资项目的保险，既帮助承包商和业主认识了工程保险，客观上也为内资项目的投保起了示范作用，为工程保险提供了健康良好的发展环境。可以预期，我国建设工程的保险体系必将很快得到确立和完善。

五、思考题

（1）我国工程保险发展现状如何？

（2）与一般财产保险相比，工程保险条款规定有何特殊性？

（3）请自行查阅工程保险投标书，了解基本内容。

案例 4-5　货物运输保险理赔

一、背景介绍

货物运输险是非车险理赔中比较难以处理的赔案，当保险事故发生时保险理赔人员往往不能第一时间赶赴事故现场，并且事故原因也只能在事故发生之后进行推敲，不能第一时间判定事故原因以及是否属于保险责任。当存在第三方责任人时，由于需要对双方责任程度进行判定，案件的复杂性和繁琐性增加了理赔的难度。

邱某沉船货损赔案发生于 2013 年 9 月 18 日，是 R 保险公司历年来最大规模的一笔水路货物运输险赔案，涉及多方面的理赔难点。对于该起赔案，从报案到查勘到请公估公司调查，再到定损理算赔付追偿，历时两年多，涵盖了货运险理赔的所有内容，并且其中争议内容颇多，部分内容涉及航海技术参考以及海上作业知识。受到知识局限，R 保险公司也从该起赔案中发现对于水路货运险的风险管控不足，极大地减少了对于水路货物运输险的承保。另外，该起案件是由于杂货船"双宁 577"轮与集装箱船"飞翔 1"轮两艘船在水路航运上互相撞击引发的事故，涉及比较复杂而且实际操作困难的追偿问题，也是该起案例的一个较为新颖的学习点。

二、相关理论知识

（一）国内水路、陆路货物运输保险条款（2009 版）

该条款第二条规定，基本险包括由于运输工具发生碰撞、搁浅、触礁、倾覆、沉没、出轨或隧道、码头坍塌所造成的损失。第五条规定，保险价值为货物的实际价值，按货物的实际价值或货物的实际价值加运杂费确定。保险金额由投保人参照保险价值自行确定，并在保险合同中载明。保险金额不得超过保险价值。超过保险价值的，超过部分无效，保险人应当退还相应的保险费。第十三条规定，货物发生保险责任范围内的损失，如果根据法律规定或者有关约定，应当由承运人或其他第三者负责赔偿部分或全部的，被保险人应首先向承运人或其他第三者索赔。如被保险人提出要求，保险人也可以先予赔偿，但被保险人应签发权益转让书给保险人，并协助保险人向责任方追偿。第十五条规定，被保险人与保险人发生争议时，应当实事求是，协商解决，双方不能达成协议时，可以提交仲裁机关或法院处理。

（二）《1972 年国际海上避碰规则公约》

该公约第五条规定，每一船在任何时候都应使用视觉、听觉以及适合当时环境和情况的一切有效手段保持正规的瞭望，以便对局面和碰撞危险做出充分的估计。第六条规定，每一船在任何时候都应以安全航速行驶，以便能采取适当而有效的避碰行动，并能在适合当时环境和情况的距离以内把船停住。第八条规定，为避免碰撞所采取的任何行动，如当时环境许可，应是积极的，应及早地进行和充分注意运用良好的船艺；如需为避免碰撞或留有更多的时间来估计局面，船舶应当减速或者停止或倒转推进器把船停住。第九条规定，船舶不应穿越狭水道或航道，如果这种穿越会妨碍只能在这种水道或航道内以安全航行的船舶通行。第十六条规定，须给他船让路的船舶，应尽可能及早采取大幅度的行动，宽裕地让清他船。第十七条规定，两船中的一船应给另一船让路时，另一船应保持航向和航速。

三、案例分析

（一）案例介绍

1. 事故发生的基本情况

2013 年 9 月 14 日，被保险人邱某货物 386 件/950.13 吨（螺纹钢和线材）在广东省揭阳码头装"双宁 577"轮启运前往海南省海口市。2013 年 9 月 18 日上午 11 时 3 分，"双宁 577"轮驶入海南省海口秀英港过程中，在航道 9 号浮标附近与一艘驶出海南秀英港的总吨 5 000 余吨集装箱"飞翔 1"轮发生碰撞。事故造成"双宁 577"轮整船连同运载货物沉没受损，仅露出部分驾驶室。被保险人随后通知保险人出险。

经调查，"双宁 577"轮参考载重量 969 吨，仅承载被保险人邱某货物 386 件/950.130 吨（螺纹钢和线材），符合承载标准。海口海事局于 2013 年 9 月 18 日成立事故调查组，对本次事故进行调查，共获取证据包括：《水上交通事故报告书》、询问笔录 12 份、AIS① 记录一份、VTS② 记录一份，海口海事局指挥中心《值班日志》《航海日志》《轮机日志》《车钟记录簿》《船舶检验报告》，双方船舶及船员证书等。在研究这多项资料后，判定"双宁 577"轮沉船事故不存在道德风险。

2. 事故水域气象及通航情况

（1）气象情况。海南省气象台 9 月 18 日 5 时发布天气预报："今天白天到后天夜间：背部湾海面，本岛东方、昌江到海口一带海面，偏东风 6 级，阵风 7 级。"当事船员笔录陈述：事故水域能见度约 2 海里，东北风 6~7 级，流向西南，流速约 2 节。

（2）通航情况。事故位置处于海口秀英港进出港航道 NO.8-NO.12 灯浮之间水域，该水域东北侧为海口港 6#锚地，西侧为海口港 7#锚地，进出港船舶密集，有大量客滚船通过该航道进出秀英港，船舶会遇频繁。事故发生前，除了当事双方船舶外，还有一艘正在进港的"信海 12"轮位于航道中。

由此，判定事故发生时，并无恶劣天气或密集水上航运船只。

3. 碰撞基本事实分析认定

碰撞时间：2013 年 9 月 18 日上午 10:41 分。认定理由：一是根据琼州海峡 VTS 中心的 VTS 系统录像回放及 VHF08③ 频道录音回放分析，调查组认为"双宁 577"轮与"飞翔 1"轮发生碰撞时间约为 10:41 分。二是据"飞翔 1"轮船长笔录及该轮《航海日志》记载，两船发生碰撞的时间约为 10:42，与认定的碰撞时间基本相符。

碰撞位置：海口秀英港航道内，20°02′50″N/110°16′00″E。认定理由：一是根据琼州海峡 VTS 系统录像回放分析，调查组认为"双宁 577"轮与"飞翔 1"轮发生碰撞的地点为 20°02′50″N/110°16′00″E。二是根据"飞翔 1"轮船长及"双宁 577"轮二副的笔录陈述，碰撞事故发生地点在海口秀英港航道 11#浮标北侧附近水域，与认定的碰撞位置基本相符。

碰撞部位和角度："飞翔 1"轮船首撞击"双宁 577"轮左舷后舱尾部，碰撞夹角约为 80°。认定理由：一是根据现场查勘，"飞翔 1"轮船首部有明显的碰撞痕迹，且船艏楼④右前侧栏杆倒塌；"双宁 577"轮左舷驾驶台损坏变形。结合两船船长的陈述，调查组认为事故发生时"飞翔 1"轮船首撞击"双宁 577"轮左舷后舱尾部，随即擦过"双宁 577"轮驾驶台左舷。二是根据琼州海峡 VTS 中心的 AIS 系统监控录像回放显示，碰撞发生时，两船船首向夹角约为 89°；"飞翔 1"轮船长笔录陈述，碰撞发生时，两船碰撞夹角为 70°到 80°。综合考虑 AIS 系统和视觉误差，结合对两船现场勘查的情

---

① 船舶自动识别系统（AUTOMATIC IDENTIFICATION SYSTEM，简称 AIS 系统）。

② 船舶交通管理系统（VESSEL TRAFFIC SYSTEM，简称 VTS）。

③ 通信技术中，VHF 是 VERY HIGH FREQUENCY 的缩写，即甚高频，是指频带由 30MHZ 到 300MHZ 的无线电电波，波长范围为 1~10 米。多数是用作电台及电视台广播，同时又是航空和航海的沟通频道。

④ 船艏楼即船头，安装系泊用的锚机、绞缆机的地方。

况，调查组认为两船碰撞时船首向夹角约为 80°。

4. 事故经过

根据 VTS 监控记录，结合双方船员调查笔录，事故经过如下：

（1）"飞翔 1"轮的行动。9 月 18 日约 10:00 时，"飞翔 1"轮备车，准备从海口秀英港 NO. 20 泊位离泊出港。约 10:10 时，该轮离开码头，在港池内掉头。驾驶台有 3 人：船长指挥船舶操纵，三副刘某负责操车、协助瞭望，水手郭某负责操舵。大副在船头瞭望。10:35 时，该轮掉头完毕，准备进入秀英港主航道。此时，大副通过手持 VHF 向船长报告：航道右侧有一艘船，需要注意。10:36 时，该轮航经秀英港 NO. 12 号灯浮，航向 311°，航速 5.2 节。此时正在进港的客滚船"信海 12"轮在 VHF08 频道呼叫该轮，双方约定左舷会船。同时，"飞翔 1"轮船长下令大副可以自船头撤离，并用肉眼观察到自航道东边 NO. 6 锚地起锚进港的小货船（后经确认为"双宁 577"轮），此时两船相距约 1 200 米。10:38 时，该轮航向 342°，航速 5.3 节。此时"信海 12"轮在 VHF08 频道上呼叫"双宁 577"轮，但未收到应答。10:39 时，该轮船位 20°02′41″N/110°16′05″E，航向 343°，航速 5.3 节。此时，该轮在 VHF08 频道上呼叫"双宁 577"轮，要求"双宁 577"轮不要进入航道，但未收到应答。"飞翔 1"轮船保向保速，使用前进一。10:40 时，该轮船位 20°02′47″N/110°16′03″E，航向 341°，航速 5.2 节。此时，船长发现"双宁 577"轮在本船船首偏右舷处大角度右转向，意欲穿过其船首，立即下令停车，把定航向。10:41 时，在 20°02′50″N/110°16′00″E 处，"飞翔 1"轮船首与"双宁 577"轮左舷后舱尾部发生碰撞。

（2）"双宁 577"轮的行动。9 月 16 日约 17:00 时，"双宁 577"轮自广东揭阳驶往海口港。9 月 18 日约 7:00 时，该轮船抵达海口港 6#锚地抛锚待泊。约 10:02 时，该轮准备起锚进港靠泊海口港 NO. 16 号泊位。此时船长、水手在驾驶台，二副与水手在船头，三副和厨师在船尾。约 10:36 时，该轮位于 20°03′02″N/110°16′19″E，起锚完毕，动车进港。10:39 时，该轮位于 20°02′56″N/110°16′01″E，航向 211°，航速 5.1 节。此时二副回到驾驶台，向船长报告称其观察到有一艘集装箱船正在出港（后经确认为"飞翔 1"轮）。驾驶台有 3 人，船长负责操纵车钟和舵，二副和水手负责瞭望。两船相距约 580 米。10:40 时，该轮位于 20°02′52″N/110°16′02″E，航向 202°，航速 5.2 节。此时，两船相距约 200 米，船长操右满舵，全速进车意欲穿过出港船"飞翔 1"轮船首。10:41 时，该轮左舷后舱尾部与"飞翔 1"轮船首发生碰撞。碰撞发生后，该轮采取停车、抛锚的措施。约 10:52 时，该轮在余速的作用下，向前滑行至 20°02′42″N/110°15′54″E 处沉没。

（二）事故原因分析及责任判定

1. 事故原因分析基础

本次碰撞事故发生在海口秀英港航道内，当事两船为处于互见中的两艘在航机动船，适用《1972 年国际海上避碰规则》第五条、第六条、第七条、第八条、第九条、第十五条、第十六条及第十七条的规定。根据《1972 年国际海上避碰规则》第九条第四款的规定，"飞翔 1"轮为"只能在这种水道或航道内以安全航行的船舶"，"双宁

"577"轮为不得妨碍"飞翔1"轮在航道中安全通行的船舶。根据《1972年国际海上避碰规则》第八条第六款及第十五条的规定，在两船相互接近致有碰撞危险时，双方仍有遵守"交叉相遇条款"的责任，此时"双宁577"轮为直航船，"飞翔1"轮为让路船。

2. 双方的过失

（1）"飞翔1"轮的过失。

疏忽瞭望："飞翔1"轮在用肉眼发现对方船后，没有引起足够重视，未使用适合当时情况的有效手段进行连续观测，对局面和碰撞危险没有做出充分的估计，违反了《1972年国际海上避碰规则》第五条的规定。

未使用安全航速：该轮在进入航道后以5节左右的航速行驶，直至碰撞发生的前1分钟才停车，未能把船停住，违反了《1972年国际海上避碰规则》第六条的规定。

避免碰撞的行动不当："飞翔1"轮在与对方船联系未果后，对碰撞危险未做出充分的估计，仍然保速保向行驶，仅在碰撞前1分钟才采取停车的避免碰撞的行动，没有及早进行避让，也没有把船停住，违反了《1972年国际海上避碰规则》第八条的规定。

作为让路船未履行让路义务："飞翔1"轮在事故发生过程中，没有及早地、主动地、大幅度地采取避让行动，仅在碰撞前1分钟才采取停车的避让措施，不足以宽裕地让清他船，违反了《1972年国际海上避碰规则》第十六条的规定。

（2）"双宁577"轮的过失。

疏忽瞭望：根据VTS中心的VHF录音记录和当事船舶"飞翔1"轮船员的笔录，"飞翔1"轮与另一艘正在进港的"信海12"轮两轮均曾在事故发生前试图通过VHF与"双宁577"轮建立联系，但未获回应。"双宁577"轮在锚地起锚进港过程中未能有效值守规定的VHF08频道，造成进出港船舶均无法通过VHF与其建立有效的联系以协调避让行动，违反了《1972年国际海上避碰规则》第五条的规定。

未使用安全航速："双宁577"轮在进入航道后以5节左右的航速行驶，且没有与出港船"飞翔1"轮协调好双方避让行动，在这种情况下右满舵进车加速意图穿越"飞翔1"轮船首，违反了《1972年国际海上避碰规则》第六条的规定。

穿越航道的行为不当："双宁577"轮穿越航道的行为，妨碍了"飞翔1"轮在航道中的安全通行，其在观察到"飞翔1"正在航道中出港时便不应穿越航道，因此该轮的行为违反了《1972年国际海上避碰规则》第九条的规定。

未履行直航船保速保向的义务："双宁577"轮小角度向左转向接近航道的行为，给"飞翔1"轮判断双方会遇局面造成不利影响，未履行直航船保速保向的义务，违反了《1972年国际海上避碰规则》第十七条的规定。

（三）碰撞事故分析结论

1. 赔偿责任认定

此次事故是由于当事两船的过失而导致的责任事故。"双宁577"轮在观察到"飞翔1"正在航道中出港时，没有对局面做出充分的判断，仍然意图穿越航道且未保持

VHF 正规值守，而"飞翔 1"轮在两船相互接近形成交叉相遇局面时未履行让路船及早避让的义务，双方的行为共同造成了紧迫局面的形成，是造成此次碰撞事故的重要原因。因此，当事双方在本起事故中过失相当，应负同等责任。

保单责任：货运险保单号 PYDS2013××520000000。根据保单责任规定，对于包括船舶发生碰撞在内的保险事故造成保险货物的损失和费用，保险人依照条款的约定负赔偿责任。根据以上调查，本次事故是由于"双宁 577"轮在航行过程中与集装箱船"飞翔 1"轮发生碰撞，造成"双宁 577"轮整船连同运载货物沉没受损。本次事故保单责任成立。

第三者责任：根据中华人民共和国海口海事局 2013 年 12 月 12 日出具的事故调查报告，碰撞事故分析结论认为，此次事故是由于当事两船的过失而导致的责任事故。"双宁 577"轮在观察到"飞翔 1"轮正在航道中出港时，没有对局面做出充分的判断，仍然意图穿越航道且未保持 VHF 正规值守，而"飞翔 1"轮在两船相互接近形成交叉相遇局面时未履行让路船及早避让的义务，双方的行为共同造成了紧迫局面的形成，是造成此次碰撞事故的重要原因。因此，当事双方在本起事故中过失相当，应负平等责任。鉴于本次货损事故发生在承运船舶"双宁 577"轮运输和掌管货物期间，"双宁 577"轮及其船东应对相关损失负责。保险人赔付后向上述责任船东进行追偿。

被保险人索赔：被保险人海口某贸易有限公司于 2014 年 1 月 17 日书面向保险人提出，"双宁 577"轮所载 950.13 吨钢材沉入海底受海水严重锈蚀损坏，向保险人提出钢材全损索赔金额 4 000 000 元。

2. 保险公司处理

货物保险金额：4 000 000 元，保险价值 4 209.95 元/吨。本次沉船事故于 2013 年 9 月 18 日发生，根据现场查勘和市场调查，参考 2013 年第三季度广州地区建设工程常用材料综合价格，螺纹钢和线材报价每吨约 4 000 元。考虑广东到海南的运费和港口费用，海南地区同类钢材价格每吨约 4 200 元。根据调查，保险人认为该批钢材保险价值与当时市场价格基本相符。

根据"双宁 577"船东与打捞方签署的打捞合同，货物打捞费用合计 1 054 500 元。由于货物打捞后船东和被保险人均无力向打捞公司支付打捞费用，货物被打捞公司留置。2014 年 8 月 4 日，保险人向打捞公司支付货物打捞费用余款 884 500 元。

根据海南港航控股有限公司海口港务分公司出具的"双宁 577"轮港口费用有关情况说明，截至 2014 年 7 月 31 日需支付的港口费用共计 371 000 元。2014 年 8 月 4 日，保险人支付打捞钢材的港口费用共 371 000 元。

被保险人提出从"双宁 577"打捞起来的钢材遭受海水浸泡长达两个多月，货物严重锈蚀，拒绝收货，保险人按照全损以保险金额赔付。共计赔付 4 000 000 元。

货物残值：根据广东物资拍卖行有限公司 2014 年 6 月 26 日对上述残损货物公开拍卖结果，标的最后成交价为 1 767 241.80 元。

综上，保险公司本次事故定损如下：

序号	项目	金额（元）
1	货物保险金额	4 000 000
2	支付"双宁 577"轮货物打捞费用	884 500
3	支付打捞钢材的港口费用	371 000
4	扣减货物残值	−1 767 241.80
5	扣残值后定损合计	3 488 258.20

保险公司诉海口海事法院，请求判令责任方"双宁 577"轮与"飞翔 1"轮归属人赔偿保险人 3 488 258.20 元，且诉讼费用由责任方承担。经海口海事法院庭审后调解，由"双宁 577"轮船主赔偿保险人 63 万元，"飞翔 1"轮所属海运公司赔偿保险人 95 万元。诉讼费用由保险人承担。

四、总结

一起完整的货物运输保险的理赔是需要理赔人员花费大量的时间和精力去处理的，这其中包括事故情况分析、事故现场还原、受损货物统计、货物价格调查、与货主协商赔款、收集理赔证据、确保赔偿金额的准确性与保险事故的真实性。

作为理赔人员，必须要用严谨的态度对现场进行仔细勘查，用科学的方法对案件进行调查，用真诚的态度安抚客户的情绪，客观公平地对损失金额进行确认。在货物运输保险的理赔过程中，由于无法第一时间判定事故原因以及是否属于保险责任，所以不能轻易对客户做出赔偿承诺，必须等到保险责任确定之后才能向客户做出赔偿承诺。并且，在确定保险责任的过程中，不能漏查一处风险点，要怀疑一切值得怀疑的问题，肯定一切应该肯定的证据。必要时，还应请求相关政府部门协助处理，确保赔偿处理迅速、准确、合理。

在财产保险中，保险理赔是经营管理的一个重要环节。非车险理赔涵盖了除车险以外所有险种的理赔，理赔质量的好坏，直接关系到公司信誉和经营效益。分析非车险理赔中存在的问题，掌握其特点，采取有效措施提高非车险理赔工作质量，是做好理赔工作，维护保险合同的严肃性和当事人合法权益，促进保险业务健康发展的关键所在。

非车险理赔工作具有保源分散，涉及面广；案件量大，工作量大；案情复杂，技术含量高；社会关注，影响力大等特点。保险公司必须熟知保险条款和相关知识，增强法律意识和自我保护意识，提升专业技能培训的水平，提高理赔人员的相关专业知识水平，定期举办典型案例分析会，选择突发案件进行现场"会诊"，建立科学的统计分析系统，总结规律，优化理赔技术。

五、思考题

（1）请查阅一份船舶保险的术语汇编。

（2）运输保险理赔有哪些特点？

（3）从本案来看，保险公司应该如何选择业务？

案例 4-6　华泰财险首例"互联网保险"欺诈案

一、开篇

随着互联网的普及，整个经济和社会环境发生了很大的变化，保险公司面临着互联网所带来的机遇及挑战，为赶上时代的步伐，纷纷进行了变革，"互联网+保险"发展迅速。而保险业和互联网融合的经典案例非"退货运费险"莫属。面对日新月异的互联网时代，简单、安全、快捷的网络购物已经成为广大消费者钟爱的消费方式，与此相对应的是，基于各种原因的退换货和运输纠纷也不断增多。淘宝网 2009 年年初发布的数据显示，2008 年淘宝网网络购物退货运费纠纷投诉量达到了 42%，位于投诉总量第一。因此，如何满足互联网购物市场需求，提供换货损失风险保障，减少相关纠纷，成为当时中国电子商务市场的一大迫切需求。华泰财险敏感地捕捉了相关市场信息，把握了互联网行业的这一种需求，很快就携手淘宝网研发出"网络购物运费损失保险"（以下简称"退货运费险"），并于 2010 年 7 月正式运营上线。这是国内首个针对网络交易而设计的创新险种，也是一个只属于互联网世界的险种。据华泰财险有关人士介绍，退货运费险作为一种应用于电子商务交易的嵌入式保险，开创了中国互联网保险领域的很多个第一，也经历了各种保险企业从未面对过的挑战和难题。在研发和运营阶段，华泰财险只能摸着石头过河，不断投入大量资源，以"一边摸索一边实践"的形式解决了很多问题，但是其中以反欺诈问题最为棘手。

二、背景介绍

中国保险行业协会发布的《2016 年中国互联网保险行业发展报告》的数据显示，整个"十二五"期间，互联网保费规模从 2011 年的 32 亿元上升至 2015 年的 2 234 亿元，增长约 69 倍，在保险行业总保费的比重从 0.2% 攀升至 9.2%。这一数据说明保险行业在互联网的大潮之下正发生巨变，"互联网+"催生出保险业新的生产力。互联网保险以其场景代入、手续简便、覆盖所有成本低的特点，获得越来越多消费者的青睐，但是互联网保险要实现健康发展，还要重点关注和做好风险防范。

华泰财险推出的退货运费险顺应了网购市场的需求，成为了淘宝卖家、买家、网购平台和保险公司四方共赢的典范。买家可以放心消费，卖家则不再需要考虑退换货运费成本，保险公司得到了一个新的收入来源，而网购平台则将推动由于运费问题所导致的退货纠纷的解决。退货运费险有利于降低退货纠纷投诉的比率，而进一步提升消费者的网购体验，从总体上促进网络购物市场的持续健康发展。

保险企业就是经营风险的企业，通过精算和大数定律确定特定人群面临特定风险的概率，并以此为基础制定保险产品的合理价格，这是保险企业生存的根本。然而欺诈行为会使保险企业的风险定价失效，大幅度提升企业的经营成本，侵害其他保险客户的合法权益，影响行业的健康发展，所以反欺诈一直是保险行业风险和成本控制的核心环节。由于互联网手续简便、信息简单的特点，其成为了保险公司反欺诈和风险控制上的不利因素。

三、相关理论知识

（一）互联网保险及其相关知识

1. 互联网保险的定义

互联网保险是新兴的一种以计算机互联网为媒介的保险营销模式，有别于传统的保险代理人营销模式。互联网保险是指保险公司或新型第三方保险网以互联网和电子商务技术为工具来支持保险销售的经营管理活动的经济行为。

2. 互联网保险销售渠道

自有渠道和第三方渠道。

3. 互联网保险公司的经营模式

就目前我国互联网保险公司已有经营模式来看，大致有 4 种，分别为保险公司自建网络平台、电商平台、专业第三方保险中介平台、专门的网络保险公司。国内大型保险集团基本都拥有了自己的网络销售平台，如中国人寿的"国寿 e 家"、中国平安保险的"网上商城""万里通"，泰康保险的"泰康在线"等。

就电商平台来看，目前淘宝、苏宁、京东、腾讯、网易等电商平台均已涉足保险销售。而第三方保险中介平台则不属于任何保险公司，是由保险经纪公司、保险代理公司等保险中介及兼业代理公司建立的网络保险平台，提供保险服务。目前行业内知名度较高的平台主要有优保网、慧择网、中民保险网等。

具有保险牌照的专业网络保险公司目前也仅有在 2013 年成立的"三马"保险——众安在线一家（后来陆续成立泰康在线等公司）。

相比较而言，这 4 种模式各有利弊。保险公司虽然具备产品设计能力和牌照优势，但是自建网络平台缺乏流量优势。电商平台和专业第三方保险销售网站虽然具备流量优势，但是由于没有保险牌照，也缺乏产品设计能力。

4. 互联网保险的发展方向

根据国外保险行业与互联网的结合方式，互联网可分为 4 个发展方向：传统保险公司互联网化、互联网保险经纪/代理公司、互联网保险公司、互联网保险服务公司。

（二）主要互联网保险公司

百安保险：百安保险于 2015 年 11 月 26 日在上海宣布成立，是百度、高瓴资本、安联保险三方联合成立的互联网保险公司，此次三方合作，可谓强强联合，各自占据了互联网、保险和投资高地。

中安保险：中安保险全称为中安在线财产保险股份有限公司，是阿里巴巴、腾讯和中国平安联手成立的内地首家互联网保险公司。目前，中安在线保险业务也主要体现在电子商务、移动支付、互联网信用保证保险这三方面。上线产品约 50 只，较知名的有众乐宝、碎屏险等。

泰康在线：泰康在线全称为泰康在线财产保险股份有限公司，于 2015 年 11 月 18

日在武汉挂牌开业，是我国首家由中国大型保险企业发起设立的互联网保险公司，公司业务范围为与互联网交易直接相关的企业/家庭财产保险、货运保险、责任保险、信用保证保险等。

易安财险：易安财险是由深圳银之杰股份有限公司、深圳光汇石油集团股份有限公司等 7 家公司发起设立的互联网保险公司。

安心财险：安心财险是由北京洪海明珠软件科技公司、北京玺萌置业有限公司等 7 家股东设立的互联网保险公司，该公司运用云计算、大数据和移动互联网技术创建"互联网+"的财险经营新模式，实现互联化。

除了以上拿到牌照的互联网保险公司，还有不少金融公司和保险公司正在摩拳擦掌准备入局。

（三）互联网欺诈的防范

从反欺诈上看，利用大数据可以监测到客户的异常行为，例如多个身份证、多家投保、集中频繁投保等，并提前预防客户的骗保、恶意退保欺诈行为。从用户体验上看，可利用人工智能改造现有的销售场景和渠道，严格验查网络平台漏洞，提升网络安全。从法规制定上看，政府有关部门应积极完善发展互联网保险的有关政策、法规，加快互联网保险相关的电子合同、买卖双方身份认证、电子支付、安全保障等法律的建设和完善。

（四）保险诈骗及其相关知识

1. 保险诈骗罪

保险诈骗罪行是指违反保险法规，以非法占有为目的，进行保险事故活动，数额较大的行为。其侵犯客体是国家的保险制度和保险人的财产所有权。客观方面表现为违反保险法规，采取虚构保险标的、保险事故或制造保险事故等方法，骗取较大数额的保险金的行为。保险金是指按保险法规，投保人根据合同约定，向保险人支付保险费，待发生合同约定的事故后获得的一定赔偿。犯罪主体为个人或单位，具体指投保人、被保险人、受益人。主观方面表现为故意，并具有非法占有保险金的目的，过失不构成本罪。

2. 保险诈骗罪的认定

一是要划清保险诈骗罪与非罪行为的界限。关键在于骗取的保险金数额是否达到了较大。未达到较大数额，可按一般的违反保险法的行为处理，达到较大数额的构成保险诈骗罪。二是要认定保险诈骗罪中涉及有关犯罪的问题，实施保险诈骗活动骗取保险金的，依照《刑法》第一百九十八条第二款规定，按数罪并罚处罚，如放火罪与保险诈骗罪并罚，故意杀人罪与保险诈骗罪并罚等。

四、案例分析

（一）案例介绍

据了解，国内首例"互联网保险"欺诈案，其所涉及的产品，是华泰财险与淘宝网合作推出的有"中国第一款真正意义上的互联网保险"之称的"网络购物退货费损失保险",该欺诈案在浙江省湖州市吴兴区人民法院宣判,被华泰财险起诉的"职业骗保师"以保险欺诈罪判处有期徒刑。据华泰财险有关人士介绍,退货运费险作为一种应用于电子商务交易的嵌入式保险,其嵌入式的特点导致了流水化作业的职业骗保师团伙的出现。得益于合作伙伴淘宝网及保监会的支持帮助,华泰财险通过大数据分析和反欺诈核心模型陆续确认多个涉嫌保险欺诈的团体。在公安、司法机关的高度重视和全力侦破、审理下,终于取得了反欺诈成果。法院一审判决书显示,被告人通过虚假购物投保并申请运费险理赔,共计骗取保险赔款20余万元,最终以保险诈骗罪被判处有期徒刑6年6个月,并处以罚金。

(二)涉案相关概念介绍

(1)华泰财险"退货运费险",是一种运费保险,分为买家版和卖家版两个类别。为解决买家在退货中由于运费支出产生的纠纷,买家版针对淘宝网支持7天无理由退货的商品,买家可在购买商品时选择投保,当发生退货时,在交易结束后72小时内,保险公司将按约定对买家的退货运费进行赔付。卖家版在买卖双方产生退货请求时,保险公司对由于退货产生的单程运费提供保险的服务。

(2)所谓骗保师,就是指利用淘宝的"7天无理由退货"和退货运费险,来赚取赔付的运费险和实际退运险之间的差价的人群。而之所以产生骗保师的原因主要有:第一,退货运费险因为其嵌入式的投保特点,客户提供的有效信息有限,随着业务的飞速发展,恶意欺诈行为日益严重,容易出现流水化作业的职业骗保师。第二,手续简单。只要是退货、拒签收就有机会得到赔偿。第三,互联网法规搁浅。互联网保险的相关法律不完善,规章制度不健全,严重滞后于互联网保险业的发展,给不法分子以可乘之机。

(3)主要的骗保手段:第一,通常选择购买低价促销活动最小包装的产品,因为这类商品重量轻、体积小,便于快递和大量操作;单价低,投入资金少,还可以避免被淘宝封号引起的资金损失。第二,往往都是新注册ID,没有信用积累,在购买过程中,骗保师基本不与卖家沟通,基本不咨询、不砍价,直接下单,一旦收到货后马上退货,甚至连包装可能也不拆。第三,有的每天要发出大量快件,手写快递单来不及,采用打印机打印快递发货。第四,购买商品时就留下虚假地址,快递公司找不到收货人,只能将商品送回。骗保师甚至在查看快递公司的物流系统后发现货物到当地后立即申请退货,把退货快递费也省下来。

(三)案例评析

(1)依据《保险法》第一百七十四条的规定,投保人、被保险人或者受益人有下列行为之一,进行保险诈骗活动,尚不构成犯罪的,依法给予行政处罚:(一)投保人故意虚构保险标的,骗取保险金的;(二)编造未曾发生的保险事故,或者编造虚假的事故原因或者夸大损失程度,骗取保险金的;(三)故意造成保险事故,骗取保险金的。

保险事故的鉴定人、评估人、证明人故意提供虚假的证明文件，为投保人、被保险人或者受益人进行保险诈骗提供条件的，依照前款规定给予处罚。

（2）根据《刑法》第一百九十八条的规定，有下列情形之一，进行保险诈骗活动，数额较大的，处五年以下的有期徒刑或者拘役，并处一万元以上十万元以下罚金；数额巨大或者有其他严重情节的，处五年以上十年以下有期徒刑，并处二万元以上二十万元以下罚金；数额特别巨大或者有其他特别严重情节的，处十年以上有期徒刑，并处二万元以上二十万元以下罚金或者没收财产：（一）投保人故意虚构保险标的，骗取保险金的；（二）投保人、被保险人或者受益人编造虚假的原因或者夸大损失的程度，骗取保险金的；（三）投保人、被保险人或者受益人编造未曾发生的保险事故，骗取保险金的；（四）投保人、被保险人故意造成财产损失的保险事故，骗取保险金的；（五）投保人、受益人故意造成被保险人死亡、伤残或者疾病，骗取保险金的。

有前款第（四）项、第（五）项所列行为，同时构成其他犯罪的，依数罪并罚的规定处罚。单位犯第一款罚的，对单位判处罚金，并对其直接负责的主管人员和其他直接责任人员，处五年以下有期徒刑或者拘役；数额巨大或者有其他严重情节的，处五年以上十年以下有期徒刑；数额特别巨大或者有其他特别严重情节的，处十年以上有期徒刑。

（3）依据《全国人民代表大会常务委员会关于惩治破坏金融秩序犯罪的决定》第十六条的规定，进行保险欺诈活动，数额较大的，构成保险诈骗罪。个人进行保险诈骗数额在一万元以上的，属于"数额较大"；个人进行保险诈骗数额在五万元以上的，属于"数额巨大"；个人进行保险诈骗数额在二十万元以上的，属于"数额特别巨大"。单位在进行保险诈骗数额在五万元以上的，属于"数额较大"；单位进行保险诈骗数额在二十五万元以上的，属于"数额巨大"；单位进行保险诈骗数额在一百万元以上的，属于"数额特别巨大"。

（四）本案案情分析结论

被告人通过虚假购物投保并申请运费理赔，根据《保险法》第一百七十六条的规定，该行为属于虚构保险标的和故意制造保险事故来骗取保险金的行为，共计骗取保险赔款 20 余万元，数额巨大。根据《保险法》和《刑法》的规定，该行为已经构成了保险欺诈罪，被告人被判处有期徒刑 6 年 6 个月并处以罚金，无可争议。

五、总结

互联网的蓬勃发展为保险行业带来新的发展契机，各家保险公司竞相推出互联网保险相关产品，抢占行业先机，在业务得到扩展的同时，也不得不面对"互联网模式"所带来的全新挑战和前所未有的难题。中国国内首例"互联网保险"欺诈案给保险业敲响了警钟，反欺诈问题成为影响保险公司发展的一大重要因素，各保险公司必须重视风险防范。

六、思考题

（1）面对退货运费险出现的欺诈问题，保险公司应如何应对？

（2）你认为应如何避免互联网保险道德风险问题？

七、补充阅读

女子知道支付宝余额谎报被盗骗保

2016 年 9 月，韶关一女子通过支付宝转账，将自己的 3 万多元资金转到熟人账户上，造成支付宝被盗刷的假象，然后报警并骗取保险公司的理赔款。韶关警方经过半个月的缜密侦查，抓获嫌疑人刘某。据介绍，这是广东省首例互联网骗保案。

6 月 29 日，支付宝接到广东韶关用户刘某报案，对方称她的支付宝在当天有一笔 3 万元的转账交易支出，但并非她本人操作。保险公司在审核后，次日将 3 万元的理赔款打入了刘某的账户。但是，保险公司在复核时，发现此案存在疑点，随即向公安机关报案。警方发现，这笔所谓的"被盗"很可能是刘某的"自盗"，因为前后 3 笔 1 万元的资金转出，都发生在刘某自己的手机上。3 次转账都转入其熟人的银行账户，在其宣称自己支付宝"被盗"后的当天中午，刘某在某银行取走了这笔 3 万元现金，银行的监控录像，记录了刘某在某银行取现的全过程。民警通过缜密侦查，将刘某抓获。

警方提醒，骗保是一种刑事犯罪行为，数额巨大或者有其他特别严重情节的，有期徒刑可能在 10 年以上。

第五章 "互联网+"财险

案例5-1 "动了保"：开启互联网车险新格局

一、开篇

国内首个可以按天购买的移动互联网车险平台——"动了保"（www. donglebao. com）的面世吸引了众多保险企业和投资人关注。通常，对普通用户来说，买车险一年一次，平台与用户的连接频次停留在"年"的维度。而"动了保"让车险也可以按天购买，用多少买多少。这对于平时因为公交出行、城市限行或者经常出差而无法每天开车的车主而言，更具有弹性。

"动了保"在购买场景、购买方式和产品形态上，与互联网保险发展趋势高度吻合。在购买场景中，用户根据自己的用车频率、出行习惯购买车险，实现车险产品在用车场景中的完美匹配；在购买方式上，让车险不再是"一年一买、一买一年"，而是开哪天保哪天，十分便利省心。

二、背景介绍

一项针对购买车险的用户调查显示，在国内，82.5%的不出险车主，在为17.5%常出险客户买单。造成车险目前的窘境，很大一部分原因正是由于信息不对称。一方面，用户投保盲目性非常明显；另一方面，保险公司无法根据用户行为去精细定价。那么车险市场困局如何打破？

近年来，随着私家车数量的增多，文明驾车、安全出行成为热点话题。然而，对于一、二线城市的众多车主来说，私家车使用率并不高。道路拥挤、停车费高，使得很多白领在工作日选择搭乘地铁或者使用各种叫车、拼车软件解决上下班的交通问题。

在中国，与大众息息相关的衣食住行领域中，没有被互联网真正渗透和颠覆的正是汽车保险行业。传统的车险通常"一年一买、一买一年"，而且定价要素相对简单。对用户来说，自身良好的驾驶习惯和较低的用车频率没有在车险定价中得到体现。那么，根据车主的驾驶习惯、车辆行驶天数计费便成为未来车险发展的必然趋势，它比传统保险的"一刀切"更科学、更省钱、更公平清晰。

国内首家基于用户行为的保险平台"动了保"，正全面颠覆传统车险概念，让车险可以像水电费一样按天购买，用多少买多少。这款车险投保也非常简单，可以通过应用软件（APP，下同）随时随地完成产品的购买。以一个高端车为例，如果平时经常出差，估计全年开车在 120 天左右，则可购买"动了保"的"天天保"车险产品，相较过去的车险购买模式，全年可以节约保费数千元，同时还可以为社会减少碳排放 2.5 吨。

三、相关理论知识

（一）机动车辆保险

机动车辆保险即"车险"，是以机动车辆本身及其第三者责任等为保险标志的一种运输工具保险。其保险客户，主要是拥有各种机动交通工具的法人团体和个人；其保险标的，主要是各种类型的汽车，但也包括电车、电瓶车等专用车辆及摩托车等。

（二）互联网保险

互联网保险是新兴的一种以互联网为媒介的保险营销模式，有别于传统的保险代理人营销模式。其保险产品大致可分三类：一是互联网作为销售渠道，即保险公司传统销售渠道的补充，销售传统保险产品，如旅行险、意外险。二是根据互联网消费者的特性，进而改造传统保险以适应互联网销售或进行场景营销，例如，众安保险与挂号网推出的医责险。三是根据互联网特性开发新保险需求，量体裁衣制定新型互联网产品，例如退运险。

（三）保险与大数据

大数据指不用随机分析法（抽样调查）这样的捷径，而采用所有数据进行分析处理。大数据具有 5V 特点[①]：大量（Volume）、高速（Velocity）、多样（Variety）、低价值密度（Value）、真实性（Veracity）。大数据可以为保险行业进行精准营销，依据客户需要推荐保险产品，按照客户需要设计产品。例如帮助保险公司掌握意外事件发生概率，更加精确设计保险产品，提高产品收益，延长保险产品周期。

（四）场景化营销

2016 年 6 月公布的《2016 互联网保险消费行为分析报告》显示，截至 2016 年 3 月月底，中国互联网保民突破 3.3 亿人，互联网保险已经分化为平台保险和场景保险两种，场景化、高频化、碎片化是互联网保险发展的三大趋势。不少业内人士表示，场景保险已经成为行业发展的主力军，其简单化和场景服务能够让用户更加主动接近保险。

随着保险行业不断深入接触互联网，越来越多类似"运费险"的需求将会出现，这覆盖了新的产品和新的客户群，同时很多需求分散在各种网络使用场景中。这种"嵌入场景"的商业逻辑将促使互联网保险公司在整个应用环境里面找到新场景，将保险开发并嵌入。这是互联网保险公司的优势之一，能够帮助互联网保险公司在竞争中获取用户并战胜对手。丰富的场景不仅带动新保险种类的诞生，也能够在更多维度、更广阔的空间里服务更多用户，满足不同的需求。

---

① 5V 特点是由国际商业机器公司（International Bussiness Machines Company，简称 IBM）提出。

四、案例分析

（一）公司成立背景

经过多年快速发展，我国已经成长为全球最大的车险市场之一。2016 年车险改革（商车费改）在全国范围内实施，也是车险行业的转折点。在逐渐放开费率定价权且鼓励产品创新的政策下，车险产品必然会发生差异化的转变，从而获得更强的市场竞争力。与此同时，汽车电商直销、电动车的蓬勃发展、共享经济下"快车""专车""顺风车"的出现，也必将对车险的产品设计、渠道改革、购买场景有着长远的影响。在此大环境的推动下，汽车保险行业将进入一个更加市场化、亟须创新力的新阶段。

互联网正深刻影响和改变着我们的生活，资本与互联网巨头的触角深入到互联网，又有超万亿级别增长潜力的汽车保险行业。据第三方机构预测，2018 年车险总保费将突破万亿市场规模。中国巨大的汽车保有量、移动互联网的飞速发展、汽车保险市场过去相对落后的商业模式，都给了互联网公司巨大的商机。

车险行业虽有 6 000 亿元的巨大市场，但由于缺乏健康、良性的循环，超过 30% 的行业利润被中介环节侵蚀。传统车险产品同质化，保单获取成本高昂，不管是购买渠道、理赔服务都已经不能满足现在消费者的需求。

随着消费升级新场景的涌现和共享经济平台型企业的兴起，需要打破按年度、绑定个人的购买保险的传统，创造出基于消费交易的、更高频次（如单次、单天）的保险产品。在欧美等国，根据用户行为定制保险已成为潮流趋势。美国保险公司有更灵活的市场定价权。美国保险公司费率定价遵循的原则有三个："从车""从人""从用"。分别代表保险公司按照车辆本身、驾驶员的驾驶行为习惯、汽车的用途及实际使用情况来制定合理费率。

"在全球范围内，创新车险产品已经出现，在获客方式、数据挖掘和风险分级等方面正在对传统车险发起挑战。国内也急需这样的产品，通过互联网透明、安全、便捷的方式，让老百姓得到实惠，让保险公司得到应有的利益，实现行业的良性循环"，这就是深圳易秒通网络科技有限公司研发"动了保"平台的初衷。

（二）与传统车险的比较

1. 差异化吸引用户

在传统保险中，保险公司只有车辆的车型等信息，根据大数法则，制定保险定价模型。在这个定价模型中，用户的行为起不到明显作用，不同用车行为的用户也得不到差异性的定价，目前只能和车型以及发生事故的次数相关联。而在"动了保"，用户的日保费是根据用户的开车天数在变化的，用车越多，日保费越便宜，用车少的，日保费虽然略高，但是在总体支出上用得越少，花费越少。

2. 互联网识别技术降低保费

传统的车险定价模型对所有人开车多少天数，都定价一样。有的车主因为尾号限行、经常出差等原因，一年也开不了多少次车，但是他的保险费用却不能依自身情况而缴纳，这显然是不合理的。如果缺乏识别用户行为的技术手段，也就无法进行差异化的风险识别。然而"动了保"通过互联网技术消除了很多不合理的费用，从而让用户分享到新产品带来的好处，然后用动态的方式去调节平衡。用户根据实际用车习惯来支付相应的保险费用，用最少的支出去获得足够的风险保障，通过"动了保"APP客户端即可按需进行车险消费，再也不用花冤枉钱。

3. 销售简易、低成本化

不论是通过电话销售、还是代理人销售，传统保险公司都需要负担巨大的销售成本。据悉，在车险行业中，传统的代理人制度，销售渠道的层层佣金，让一张保单的销售成本接近40%。而这些成本最后无一不是转接到消费者身上。而互联网车险对接大量传统保险公司的既有产品，革新行业中的渠道冗余，给消费者最直接的优惠，同时也降低了保险公司成本。

4. 购买场景化、高频化、碎片化

在购买场景中，用户根据自己的用车频率、出行习惯购买车险，将传统车险切割为各种个性化场景去满足不同消费者的个性化需求，实现车险产品在用车场景中的完美匹配。在购买方式上，"动了保"让车险不再是"一年一买、一买一年"，而是开哪天保哪天，用户的时间被切割得更细小，实现了用户购买交互上的高频化，增加了用户黏度。在产品形态上，"动了保"让车险保障单位精确到天，实现保障期限的碎片化，降低购买门槛，用更多"小而美"的产品去满足用户的不同需求。

（三）发展局限性

1. 产品单一，对象受限

新公司产品单一，主要集中在车险和其相关服务。此外，虽然网络营销渠道的覆盖面很广，但是亦有部分群体无法顾及，如部分农村区域、老年群体、不便于使用网络的群体等，这些也需要传统渠道做补充。

2. 网络安全问题影响销售

网上支付的安全性、客户信息的保密性等都要求保险公司加强对网络平台的投入和维护，而这些也是保险客户最担忧的问题，往往会导致客户望而却步。

3. 保险营销网络环境尚未完善

政府管理部门应该积极完善发展保险电子商务的有关政策、法规，加快电子商务相关的电子合同、买卖双方身份认证、电子支付、安全保障等法律的建设和完善。

（四）未来发展方向

1. 服务创新

从产品内容上看，"动了保"在未来应趋向于发展成为汽车风险管理服务方案供应商，拓展风险管理的内涵和外延。从费率厘定上看，可以借助于大数据，提高风险定价、营销成本定价的科学性。从系统角度上看，可以整合供应链，建立基于核心保险业务的生态系统。例如，可以基于移动互联平台，建立汽车消费的生态圈，提供包括车辆风险管理、保养维修使用的电商平台、使用交易资讯服务等。

2. 流程创新

在单证管理、投保、理赔等方面，利用大数据极大地提高业务操作效率、提升客

户体验。例如，通过对客户数据、单证及其处理流程的优化，对自动核保规则的优化，对网页流程的优化，来减少客户的输入数据量，提高单证录入、核保的效率，提高签单率。客户报案时，电话报案者不需要依据其提供保单号，系统就可依据客户投保时的声纹识别客户；对于手机 APP 拍照报案者，系统可根据识别车牌号识别客户，为客户提供更为便捷的服务。

3. 风险管理创新

根据客户或保险标的的信息，为客户提供更好的风险管理服务。"动了保"可以通过物联网更加实时、准确地获得客户的风险信息，如驾驶人的健康信息，驾驶行为信息，车辆、道路状态信息，承保设备的状态信息，为客户提供各类风险管理服务，实现风险减量管理。如通过移动设备或穿戴式设备腕带、眼镜等，监测到客户发生碰撞，主动呼出提供救援服务；也可根据客户地理位置提供灾害风险预警及防灾减灾信息。从保险公司内部的风险管理来看，可以通过大数据加强对业务风险的管理，提升反欺诈技术。譬如，通过对事故地点、事故车辆照片的数据挖掘，保险公司可以提取车险骗赔案件的特征，完善理赔流程和审核规则，不仅可以有效防范、减少风险，而且能够提高效率，改善低风险客户的理赔体验。

4. 经营管理创新

除了坚持技术创新，加强数据挖掘、开发人工智能技术以外，为应对移动互联和大数据时代的挑战，企业内部还需要优化资源配置、成本核算等机制。同时，企业内部要简化手续和不必要的成本，譬如，允许传统上需要见面的交易行为通过视频等形式进行，允许跨区域业务，认可多样化单证形式，等等。

五、总结

目前"动了保"已经与人保财险、太平洋财险、国寿财险、华安保险、富德财险等财险公司签订战略协议，建立了合作关系，现已开放深圳地区体验，正在开拓全国市场。强强联手、共同深耕车险服务，率先布局车险平台新生态，"动了保"势必领跑整个行业快速向前。未来"动了保"将凭借自身独有的资源优势，进一步发挥公司的大数据分析和服务创新实力，将物联网大数据创造出更大的可见价值。

保险作为一种较为复杂晦涩难懂的金融产品，由于其条款多变，普通消费者难以认知熟悉。而大量的同质竞争让目前市场上 80%以上的保险公司车险业务均处于亏损状态，高昂的渠道费用以及高昂的赔付费用，让车险成为一项难盈利的保险业务。而在用户端，车险也总给人以保费高、服务差的印象。

互联网保险应站在场景和用户需求的角度设计产品，在用户保险消费习惯还未完全形成的今天，以简单化、场景化来让用户主动接近保险，以产品思路创新来为当下互联网保险领域的探索指引新的方向。

其中，车险与人们生活密切相关，也是人们最为关注的保险产品之一。创新产品形式和服务能为新一代数字化、年轻化消费群体提供更多元化的产品选择、更便捷的交互界面以及更佳的保险服务体验。

此外，未来保险的牌照也会越来越多，这意味着保险公司或者其他行业的公司都会参与到这里面。这样会逐渐造成保险行业的集中度下降。因此，互联网保险就需要在保险产品的个性化和定制化、代理人的提升、理赔和服务的升级等方面进行优化。

"创新科技改变生活"，同样，创新科技将重构保险行业。"动了保"的碎片化车险理念正在一点点颠覆人们对保险的概念和体验，并改变着人们对保险的态度。在此，我们期待其进一步促进实现车险行业的"互联网+"新时代。

六、思考题

（1）"动了保"应如何发挥其产品差异化优势，扩大销售渠道？

（2）"动了保"以及同类型企业创新的发展前景如何？

案例 5-2　太平洋保险：客服与商城同步的综合型微信平台

一、开篇

为了有效拉近与客户的距离，为客户提供更流畅便捷的保险服务体验，2013 年 12 月 5 日，"太平洋保险 e 服务"微信服务号正式推出。2014 年 1 月 13 日，"太平洋保险 e 服务"与腾讯签约，推出微信支付功能的微信服务平台，颠覆了传统的营销模式，成为覆盖服务与营销功能的移动端公共服务平台。消费者可以享受到轻松便捷的自助销售服务，包括车险、家财险、旅意险等各类险种，他们可以根据自身的购买需求，利用在线商城客户服务功能的整合优化，通过在线客服、保险顾问、人工报价、线上预约、微信支付购买（采用"公众号支付""扫码支付"等最新支付方式）等多种形式快速便捷地购买保险产品。

同时，"太平洋保险 e 服务"致力于打造一个真正的"保险服务管家"，目前已经实现了保单查询、理赔进度查询、"微小二"人工客户服务、精准理赔服务、"微关怀"保险理念宣传等功能。经试验，服务号可实现 10 秒内即时人工回复。在车险理赔中，太平洋保险提供了精准便捷的微信理赔服务，客户可用微信上传事故现场照片，十几分钟就可完成报案及定损，效率相对于传统的车险有了大大的提升。2014 年 5 月，太平洋保险通过微信完成首例赔案，客户仅在 4 个工作日后就拿到了理赔金。

二、背景介绍

（一）互联网保险快速发展

近年来，随着信息化时代的到来，"互联网+"战略实践已逐渐深化，网络技术的提高和大数据时代的应用使得保险业的思维、管理及销售发生了变革，并且促进了商业模式的改革与创新。互联网与保险的融合趋势越加明显：第一，保险公司使用互联网工具来宣传产品、吸引客户和扩大销售，从而降低成本，进行分销系统的商业模式创新；第二，互联网公司利用保险公司来完善其平台信用体系，丰富服务内容，提高互联网公司的吸引力。根据《2016 互联网保险行业研究报告》显示，2011—2015 年中国互联网保险保费规模从 32 亿元增长至 2 223 亿元，互联网渠道保费规模提升了 69 倍。开展互联网业务的保险公司也从寥寥无几到现在的 110 家。其中，平安集团联合腾讯、阿里巴巴组建了国内首家专注于互联网保险额的创新型保险公司——众安在线财产保险股份有限公司，专做互联网保险生意，集生产、销售、服务于一体，颠覆了保险业传统的经营模式。互联网保险的快速发展推动新的资本不断进入保险行业，面对互联网保险公司的不同业务模式，消费者可以迅速便捷地比较不同的产品形态、个性化定价能力以及服务水平，从而选择最适合自己的保险产品。

（二）微信在保险中的应用增长

随着互联网对人们生活的渗透，社交平台在我们的生活中扮演着越来越重要的角色。"微信"有着便利、互动、随时等特点，在传播的针对性上有着更大的优势，成为了用户数量最多且用户活跃度最高的一种网络社交载体。尤其是启动微信支付功能以来，微信与不同领域、不同行业的合作逐渐增加，特别是与互联网金融的合作，是金融领域改革与创新的一个重大转折点。

在"大数据""云计算"时代，保险公司迎潮流而上，采纳和利用了互联网的新思维，打造微信公众服务号。这种公众服务号依托于微信公众平台提供的服务功能、管理方法及营销模式等，在保险业务中起到了传统的营销所无法产生或替代的作用。微信公众平台拥有着庞大的群体、独有的社交化营销和多样的服务功能，颠覆了传统的营销理念，把保险业的发展推向了新的时代。

（三）保险行业亟须转变

据不完全统计，从财险市场来看，存在着严重的产品结构不合理现象：车险占比超过 70%，非车险占比不到 30%，家财险、责任险、货运险等业务发展不充分。随着汽车保有量逐渐趋于饱和，单靠车险业务维持保险公司的发展已不可持续，开发新险种成为一种必然。保险行业亟须开拓除车险以外的业务，寻求平衡、稳定的发展。据相关资料显示，中国保险市场的传统营销渠道已趋饱和，业务增长逐渐缓慢。电话推销、上门推销、骗购等恶性竞争行为无疑给客户造成了负面影响。在这样的大环境下，保险公司要想在日趋激烈的市场竞争中博得一席之地，无论是从内因还是外因，只有实现转型升级，才能提高业务增长。

三、相关理论知识

（一）网络营销理论

1. 定义

网络营销就是以互联网为基础，利用数字化的信息和网络媒体的交互性来辅助营销目标实现的一种新型的市场营销方式，是基于互联网、移动互联网平台，利用信息技术与软件工程，满足商家与客户之间交换概念、交易产品、提供服务的过程，通过在线活动的宣传，以达到一定营销目的的新型营销活动。网络营销颠覆了传统的营销模式，其营销范围突破了原来按照商品销售范围和消费者群体、地理位置和消费层次划界的营销模式，在网络环境下，信息的传播发生了从单向到双向、从推到拉、从分离的传播方式到多媒体传播方式的变化。

2. 网络营销与传统营销的比较

与传统营销相比，网络营销有着更广阔的营销渠道，更多样的营销方式，具有"信息"直达客户、"服务"直达客户和"产品"直达客户的特点。网络营销还具有极强的主动性，有着成本优势、服务优势、速度优势、市场定位优势以及客户资源优势。企业可以及时发布信息，为顾客提供服务，大大降低了其成本费用，加快了交易的进程，实现了经济效益增值。网络营销与传统营销的区别主要表现在以下几个方面：

（1）目标市场不同。传统市场营销的目标市场是针对某一特定的消费群体，网络营销的目标市场则更多的是个性需求者。企业从每一个消费者身上寻找商机，通过了解不同消费者的不同需求，并针对每一类特定的消费者制定相应的营销策略，为其提供个性化的产品与服务。近年来，随着互联网保险的发展，很多保险公司在自己的网站上推出了既优惠又实际的保险，比如泰康在线推出的短期旅游保险，主要针对爱好短期旅行的游客。

（2）营销策略不同。传统的市场营销策略是 4P 组合，即产品（Product）、价格（Price）、渠道（Place）和促销（Promotion）。网络营销是在虚拟的网络环境下开展，顾客只能通过网络了解产品信息，无法直观感觉和试用，因此在营销策略上，企业必须根据虚拟环境要求，设计产品及产品展示，详细制定相应的产品信息，以满足客户的需求。

（二）微信公众平台营销理论

1. 发展历程

2012 年腾讯推出微信公众平台，后来衍生为订阅号、公众号和企业号三种类型；2014 年 8 月，微信正式开通模板消息功能，服务号只要开通微信支付功能，即可使用模板消息提供定制化推送服务，例如保险公司的微信公众号可以推送积分活动，提升了公众平台的强大服务功能；2014 年 9 月 18 日，微信企业号正式开通，包含定制服务、在线客服、消息保密等新功能，以低成本实现高质量的营销应用，推动了网络营销的发展。

2. 微信公众平台营销策略

企业通过入驻自己的微信公众平台，将自身的服务、营销功能通过平台与微信连接，大大降低了成本费用的同时，又提升了企业的服务口碑，颠覆了传统的营销模式。同时微信提供订阅号、服务号、企业号三大不同类型的账号，其中企业号主要面向企业内部，服务号和订阅号则面向客户，满足企业为不同客户提供不同服务功能的需求。微信公众平台对于企业的应用有着传播推广、营销渠道、客户服务、管理提升等价值，实现了销售引导、品牌宣传、促销活动等功能，将商品信息快速便捷地传递给消费者。微信公众平台的营销策略具有以下特点：

（1）及时、优质的人工客服系统：客服能够与客户多向即时沟通，整合线上、线下资源，在线处理大量业务，提升客户的消费体验，为客户提供随时随地的消费便利。

（2）系统化的客户管理和数据分析功能：微信公众平台是一个天然的客户关系管理系统，每个关注该企业公众号的客户背后都会形成一个数据库，根据分组、资料整合等功能，企业可以实现直接的客户管理。

（3）快速、多向的传播能力：微信平台的互动突破了企业和客户间的双向传播，可以通过留言、论坛、二维码扫描等功能来实现强大的传播功能，使得信息不对称的问题得到一定程度的缓解。

四、案例分析

（一）"太平洋保险 e 服务"微信服务公众号的优势

1. 全方位、全天候服务的智能客服

智能客服不仅可以做一个消费指导、业务介绍、活动咨询的"顾问"，还可以像门店业务人员一样，协助客户办理业务咨询、理赔相关业务查询、其他服务等。即使客户提出的问题很模糊或者仅仅是一两个词汇，它也能给出智能提示和相关知识点链接，让客户收获满意又温馨的客服服务。而且，智能客服实现一对多 7×24 小时自动化服务，无论白天还是黑夜，无论工作日还是周末，智能客服可以随时随地帮客户解答疑问。当客户一输入其要咨询的问题时，客服立即智能解答，高效快捷，省时省心省力。

2. 便捷的支付方式

"太平洋保险 e 服务"是保险行业内首家推出微信支付功能的微信服务平台，颠覆了传统的付款方式，支持扫码支付、微信公众号支付和 APP 支付在内的多种在线支付功能。首先，通过支持采用"公众号支付""扫码支付"等最新的付款方式，实现保险产品的在线自助购买。其次，微信支付帮助客户摆脱了繁琐的银行卡信息输入过程，客户只需要在微信中添加银行卡并完成身份认证，即可享受终身在线购买，无须手续费。"太平洋保险 e 服务"服务号的诞生令保险消费的过程一气呵成，成为保险业一种前所未有的创新体验，以更便捷的支付方式为客户提供最佳体验。

3. 保险企业运营成本大大降低

（1）降低宣传成本。在当今如此激烈的市场竞争下，保险公司为了吸引客户，必须每年投入巨大的广告费用。但是有了"太平洋保险 e 服务"微信公众平台，保险公司充分利用网络的传播力量，仅需极低的认证费用就可以在 6.5 亿微信用户中进行推广与宣传。

（2）降低咨询及理赔服务成本。"太平洋保险 e 服务"微信公众平台通过设置关键词回复功能和自定义菜单功能，对客户提出的一般性问题进行解答，如产品介绍与业务询价等，大大地降低了线下服务成本。此外，"太平洋保险 e 服务"通过在线理赔，减少了现场查勘次数，提高了理赔效率，降低了出险成本。

（3）降低通信成本。"太平洋保险 e 服务"微信公众平台通过模板消息功能，可以完全零费用地将理赔进度、理赔结果、缴纳保费等通知快速地发送至客户，无须任何通信费用。

4. 全面提升理赔效率

"太平洋保险 e 服务"微信公众平台推出了"车管家"服务，免去客户的理赔奔波之苦，大大简化了理赔流程，颠覆了传统的理赔模式。"车管家"有着查理赔、保费试算、查违章、酒后代驾等服务功能，满足客户在服务时效和服务质量上的需求。其中，对于"金钥匙服务"，客户只需将事故车钥匙交给太平洋产险工作人员，对于后续的事故协助、定损送修、委托赔付等一系列事项均由保险公司负责代办，大大省去了客户理赔奔波之苦。

(二)"太平洋保险e服务"微信服务公众号的局限性

新事物的发展过程不可能一帆风顺，总会有些曲折，"太平洋保险e服务"微信公众平台也是如此。目前与其他保险公司的网络营销相比较，"太平洋保险e服务"微信公众平台以其优越的服务功能处于相对优势地位，但是，其运营模式尚未完善，存在着一定局限性。

1. 系统安全性

网络安全与互联网保险的发展息息相关，整个网络系统的安全性问题是保险业务发展的重要前提，任何不可靠、不安全的问题都有可能造成信息的失真甚至是丢失。网络信息的真实性、网上支付的安全性以及客户信息的保密性都需要保险公司加强对网络系统的维护。但近年来不法分子却利用网络系统的疏漏，造成了多起"骗保"事件以及客户信息的泄露，因而系统安全性问题一直是保险网络营销面临的一大难题。

2. 业务局限性

"太平洋保险e服务"微信公众平台所推出的业务主要集中在汽车保险、旅游保险、意外保险、健康保险、家庭财产保险等小型业务，尚未涉及企业保险、养老保险、货物运输保险、万能保险等复杂而大型的业务，产品单一，供消费者选择的余地有限。另外，很显然对于部分农村地区、老年人等不便于使用网络的群体，微信公众平台无法顾及，还是需要做线下交流的工作。除此之外，利用微信公众平台在线投保的核保环节也会导致业务的局限性。由于保险网络营销具有虚拟性的特点，保险公司很难对投保人的真实情况进行了解，进而不能准确判断投保人给出的相关信息是否准确，因此大大提升了骗保的可能性。为防止骗保的出现，保险公司只能在微信公众平台提供少部分险种，严重阻碍了保险网络营销的发展。

3. 法律完善性

我国虽然已经颁布了一些关于互联网的法律法规，但由于网络信息的迅猛发展，仍旧存在一定的滞后性，严重阻碍了保险网络营销的发展。第一，"新国十条"的出台明确提出支持保险公司运用网络技术促进保险的模式创新，保险业务量也在此背景下迅速增长，但互联网保险运行的法律风险并没有降低，还带来了互联网所具有的虚拟性、涉众性、跨域性等属性，传统风险与网络风险叠加，必然会带来一系列的法律问题。中国保监会于2015年7月公布了首个针对互联网保险的监管文件《互联网保险业务监管暂行办法》，对互联网的参与主体、信息披露、服务管理等问题做了相关规定，在一定程度上填补了我国对于互联网保险法律监管的空白，但细读起来却发现该办法过于宽泛且缺乏可操作性，并没有详细地对互联网保险进行规范和约束。第二，依照我国现行《保险法》的规定，保险合同签订或变更，必须由投保人或被保险人或监护人的亲笔签名确认才能生效，不得由他人代签。很显然，这一规定虽然可以维护保险市场的秩序，却无法适应互联网保险业务发展的需要。2005 年 4 月 1 日起正式实施《中华人民共和国电子签名法》（以下简称《电子签名法》），标志着我国首部"真正意义上的信息化法律"的建立，但是《电子签名法》对电子合同的合法性只是做了粗略性的规定，缺乏详细的内容，而且仅仅依靠一部法律是远远不足的，电子保险业务的发展需要其他配套的法律法规。因此，保险网络营销的法律环境不能满足目前网络营销渠道的需求。

（三）"太平洋保险 e 服务"微信服务公众号发展所需要的条件

1. 创新保险产品，提升服务水平

保险公司尽可能地站在客户的角度，利用网络的传播性和开放性，深度挖掘客户的需求，研发适合于网络销售又吸引客户的创新型产品，并对产品进行多样化组合以满足客户的多元化消费需求，取得更高的市场份额。传统的保险营销大多都以产品为中心，而网络营销的交互性特征使保险网络营销实现真正从客户出发，一切以客户为中心，将客户的需求与产品的基本要求视为一体。微信服务公众平台"太平洋保险 e 服务"实现 7×24 小时自动化人工客服，时刻解决客户的需求，实现以客户至上的全方位服务。

2. 建设安全网络环境

网络安全与互联网保险的发展息息相关。一方面，网络为互联网保险发展提供了更便捷准确的数据来源，促进了互联网保险的发展；另一方面，由于互联网的开放性特征，很有可能造成客户信息的泄露，他人窃取系统人员的账户和密码对信息系统进行非法访问等问题。建设网络安全环境，要从信息系统可靠性、身份认证准确性、信息传输保密性三个方面进行改善。

（1）信息系统的可靠性主要表现在加强对信息系统的保护和防御，防止因为漏洞或病毒导致客户信息的泄露等问题。

（2）网络的虚拟性降低了保险双方当事人的真实性，所以对投保人而言，确认保险公司的真实合法可防止不法分子的诈骗行为；对保险公司而言，准确认证投保人的身份可有效避免骗保等故意行为。

（3）网络保险营销意味着交易过程中的信息直接代表着投保人个人和保险公司的商业机密，所以维护商业机密显得极其重要。

3. 培养诚信意识

保险四大原则之一是最大诚信原则，指保险合同当事人订立合同及在合同有效期内，应依法向对方提供足以影响对方做出订约与履约决定的全部实质性重要事实，同时信守合同订立的约定与承诺。在保险网络营销中，传统风险与网络风险的叠加，使得保险双方当事人的诚信度大大降低。因此，培养诚信的保险意识在保险网络营销的发展过程中显得尤为重要。如果客户缺乏诚信意识，将导致大量骗保事件的发生；如果保险公司缺乏诚信意识，故意误导客户消费，将大大损害保险公司的名声。

（四）保险业与互联网的合作与发展

1. 互联网保险的发展推动保险业的前进

中国保险行业协会发布的数据显示，2013—2015 年中国互联网保险保费规模从 291 亿元增长至 2 234 亿元，互联网渠道保费规模提升了 7 倍多。开展互联网业务的保险公司也从寥寥无几到 110 家，像众安在线保险公司、人人公司、车险无忧公司等，他们专做互联网保险生意，集生产、销售、服务于一体，颠覆了保险业传统的经营模式。其中，作为国内首家互联网保险公司的众安保险，截至 2015 年年底，累计服务保单数超过 36. 31 亿，累计服务客户数超过 3. 69 亿。随着互联网保险的快速发展，吸引了大量社会资本的投资和一大批非保险企业的"跨界"，像众安保险一家企业就获得了 9. 34 亿美元的大额投资；百度、高瓴资本、安联保险三方联合成立了百安保险；等等。互联网的快速发展是保险业发展的一个转折点，未来，互联网终将会把保险业推向一个高峰。

2. 借助互联网技术，保险公司经营管理将不断优化改善

互联网技术的快速发展，使得保险公司能够及时掌握保险市场发展新动向、把握消费者的需求、挖掘潜在的消费群体、了解竞争对手的动向等，从而采取适当的经营策略，改善经营管理模式，研发各种创新产品。互联网技术的运用使得保险公司的营销与服务实现网络化和自助化，大幅度降低销售成本与管理成本，提高处理保险业务的效率，提高管理经营水平，提高客户的满意度。

3. 经济转型合作孕育商机

近年来，保险公司与其他领域的合作不断扩展，实现了经济转型与合作。例如，太平洋保险与腾讯携手合作，在猴年春节期间，伴随微信红包活动同步启动"太保'友'你，太保有礼"的主题活动。结合春节红包的特点，太平洋保险将深度挖掘潜在客户作为此次微信红包营销活动的重点。活动期间，除了朋友圈广告、红包照片等品牌曝光机会之外，消费者只要使用微信支付线下付款，即可参与摇现金红包活动。太平洋产险选择了几款简单便捷、客户反馈好并且适合在互联网上销售的保险产品，包括熊孩子险、宠物责任险、航班延误险、超值旅游险、君安行等，以优惠券红包的形式发放，为客户送去最实际最温暖的新年礼物。最终，太平洋保险通过此次微信红包活动获得总曝光量超过 37 亿次，仅除夕当天，太平洋保险通过微信"摇一摇"向 1. 54 亿用户送出了 32. 7 亿次新年问候，共送出红包 2 600 多万个。

从太平洋保险此次与腾讯合作的成功例子看来，实现经济转型与合作是保险公司突破自我、挖掘潜在客户、寻求商机的重要途径。从细分领域保险业来看，未来的竞争将是多元主体参与的市场，互联网公司以及来自金融业的其他公司将不断产生合作，这对于保险公司来说，无疑是实现经济转型与合作的大好时机。

4. 保险产品创新空间、保险市场范围将不断扩大

互联网的快速发展改变了消费者的生活，消费者能够利用互联网随时随地消费和支付，而网络行为中蕴含的风险能够派生出新的保险需求，为保险行业开辟出新市场，

同时也推动保险产品的创新，引导和创造客户需求。随着经济形势的变化和市场的发展，保险公司扩大保险市场范围，为不同行业的消费者提供便捷的产品和服务，进而获得更多的消费者资源和行为数据，形成发展良性循环。

五、总结

微信服务公众号"太平洋保险e服务"秉承太平洋保险在线"为客户提供最佳服务与体验"的理念，以太平洋保险多年来形成的客户关系系统为支撑，致力于提供专业、亲和、温馨的客户服务体验，是太平洋保险首次实现线上营销与服务合二为一的战略转型，体现了"以客户为中心"的价值理念。但保险行业毕竟还是以诚信为基础的金融行业，由于网络虚拟的属性，传统风险与网络风险的叠加，使得互联网保险的诚信面临着威胁，所以保险公司要维护网络信息的安全性和真实性。经营好微信公众平台已成为保险企业促进自身转型增效的一项重要任务。保险公司在客服服务、订阅内容、理赔流程等方面精益求精，才能真正借互联网技术来引领企业跨越式的增长。作为目前最热门的社交信息平台，微信已慢慢转换成商业交易平台，微信公众号保险营销作为一种新型的互联网方式应运而生，其发展前景更是值得期待。

六、思考题

（1）"太平洋保险e服务"如何在众多的网络保险公司中脱颖而出？

（2）"太平洋保险e服务"微信服务公众号如何扩展自己的业务，而不仅仅局限于车保、旅游险等小型业务？

案例5-3 永安保险：解锁微信营销的新玩法

一、开篇

移动互联网时代，互联网保险恰逢其时。对于保险行业，保险产品也要互联网化。微信作为电子营销模式的一种，是当下公司与商家营销部门手中的宠儿，对保险公司而言亦不例外。在这样的趋势下，各大保险公司也在摸索着如何在微信营销中抢占先机。

随着微信6.0时代的到来，永安保险首吃螃蟹，利用微信这个互联网营销渠道，接入微信红包工具，创新性地打造出新时代的微信保险产品，不仅能帮用户将繁琐的索赔等环节全部去掉，而且借此获得了更多的优质目标客户。

二、背景介绍

（一）行业背景

当前，保险公司的微信营销正处于试水阶段，并呈现出快速发展的趋势。特别是"互联网+"时代的到来和微信6.0的出现，越来越多的保险公司针对这个突破6亿用户（案例开发当时的数据，其他数据同理）的微信大平台，进行了营销模式的突破与创新，开启了保险行业的微时代。微信已成为保险公司竞争的一个重要市场。自 2013 年起，以泰康人寿为代表的多家保险公司都入驻了微信平台。据统计，国内已有近 50 家保险公司开通了微信公众平台，经营保险业务。各家保险公司加大微信平台的投入与宣传，努力抢占保险微信市场的先机，与此同时，出现了许多新型的营销手段，如平安保险的微信保险商城、泰康人寿的"春运保险""微互助"、阳光保险的"微关照""爱升级"、人保的微信积分等。随着一系列产品的走红，微信营销越来越受到保险公司的关注。

（二）企业背景

永安保险是一家全国性财产保险公司，主要经营各种财产保险、责任保险、信用保险、农业保险和意外伤害保险等业务。自 1996 年成立以来，企业总资产近百亿元。

2014 年，永安保险副总裁顾勇和他的团队就想推出一款具备互联网基因的保险产品，该产品抓住用户索赔流程复杂的痛点，借力微信，从用户体验出发，结合用户的场景。

三、相关理论知识

（一）微信营销的定义

目前，关于微信营销的定义并没有为学术界和实业界所普遍接受的定义。冯旭艳（2015）对微信营销的定义是：以微信平台为基础的一种新型的营销方式。它基于微信所支持的熟人社交，利用微信用户之间一对一的交流沟通方式和微信的人际信息传播路径，通过多种方式来推广和扩散产品和服务的相关信息，加强与客户关系的建立，推动微信用户的主动传播，进而形成口口相传的口碑效应，以此提升企业品牌、促进产品营销。

（二）微信营销的特点

冯旭艳（2015）对微信营销的优点进行了概括，认为微信营销具有成本低廉、信息到达率高、信息精准性强、便于分享，有利于口碑营销等优势。唐金成、曾斌（2016）指出与其他营销手段相比，微信营销具有高达到率、高曝光率、高接受率、高精准度、高便利性等优点，是互联网时代下对传统营销模式的重大创新。

（三）微信营销的模式

通过查阅微信营销的相关文献发现，目前被该领域学者普遍认同的方式主要有：

1. 社交分享式——开放平台+朋友圈

开放式的微信平台方便企业接入第三方应用，同时还能在附件栏中放入商标（LOGO），当用户遇到有足够吸引力的信息时，就会主动将其转发到朋友圈进行分享和传播。微信中的朋友大多都具有"强关系"，这种分享和传播不仅容易取得其他用户的信任和认可，而且容易达到口口相传的口碑效应。

2. 草根广告式——附近的人

2011年8月，微信新增了基于LBS定位①查看附近的陌生人的交友方式。用户可"查看附近的人"的地理位置、微信名称和签名档等内容。企业可通过此功能，利用可随时修改的微信签名档这一黄金免费广告位，植入相关的企业营销信息，吸引附近的潜在用户。此方法针对性强，定位精准，有利于成功转化隐藏的潜在客户。

3. 互动式营销——微信公众号

公众平台是企业维护客户关系和进行口碑营销的重要桥梁，不但可以向用户推送消息和发起营销活动，而且可以提供用户需要的信息、基本服务和搜集用户的反馈意见。这种更加个性化的沟通交流和更加直接的实时互动体验，有利于企业与用户建立良好的互动关系和树立鲜活的形象。

4. 品牌活动式——漂流瓶

漂流瓶是微信上不定向选择陌生人进行沟通交流的一种互动方式，其操作简单明了，形式多样，可文字、可语音，且基本不要求技术含量，普通用户容易操作使用。它的功能包括"扔一个"和"捡一个"。企业可以通过"扔一个"随机向微信用户发送一段语音或文字来开展营销活动，当用户通过"捡一个"捞到漂流瓶时，就可以和企业进行对话。使用漂流瓶不仅能拓宽营销活动的维度，也有利于获取新的客源。此外，企业可以和微信官方合作，通过调整漂流瓶的参数，来选择或控制营销的范围。比如参数可以选择同城的人。

5. 病毒式营销——抢红包

随着微信功能的不断增加，微信红包由微信好友之间派发拓宽到企业与微信用户之间。由于微信上抢到的红包会显示企业相关信息，分享时也有该企业品牌冠名，因此充分提高了企业品牌的曝光度和辨识度，同时也有效增加了用户黏性和活跃度，拉近了企业与用户的距离。

6. O2O折扣式——扫描二维码

微信独特的二维码扫描添加好友功能是企业强有力的创新营销载体。用户通过扫描企业的二维码参与它的线上线下的活动来参与促销折扣、免费会员卡、礼品赠送等优惠活动。这种突破性的创新精准营销方式，应用了O2O模式，将目标人群瞄准了对该品牌或服务感兴趣的用户，有利于提高线上线下客户的转化率，通过线上营销带动线下营销。

四、案例分析

（一）案例一："雷锋险"

2014年，针对"扶人被讹"和"摔倒不敢扶"这一社会公德问题，微客来团队在

---

① LOCATION BASED SERVICE，简称LBS，一般应用于手机用户。它是基于位置的服务，通过电信、移动运营商的无线电通信网络（如GSM网、CDMA网）或外部定位方式（如GPS）获取移动终端用户的位置信息（地理坐标，或大地坐标），在GIS（GEOGRAPHIC INFORMATION SYSTEM，地理信息系统）平台的支持下，为用户提供相应服务的一种增值业务。

各大校园做了大量的调查之后，永安财险就携手微客来，开发了一款富有人文气息和社会责任感的保险产品："雷锋无忧"微信产品，并设置了"做雷锋、雷锋红包、求力挺、雷锋榜、雷人品、2元扶讹保障"等一系列有趣的游戏和活动。2014年4月23日，永安财险在官方微信公众号上正式推出了该款产品，为"活雷锋"防讹保障，并打出了"我要做雷锋，扶起正能量"的口号，只需要2元，就可以轻松获得1万元防讹保障。该款保险产品旨在通过"微保险"的形式，发挥保险的保障机制，解除社会大众学雷锋、做好事的后顾之忧，"扶"起人心，传递社会正能量，鼓励大家大胆做好事，并通过当前风行的微信营销方式，融入"社交"和"好玩"的元素，为"活雷锋"提供保障。

当然，再好的产品没有营销也会成为废品。为了让该产品更直观化和场景化，在准备推广"雷锋无忧"之前，微客来与永安财险联手拍摄了一段关于扶人被讹的产品微电影——《好人一生永安》，将微信保险产品以场景化形式植入了用户内心。微电影围绕当下现状拍摄，一经上线就在网上引起了轩然大波，当天就上了新浪微博的热门，在网上激起了广泛的讨论。媒体、各大门户网站、朋友圈进行了广泛的报道和转发。2~3个小时后，该产品就增加了上万粉丝，粉丝变现的情景得到了很好的应验。

据了解，永安财险此次在微信上推出的"雷锋无忧"保险产品使用的是永安保险公司的《个人索赔风险责任保险条款》，其实质是一款普通的个人责任保险产品。

永安财险表示，一份"雷锋无忧"基础保费2元，保额1万元，用户可通过扫描微信二维码即可为自己或者亲朋好友购买，保单自初始投保成功之日15天后的零时生效，保险期限为一年。另外，为了增加趣味性，微客来还在"雷锋无忧"版面人性化地设置了雷分享和雷锋榜，用"雷锋无忧"产品影响你身边的朋友，通过分享和互挺来提升自己的人情味儿指数，让社会正能量延续下去。初次投保成功之日开始15天内（增值期），分享至微信朋友圈或发送给指定的微信好友求力挺可提升保额，朋友力挺一次，保额增加5 000元，最高保额可达20万元。通过人情味指数还可以参加测评排名游戏——"雷锋达人星级"，看看哪些朋友关心你，力挺你，测试一下你是闷骚男还是人气王。而且，朋友力挺次数达到38次，将获得五星达人勋章。同时，客户还可通过"雷锋榜"查看力挺排名，让微保险产品的购买过程充满乐趣。

该产品的保险责任是：在保险期间内，被保险人因出于善意帮扶摔倒的第三者，而遭到第三者索赔并因此提起诉讼，经判决仍然应由被保险人承担的经济赔偿责任，永安保险按照合同的约定负责赔偿。相关法律界人士分析表示，"雷锋无忧"微信保险产品设计所依据的，并非通常意义上的过错归责原则，而是我国法律规定的无过错损害赔偿原则，即在行为人不构成侵权，不应承担侵权责任的情形下，受害人的损失按照公平责任由双方分担。另据了解，保险公司在该款产品上采用"地板定价"，商业考虑倒在其次，主要目的是为了通过产品的广泛传播，唤醒爱心，传播正能量，最大程度地履行一份企业的社会责任。

其实，早在2012年，大众保险股份有限公司根据当时的社会情况，设计了一款见义勇为险，即如果有谁搀扶老人后被讹，打官司的费用由保险公司出，如果官司失败，所有的医药费也由保险公司出，总保额是20万。结果由于其采用了传统代理模式，即业务员推广的营销模式，在一年内一单也没卖出去。

到了 2013 年，史带财险投资大众保险，很多业务员纷纷离开大众，其中就有一个业务员把上述产品带到了西安的永安财险公司，永安财险利用了互联网模式进行了推广，这个方案就是兴奋点营销。当时他们把产品改名为雷锋险，在 3 月 5 日销售，让学生纷纷购买，所有学生购买后，可以邀请其他同学、家长、亲友点赞，集一个赞就增加 5 000 的保额，可以连续集 40 个赞，最高 20 万保额，看谁是班里最好的好人，谁是雷锋。没想到这个活动在学校学生中轰动起来，大家相互点赞，相互邀约，在 3 月 5 日一天里销售额达到了 1 000 万元。

这也就是永安财险推出的首款保险业"雷锋无忧"产品的雏形。

（二）案例二：航班延误险

随着飞机这一交通工具的普及，飞机已经成为大多数人出差旅游的重要交通工具，但是要说坐飞机遇上什么情况最闹心，则应首推航班晚点。近年来，因暴雨、大雾、风暴导致的飞机延误或取消时常发生，旅客被困机场，少则一两个小时，多则七八个小时，而对此航空公司大多没有经济赔偿。航班延误险的出现很好地解决了这个问题，如果旅程延误或者取消，甚至行李延误，投保人都可向保险公司索赔。

2015 年，永安保险携手航旅纵横、滴滴打车、微信支付共同推出"微信内闭环体验式航班延误保险"，这款互联网产品因其客户体验满意度高而被市场广泛认可。客户可以通过两种方式购买该产品：一是使用滴滴打车去机场，上车后会收到滴滴推送的航班延误险购买链接。二是关注"延误险"微信公众号，进入页面后点击"买延误险"，查询自己所乘坐班次。选定正确班次后，跳转至购买页面。在公众号内购买飞机延误险，实现了客户在微信内投保，并根据系统显示的航班延误状态自动进行理赔，理赔金额通过微信红包支付。

此款飞机延误险统一价钱为 20 元，无论起飞地和目的地是哪里，不管是什么原因，延误半小时起开始计算赔付，晚点越久就越赚，最高赔付可达 210 元。只要投保人的航班延误达到标准，不用提交任何的材料，微信延误险就会在投保人完成行程后进行赔付，而赔付金额会通过微信红包直接发给投保人。并且，只要航班起飞延误，就会收到系统发送的消息提醒，时时显示延误状态，延误达到半小时，即可立即获得 30 元红包；延误达到 1 小时，再获得 60 元微信红包；延误 2 小时还未起飞，再获得 120 元微信红包，共计 210 元（封顶）。客户可以即时使用该微信红包赔款在机场商铺进行消费。

但是，永安财险微信新推的延误险悄然走俏，热门航班的延误险经常显示"已售罄"。不同于此前延误险随时不限量购买的模式，微信联合永安财险新推的延误险在每个航段有销量限制，需要提早购买。有些热门航线，就算提前一个月都买不到微信里的延误险。

市面上的延误险，比较传统的都是 3~4 小时以上赔付一个较大的金额，比较新颖的是呈阶梯状的赔付，而永安推出的此款飞机延误险是 30 分钟/60 分钟/120 分钟分段赔付。而且，相比以往航班延误险繁杂的索赔流程，永安财险此款微信上的飞机延误险采用全自动理赔，不需要任何理赔材料，系统实时查询发现飞机没有按时起飞，就会自动给用户发微信红包作为赔偿。乘客在飞机起飞前皆可购买延误险,不过只有乘坐当次航班的人才有资质购买。

民航资源网 2015 年发布的统计资料显示,6 月份国内客运航空公司平均航班正常率为 59.82%,同比下降 10.91%。而随着航班延误情况的增加,航班延误险也日渐走俏。携程网相关负责人透露,2015 年携程网航空延误险的销量与 2014 年同比增加了 100% 以上,而到了夏秋台风暴雨高发季节,延误险销量还会进一步增加。

五、总结

2011 年,腾讯公司推出微信。2013 年,微信用户突破 6 亿。在流量入口坐拥如此庞大的数据资源,依靠超前的商业模式和理念,互联网巨头们在进军金融业时,当仁不让地成为传统金融企业的战略竞争者,搅动起一场风起云涌的变局。

在"大数据""云计算""线上整合线下"的热议声中,传统保险企业迎潮流而上,吸收、采纳了互联网企业的部分新思维、新工具。其中,大型保险企业重金打造的微信公众平台颇为引人注目。微信公众平台庞大的受众群体、独有的社交化营销和多样的服务功能,将保险业的营销与服务推向新阶段。做好微信营销,已成为保险企业促进自身转型增效的一项重要任务。

永安保险利用微信成功在产品、战略和商业模式上实现升级,在全行业中堪称经典。对于永安保险来说,微信不仅仅是一个互联网的营销渠道,更是一个与其他行业一起跨界共生的整合平台。微信红包的创新,商业模式的创新,保险产品的创新以及强大的用户体验性,使得永安保险逆袭获好评,永安保险的品牌得到提升。2015 年微信官方出品《微信力量》一书,从连接和入口角度,通过 42 个独家案例,解读微信如何为商业领域企业提供解决方案,永安保险是此书保险行业中的经典案例。

六、思考题

(1)保险公司开展微信营销的模式主要有哪些?
(2)迄今为止,保险公司开展微信营销的成功或经典案例有哪些?
(3)保险微信营销与其他的保险销售渠道相比有哪些差异?
(4)保险公司在进行微信营销时应考虑哪些因素?
(5)保险市场上各大保险公司的飞机延误险有哪些差异?

七、补充阅读

永安财险继续探索

永安财险将热销的"雷锋无忧"产品对社会公益的关注延续到对儿童安全的关爱与呵护,在六一国际儿童节来临之际,永安保险全新升级推出"阿狸守护宝贝无忧"微信保险产品。

2014 年 5 月 26 日开始,家长可以通过微信方式为孩子投保宝贝无忧保险,该保险是针对孩子们活泼、好动、求知欲强的年龄特征,给孩子们提供全面的意外伤害保障。凡年龄在 30 天(并已出院)至 14 周岁之间,身体健康、能正常生活和学习的少年儿童,均可作为关爱计划的被保险人,保险金额最高可达 10 万元。

案例5-4 中华财险：农业保险"互联网+"的实践者和变革者

一、背景介绍

（一）行业背景

我国农业保险尚处在起步发展阶段，保障水平低、保险产品层次单一，亟待建立更加合理科学的农业保障体系。随着农业现代化进程的加快推进，农业生产逐步向适度规模经营转变，行业面临的风险种类日趋复杂、风险敞口日趋加大。尤其是随着农村人口的外移，要解决谁来种地的问题，就必须推广农业机械化。而这一新的变化，又让农民对农业保险的需求越来越大。中央很重视发展政策性农业保险，已经在全国各地区全面起步农业保险。但总体来看，中国政策性农业保险保费收入仅为农业产值的3.2‰，覆盖面积仅占我国耕地面积的1/4，发展模式还不成熟，对农业生产的保障能力相对有限。中国政策性农业保险的基本经营模式还是将业务委托给商业性保险公司，政府给予一定的补贴。这种运作模式仍处于试点阶段，相对比较粗放。再加上中国农村地区幅员辽阔，农业生产情况差异大，政策性农业保险经营模式在发展过程中需要继续完善。政府可以成立非营利性的政策性农业保险公司，统一进行农业保险的产品设计、管理和经营，建立政府主导和管理、市场化经营的政策性农业保险运作模式。

（二）企业背景

中华联合财产保险股份有限公司（以下简称中华财险）始创于1986年7月15日，创立之初，是由国家财政部、农业部专项拨款，新疆生产建设兵团组建，也是我国成立的第二家具有独立法人资格的国有独资保险公司。2002年9月20日，经国务院同意，国家工商局和中国保监会批准，新疆兵团财产保险公司更名为中华联合财产保险公司，它同时也是全国首家以"中华"冠名的全国性综合保险公司。公司的业务经营范围涵盖非寿险业务的各个领域。目前，公司经营的险种已达3 700多个（含附加险），包括机动车辆保险、企业财产保险、家庭财产保险、工程保险、船舶保险、货物运输保险、责任保险、信用保证保险、农业保险以及短期健康保险和意外伤害保险等，涉及社会生产生活的各个方面。经中国保监会审批，公司注册资本金达到146.4亿元，偿付能力充足率达到177%，达到偿付能力充足Ⅱ类公司标准。公司2014年保费收入近350亿元，各项经营指标在行业内名列前茅：市场规模位居国内财险市场第五，承保利润额位居行业第三，农险业务规模位居全国第二。

（三）关键人物背景

据中华财险官网显示，罗海平，中共党员，经济学博士，高级经济师，保险行业风险评估专家。现任公司党委副书记、总经理，中华联合保险控股股份有限公司党委委员、常务副总经理。历任中国人民银行荆州分行科员，中国人保荆州分公司业务科科长，荆襄支公司经理，中国人保湖北省分公司财产险处处长，中国人保湖北省分公司国际部党组书记、总经理，中国人保汉口分公司党委书记、总经理，太平保险有限公司湖北分公司党委书记、总经理，太平保险有限公司副总经理兼董事会秘书，阳光财产保险股份有限公司党委副书记、董事、总经理，阳光保险集团股份有限公司执委。任职以来，严格履行高级管理人员职责，合规意识强，保险从业经验丰富，专业素质高，有较强的保险经营管理能力以及宏观掌控能力，尽职尽责，为公司的全面健康发展发挥了极其重要的作用。

二、相关理论知识

（一）农业保险的相关概念

1. 含义

2012 年《农业保险条例》第二条规定："本条例所称农业保险，是指保险公司根据农业保险合同，对被保险人在农业生产过程中因保险标的遭受约定的自然灾害、意外事故、疫病或者疾病等事故所造成的财产损失承担赔偿保险金责任的保险活动。本条例所称农业，是指种植业、林业、畜牧业和渔业等产业。"

2. 种类

农业保险按农业种类不同分为种植业保险、养殖业保险；按危险性质分为自然灾害损失保险、病虫害损失保险、疾病死亡保险、意外事故损失保险；按保险责任范围不同，可分为基本责任险、综合责任险和一切险；按赔付办法可分为种植业损失险和收获险。

3. 主要险种

中国开办的农业保险主要险种有农产品保险，生猪保险，牲畜保险，奶牛保险，耕牛保险，山羊保险，养鱼保险，养鹿、养鸭、养鸡等保险，对虾、蚌珍珠等保险，家禽综合保险，水稻、油菜、蔬菜保险，稻麦场、森林火灾保险，烤烟种植、西瓜雹灾、香梨收获、小麦冻害、棉花种植、棉田地膜覆盖雹灾等保险，苹果、鸭梨、烤烟保险等。

（二）农业保险发展路上的障碍

1. 难以确定保险金额

第一，农业保险标的是有生命力的动植物，其形态无时无刻不在变化，价值也不断变化，特别是农作物直到成熟前夕，大多数只有理论上的价值，而无与理论价值相一致的实际价值。第二，农产品市场价格变化快、不稳定。农业保险标的具有商品性，其价格受市场供求的影响波动较大，这对确定保险金额也会产生不利影响。

2. 难以测定风险和损失率

我国农业生产具有灾害多、发生频繁，而且不规则的特点。不仅小灾年年有，大灾经常有，而且在各地区之间或同一地区内，发生灾害的种类或损失程度也有很大差异。加之农业灾害具有伴发性等特点，除直接造成损失外，还可能引起其他灾害发生，造成新的连环损失。另外，我国统计制度尚未健全，尤其缺乏系统的农业灾害损失资料，从而加大了测定风险及损失率的难度。

3. 难以确定理赔损失标准

由于承保的各种动植物处于生命活动之中，其本身就很复杂，加之各地自然条件不同，农作物及畜禽品种、农牧渔业生产水平不同，其受害程度差异很大。以上诸因素的相互交织作用，至今尚无统一测评受害者标准和损失程度的指标。

4. 难以快速发展业务

由于农业生产经营者居住分散、交通不便，加上保险标的种类多、保险金额小、收费少，工作量大，为农业保险展业过程中带来很多困难，从而导致农业保险承保质量欠佳，赔付款中水分大，经营管理困难，进而造成业务发展缓慢甚至萎缩或停办。

5. 难以控制逆选择和道德风险

逆选择是指经营状况较差或面临高风险的农业生产经营者，有意隐瞒某种风险和投保动机，积极投保相关保险，而经营状况好、风险较低者则不愿意投保。长此以往就会使高风险业务集中，甚至造成经营亏损。

（三）互联网+农业保险

通俗的说，"互联网+"就是"互联网+各个传统行业"，利用信息通信技术以及互联网平台，将互联网的创新成果深度融合于经济、社会各领域之中，提升全社会的创新力和生产力。

近年来，互联网思维和互联网技术在农业中的应用日益广泛，给农业生产、经营、管理、服务等带来了深刻变革。"互联网+"现代农业取得了可喜成果，为农业农村经济实现"弯道超车"和"跨越发展"提供了新动力。

互联网保险业务，是指保险机构依托互联网和移动通信等技术，通过自营网络平台、第三方网络平台等订立保险合同、提供保险服务的业务。自 2007 年中央财政实施农业保险保费补贴政策以来，我国农业保险服务"三农"能力显著增强。当前的农业生产已经由传统的分散经营逐步向农业规模化生产和企业化经营转变。农村互联网保险的发展作为一个新的增长点，能让农民真正享受到互联网金融带来的便利。

三、案例分析

（一）农业保险传统模式下的查勘与理赔

2008 年年初，我国南方地区出现了历史罕见的大范围、持续低温雨雪冰冻天气，对南方的农业生产、农村经济和农民生活造成十分严重的损害，涉及大部分冬季种植业和部分养殖业，尤其对经济价值较高的经济作物、设施农业、蔬菜造成了巨大的损失，阻碍了部分地区农业支柱产业的产业链正常运转。而原先许多隐性的受灾症状，正随着天气的回暖逐渐显露出来，灾害造成的后续影响还在继续。另一方面，灾害造成的林业损毁十分严重，植被生态需要经过很长时间才恢复。大雪灾后，受灾地区需要做好灾后重建工作和查勘定损工作。

各地保险公司采取了绿色通道，立即带队奔赴灾区查勘定损。但在此次雪灾中，理赔最多的案件是车险事故，农业保险却少之又少。作为国际上灾害损失补偿重要机制的保险，其功能并未充分彰显出来。在雪灾情形几近相似的异国他乡，1998年的北美雪灾有30%的经济损失得到保险补偿，2006年的中欧雪灾有50%的经济损失获得保险赔付，而目前中国的这一比例仅为1%。

在雪灾的考验中，中国的保险业暴露出诸多不足。面对灾害，中国保险的覆盖面还比较低，同时缺乏好的保险产品。当时农险查勘还靠查勘员走村入户，实地量测，作业效率极低不说，精准度也得不到政府和农户的认可。

(二) 互联网+农业保险助力快速查勘理赔

1. 创新种植险查勘定损新技术——"互联网+3S技术"

2012年至今，中华财险与国家农业信息中心共同成立了"农业保险地理信息技术联合实验室"，合作建立了以互联网运用、卫星遥感、无人机航拍及手持移动设备共同组成"天、空、地"一体化、多维度、立体式查勘定损的种植险应用体系。

(1) 天：广泛运用卫星遥感检测技术。5年来，卫星遥感监测已用于中华财险承保作物的种植面积提取、冬小麦长势监测、春季森林火灾损失评估以及夏季玉米干旱严重程度评估中，属于成熟技术。通过卫星遥感进行大面积大范围宏观监测，仅2015年，该系统启动卫星遥感应用40余次，覆盖河南、河北、山东等12个省市区，完成对作物长势、作物灾情的检测与评估。

(2) 空：探索运用无人机航拍技术。通过对卫星遥感和无人机技术进行深入分析和跟踪比较，明确了以卫星遥感为主，以无人机为补充的发展方向。在紧急灾害发生的关键时期，当卫星影像资源来源受限以及分辨率不高或卫星不能及时到位时，无人机飞行获取分辨率在0.1~0.8米左右的高清影像，当即对损失情况进行直观判断，航片拼接分析后，可以作为抽样数据结合卫星遥感对灾情总体情况做出科学验证结果。比如在2015年夏季河北和辽宁的旱灾查勘中，该系统共使用无人机航拍44架次，精准取样2.93万平方米。无人机每分钟查勘3.33万平方米，是以前人工查勘时效的10倍。

(3) 地：自主研发手持终端应用。根据"服务到户"的实际需求，中华财险解决了验标/查勘设备过于单一、缺少集成的现状，研发出了手持终端设备和3G移动"E键通"系统，快速采集、管理承保理赔资料，可以实现对查勘标的系统时间、空间地理、现场查勘人员及案件号码的唯一性锁定，同时通过前后端的实时监控，能有效控制道德风险，提高业务管控质量。该系统应用以来，大大缩减了工作环节，提高了工作效率，最短1个小时内就可完成报案、查勘、立案到结案和赔款支付工作，为2015年北方大面积旱灾的精准快速定损提供重要依据。

2. 开创养殖险理赔服务新模式——"互联网+4G运用"

养殖险"农险通"系统包括：

(1) 前：移动前端。在技术运用上实现移动数据采集功能及时指定至前端操作人员，实现信息数据移动互联和即时监控。

(2) 中：中心端系统。在管理模式上实现前端分散采集和中心端集中管理相结合模式，通过有效利用和集成互联网科技，有效解决当前养殖险服务效率、服务质量和数据真实性管理中存在的难题和问题。

（3）后：业务系统。在系统联系上实现与业余系统无缝对接，实行数据信息资料移动传输和处理，提高工作质量和效率，节约人力成本，建立养殖险"前中后"一体化理赔服务模式，引领行业农险管理和服务的技术变革。

2013年以来，中华财险以与中国农业科学院共同成立的"农业风险管理与农业保险创新联合研究中心"为依托，探索利用移动互联网、3S技术、云计算等技术手段，成功打造了养殖险"农险通"系统。该系统由移动前端和中心端系统组成，通过有效利用和集成互联网科技，有效解决当前养殖险服务效率、服务质量和数据真实性管理中存在的难题和问题。

3. 改革农村保险的综合服务平台——"互联网+农户"

结合线上+线下模式：

（1）线下："星火工程"。最近几年，中华财险一直致力于推进农业基层服务网点建设工作——"星火工程"，将农险服务延伸至镇、村。截至目前，中华财险已经建设完成了4 669个乡镇服务站，65 591个村级服务点，通过农网建设，为公司在服务农户上真正打破"最后一米线"，让农户在家门口就能享受到便捷的承保理赔服务。

（2）线上：农网综合平台。中华财险利用互联网技术，通过O2O模式为广大农户提供保险服务，改革互联网保险平台。围绕农网这一服务平台，中华财险以农户为中心，整合经营价值链条，拓宽综合服务领域，将网点整合成为保险宣传、保险学习、保险咨询、保险服务的一个综合平台，并依托平台开展各类农村商业性保险业务，全面激活三农保险基层服务体系的销售能力，致力打造"互联网+农业保险"新模式，探索金融保险支农惠农、服务"三农"的新路径。

4. 研发符合当地需求或特色的新产品——"农业保险+期货/期权"

2015年以来，中华财险共计研发报备各类创新型指数产品25个，包括生猪价格指数保险、蔬菜价格指数保险、四川柠檬目标价格指数保险、山东牛奶目标价格保险、河南猪肉目标价格保险、天气指数保险等产品，实现较大突破。中华财险因地制宜，量身定做，创新产品开发模式。在价格指数保险的基础上，保险公司还探索了"保险+期货/期权"的模式。以糖料蔗价格指数保险为例，当糖价上涨时，中华财险赔付蔗农，补偿其收入；当糖价下跌时，保险公司补偿糖企，使其收回生产成本。而为了分散风险，中华财险通常会购买该承包品种的看跌期权以对冲风险。

5. 发挥保险社会治理功能——"绿色济源模式"

近年来，"黄浦江漂流死猪""高安病死猪肉"事件等发生后，引起了社会和政府的高度关注，传统的处理方法已广受质疑，病死畜禽的处理问题已经危害食品安全和生态环境。如何在社会综合治理管理中发挥保险业的作用？中华财险开展了养殖险的"济源模式"，探索建立了"清查登记三签字、投保处理两集中，死亡查勘两到场、保险理赔一卡通""3221"承保理赔无害化处理工作机制，通过与当地畜牧部门合作，建立行政管理与保险服务联动机制，促进养殖保险稳步发展，并使保险成为防疫及无害化处理工作的有力抓手，使病死猪无害化处理率达到100%，为服务生猪产业健康发展和促进食品安全发挥了积极作用，并大大促进了养殖业持续健康发展。

四、总结

（一）传统的农业保险有承保难、定损难、理赔难、区划难等问题

农业保险的核心就是理赔。目前，参保易、理赔难的现象是存在的，其根源在于损失核定缺乏标准。我省农业保险起步较早、覆盖较广，但目前农业保险服务体系基本处于空白，中介组织培育也尚未启动，理赔认定还不够科学。前几年风调雨顺，粮食生产连年丰产丰收，基本不存在保险理赔问题，而一旦部分地区夏粮减产、质量下降，理赔认定问题就凸现了，而这正是规范农业保险赔付的好时机。"在保险公司和农民出现较多争议时，如何让理赔公平公正，关系到农业保险业务可否持续、能否健康发展。"

实现农业保险从粗放的经验化管理向精准的量化管理转型，能够基本解决农业保险经营过程中的"承保难、定损难、理赔难和区划难"，取得了阶段性成果。

（二）互联网+农业保险解决了承保难、定损难、理赔难、区划难等问题

互联网技术包括：卫星遥感、无人机、手机终端应用、保险综合网络平台、"养殖通"系统、"掌中宝"等。

（1）政府：大力发展农业经济。自 2007 年起，政府便开始大力扶持农业保险。农业保险是加快推进农业现代化的重要支撑，对农业连年增产、农民持续增收发挥了重要的"稳定器"作用。"十三五"规划更是将农业保险作为关键词提及多次，农业保险的发展前景可期。

（2）商业保险公司：开拓农业保险市场，积极发展业务。农业风险集中，农户分散，挨家挨户做工作、收取保费显然不现实，因此，部分保险公司仍是抓大放小，抓大户、抓农场主、抓公社。而针对其他农户，互联网保险的优势可以凸显，利用移动互联网和新技术的结合，实现投保、定损、赔付流程的线上操作。

（3）农民：更简捷投保、更快捷的理赔服务、分散更多农业风险，能够让农险市场需求迅速增加。除了政策推动，农业保险市场逐渐快速增长的重要因素是市场需求。随着农业产业的机械化、信息化、规模化，虽然还在少数，但部分农民对农业保险的意识逐渐增强，懂得利用保险来控制风险。历史数据也可看出这一趋势，2007 年到 2015 年，农业保险保费收入从 51 亿元增加到 374.7 亿元，年平均增长率为 24.8%。到 2015 年，参保农户约为 2.3 亿户次，提供风险保障近 2 万亿元。

五、思考题

（1）互联网+农业保险的发展会产生哪些问题？

（2）商业保险公司如何应对巨灾产生的农业风险？

（3）如何既保本微利经营，又可以提高农民投保的积极性？

六、补充阅读

农险触"网"普遍推行

2015 年 2 月，中华联合财险董事长罗海平宣称将农村互联网保险确立为新增长点，并已完成 65 591 个村级服务点。

2015 年 6 月，安华农业保险内蒙古分公司与内蒙古可意电子商务有限公司签署战略合作协议，在服务渠道、保险产品、在线商城等方面深入合作，建立"互联网+农业保险"的新模式，帮助农业重镇内蒙古实现农业保险全覆盖。

其实，不只有安华一家农业保险公司结合电商行动。2015 年 7 月，中原农险与喜买网正式签署战略合作协议，双方将在品牌宣传、客户引流、保险业务、产品销售、信息共享及创新研发六大方面深入合作。

同年 7 月，太平财险与北京中农金保签订战略合作协议，发布"千县千品"计划，旨在推广优质农产品"双保险"，在农产品生产过程中，监控产品检测、包装盒标识等关键环节的全程信息系统建设，建立食品质量安全可追溯体系。

保险公司的积极态度和政策密不可分。四川保监局在 2015 年 8 月指导保险公司采用"互联网+4G"支持农业保险理赔查勘，助力保险公司采用卫星遥感、无人机查勘、新一代数据采集器、GPS 定位测量等技术，快速精准定损，提高理赔效率。

中国农业部与中国太平保险集团签订《共同推进"互联网+"现代农业合作协议》，太平保险总经理李劲夫认为农业保险有三个突出特点：对风险保障的需求更加凸显、对保险融资的需求更高、农业全产业链信息化服务需求更高。

2015 年 9 月，互联网保险代表众安保险与大疆创新（农业植保机）共同发布了农村用户关怀和扶持计划。为购买大疆农业植保机的农村用户提供机损险、三者险等保险服务。

可以看出，无论是传统保险公司，还是新型互联网保险公司，都在试图用最新科技（如卫星遥感探测、大数据、无人机勘查、云计算等）提高农业保险的行业效率。

案例 5-5 阳光财险："YoYo" 微理赔

一、背景介绍

（一）保险行业发展现状——互联网保险大行其道

目前我国互联网保险保费收入占全部保费收入的比重为 4.2%，其中财产保险网销占比 7.02%，人身财产保险占比 2.71%，与其他国家相比仍有进一步提高的空间。销售渠道入口则会进一步向场景化方向发展，场景化的渠道入口本质上是精准定位消费者。不仅如此，保险产品向个性化与定制化发展，互联网对产品设计的影响将进一步加深，大数据、社交网络等将凸显更多的作用，基于互联网数据的 UBI 保险（Usage Based Insurance，基于驾驶行为而定保费的保险），基于健康数据的个性化健康险，基于社交网络的 C2B 保险等保险将普被及应用。同时，理赔服务环节也将不断升级。

（二）公司背景介绍——阳光保险集团股份有限公司

阳光保险集团股份有限公司是中国 500 强企业，中国服务业 100 强。该公司成立 3 年便跻身七大保险集团，5 年超越了与其同期成立的 71 家保险主体，9 年同时布局互联网金融及不动产海外投资领域，10 年成功进军医疗健康产业，成为全球市场化企业中成长最快的公司之一。依托集团优势，以人文、科技为驱动，阳光保险集团有效整合旗下资源，持续研发满足客户需求的产品，不断升级以"闪赔""直赔"为特色的服务，着力打造强大的市场拓展能力、卓越的客户服务能力、杰出的风险管控能力和专业的资产管理能力，实现了健康、持续、快速的发展。

（三）微信终端的使用及微信理赔发展

随着网络日益普及与应用、媒体社会化的深入，各大领域企业不断入驻各类社交平台。微信是腾讯公司于 2011 年 1 月 21 日推出的一个为智能手机提供即时通信服务的免费应用程序，而微信也以其经济、方便、快速的特点成为时下最流行的通信平台之一，为大众群体所使用。据统计，2016 年微信注册用户数量突破 9.27 亿，覆盖 90% 以上的智能手机。

微信自助查勘就是客户报案后，无须在查勘人员指引下，客户通过微信平台自助完成现场查勘的过程。目前，各家保险公司针对微信自助理赔处理的时效各不一致，但大部分保险公司对于微信理赔的定义都为车辆小刮擦事故方可使用。

二、相关理论知识

（一）目前各保险公司微信公众号主要功能分类

（1）企业简介、信息及客户服务：包括企业简介、服务网点查询、使用说明、查勘员信息查询、客户经理快查、寻找业务员等功能。

（2）理赔服务：包括理赔报案、快速理赔、车险自主理赔、车险报案注销、理赔咨询、车险人伤调解等理赔功能。

（3）承保服务：包括车险购买、意外险购买、产品咨询、个人账户资金损失保障、购买意外健康保险、追加车险险种等多项承保类服务。

（4）售后服务：包括保单信息查询、保单查验与变更、车主福利、车险 VIP、汽车救援、保险小测试以及寻找业务员等售后服务功能。

（二）保险理赔程序

（1）立案查勘：保险人在接到出险通知后，应当立即派人进行现场查勘，了解损失情况及原因，查对保险单，登记立案。

（2）审核证明和资料：保险人对投保人、被保险人或者受益人提供的有关证明和资料进行审核，以确定保险合同是否有效，保险期限是否届满，受损失的是否是保险财产，索赔人是否有权主张赔付，事故发生的地点是否在承保范围内。

（3）核定保险责任：保险人收到被保险人或者受益人的赔偿或者给付保险金的请

求，经过对事实的查验和对各项单证的审核后，应当及时做出自己应否承担保险责任及承担多大责任的核定，并将核定结果通知被保险人或者受益人。

（4）履行赔付义务：保险人在核定责任的基础上，对属于保险责任的，在与被保险人或者受益人达成有关赔偿或者给付保险金额的协议后 10 日内，履行赔偿或者给付保险金义务。保险合同对保险金额及赔偿或者给付期限有约定的，保险人应当依照保险合同的约定，履行赔偿或者给付保险金义务。如果保险人未及时履行赔偿或者给付保险金义务的，就构成一种违约行为，按照规定应当承担相应的责任，即"除支付保险金外，应当赔偿被保险人或者受益人因此受到的损失"。这里的赔偿损失，是指保险人应当支付的保险金的利息损失。为了保证保险人依法履行赔付义务，同时保护被保险人或者受益人的合法权益，《保险法》明确规定，任何单位或者个人都不得非法干预保险人履行赔偿或者给付保险金的义务，也不得限制被保险人或者受益人取得保险金的权利。

（三）车险索赔/理赔程序

（1）肇事司机（被保险人）需要在 24 小时内向保险公司报案，并认真填写《机动车辆保险出险/索赔通知书》并签章。

（2）及时告知保险公司损坏车辆所在地点，以便保险公司对车辆查勘定损。

（3）根据《道路交通事故处理办法》的规定，处理事故时，对财物损失的赔偿需取得相应的票据、凭证。

（4）车辆修复及事故处理结案后，办理保险索赔所需资料：机动车辆保险单及批单正本原件、复印件；机动车辆保险出险/索赔通知书；行驶证及驾驶证复印件；赔款收据。

（5）车险小额理赔。保监会关于小额理赔发布实施的《保险小额理赔服务指引（试行）》第二条规定，本指引所称保险小额理赔是指消费者索赔金额较小、事实清晰、责任明确的机动车辆保险（以下简称车险）和个人医疗保险理赔。车险小额理赔是指发生事故仅涉及车辆损失（不涉及人伤、物损），事实清晰、责任明确，且索赔金额在 5 000 元以下的车险理赔。个人医疗保险小额理赔是指索赔金额在 3 000 元以下，事实清晰、责任明确，且无须调查的费用补偿型、定额给付型个人医疗保险理赔。

三、案例分析

（一）案情介绍

1. 案例一

2014 年 8 月 22 日 12 时 55 分，由于没有控制好车速，阳光保险客户赵先生与在其前面行驶的范小姐的车在福建省厦门市集美大道上发生了一起追尾事故。赵先生想起了微信可以处理此次小事故。前后不到 2 分钟，赵先生拍下照片，传至厦门市智能交通控制中心，很快收到交警通知，赵先生负全责，拍照成功，两车移到路边协商。收到赵先生发的照片后，厦门交警支队民警马上与双方联系，并第一时间联系了保险公司。

阳光财险厦门分公司通过"微信处理交通事故"平台，当场测算出范小姐的车子维修费大约为400元。赵先生当场支付400元，范小姐为赵先生写下收据。事故处理完毕后，范小姐称赞说："服务很专业，操作很便捷。"

2. 案例二

2013年2月18日，阳光财险客户孔先生驾车行驶在同三高速公路时发生了事故，事故发生后孔先生立即报警，高速交警及时赶到现场处理，经勘查后确定是孔先生负全责。因为孔先生的车在青岛阳光财产保险股份有限公司投保，打电话后他们并没有派人去现场，原因是事故地点太远，过不去。无奈之下，孔先生只好把车拖到了维修厂。随后孔先生又几次打去电话，一位姓刘的员工最终去查看了车辆受损情况，并拍了照片。之后，刘姓员工离开。转眼已经过去半个月了，车辆一直无法维修，这也给孔先生的生活和生意带来了很多不便。

（二）案例剖析

1. 阳光微理赔的优势

随着互联网对我们生活的不断渗入，保险也在发生着改变，许多保险公司（如人保、太保、平安等）都推出了微信理赔平台。在案例一中，阳光财险车险客户赵先生因本人驾驶不慎导致他人车辆受损的车险事故，此后通过微理赔，简化了程序并加快了理赔速度。据了解，厦门市内每天7：30至19：30符合厦门市微信处理小事故事件的阳光车险客户，都可以通过微信远程定损，然后申请理赔，周末也不例外。厦门微信处理小事故的条件是：无人员伤亡、无饮酒、无吸毒、麻醉药品；各方车辆损失不超过1万元；各方驾驶人持有有效的机动车驾驶证；各方机动车辆有号牌、年检合格；事故责任方有投保。

厦门市开通微信处理小事故程序旨在提高车险事故自行处理数量，降低道路堵塞情况。据厦门交警方面介绍，如果能把自行处理的比例提高到50%，将会让厦门市的堵车减少20%，在一定程度上减缓交通压力。阳光财险凭借专业的理赔服务能力，成为首批两家试点运用微信远程定损理赔程序处理小事故的保险公司之一。

而在案例二中，由于距离事故发生地点太远等诸多原因，孔先生的车出险后久久未能得到理赔。而阳光财险推出的YoYo，目前功能包括：注销登记，签到、签退功能，查勘任务处理，定损任务处理，离线拍照，消息中心。从案例一和案例二的分析，我们不难看出微信理赔与传统理赔方式相比有以下几个优点：

（1）时效性与便捷性。传统柜面理赔需要客户亲自到柜面提交理赔申请，而邮寄材料的理赔方式材料流转到结案需要3天左右时间。在案例二中，由于在外地出险并且理赔员距离事发地点远而未能及时理赔，反映了传统理赔的不便，受时间和空间影响比较大。但是微信自助理赔就可以解决这些缺陷，整个理赔过程在手机上自助操作完成，从提出申请到结案只需2~3小时就可以完成，真正实现了理赔的移动办理和在线办理，让理赔不再受到时间和保险公司网点的限制，大大提高了理赔速度，也为客户节省了很多时间。

（2）理赔流程更清晰明了。在案例二中，通过传统理赔的客户孔先生为了解理赔流程，需通过电话或亲自到保险公司等方式才能了解。一方面，保险业务员服务态度和服务质量参差不齐，客户也无法通过直接途径知道理赔进度；另一方面，当客户理赔资料出现问题时，保险公司同样要通过电话来联系客户。一来二去，理赔时效慢，对客户的情绪也造成很大影响。但在微信理赔中，若因提交材料有误，客服人员会在2个工作日内与客户取得联系，指导客户补全资料。客户在完成理赔申请后，还可以随时查询理赔案件的进展状态，实时跟进理赔流程。

（3）降低交易成本，优化保险公司管理效益。在市场竞争日益激烈的背景下，各行各业都开始积极探寻效益型道路，向内涵式集约优发展，追求经济效益的最大化。通过加强资金管理、成本管理、人力资源管理、经营风险管理和技术创新实现及优化的经营管理来降低运营成本，提高效率，帮助企业创建成本优势更是很多公司的追求。微理赔的出现让客户更多地参与到理赔环节中，简化理赔流程，大大节省了收缴资料以及联系客户等一部分的人力成本，实现人力资源的优化配置，降低了成本，提高了效率。如在案例一中，客户只需要关注微信公众号并按照后台操作，就可以自助完成理赔，整个流程中保险公司的人员参与较少，而作为微信平台的后台技术人员，则可以通过系统解决客户需求，完成理赔。但在案例二中，需要理赔人员、客服人员等到现场查勘来完成理赔资料的通知和收集，反映出即使是发生小事故理赔，保险公司都要付出相应甚至更大的理赔成本。

（4）提高公司自身品牌知名度。从中国目前保险公司市场情况分析，中国人民保险公司、中国人寿保险公司、中国平安保险公司、中国太平洋保险公司四大保险公司已经占有目前中国保险市场份额的96%。阳光保险公司通过推出提高客户服务的微理赔等体验，如阳光财险的"闪赔"等服务，致力于打开保险市场，提高保险客户的依赖和信任感。在案例一中，阳光财险时效性高、理赔简单的微理赔服务给客户赵先生省去了奔波的麻烦和时间，也让客户对阳光财险的服务称赞不已。但在案例二中，理赔人员的态度差、理赔慢、理赔难的传统柜面理赔，让孔先生对理赔服务留下了不好的印象。打造特色品牌文化，需要提高自己的企业优势和服务，高度利用社交网络的影响，提高用户渗透速度，从而提高品牌知名度。而微信理赔，恰恰很好地做到了这点。

（5）业态实现信息共享，优化用户体验。随着消费者对数字化方式的接受和依赖程度越来越高，为应对消费者的行为变化，保险作为服务业，应该开始重新思考客户体验。保险公司正在积极挖掘数据价值，建立同类最佳的数字化体验将是重大的机会，微理赔等创新的数字化模式的体验将会在保险市场中占据一定的位置。调研结果显示，在中国消费者希望保险公司做出的改进点中，第一是个性化产品服务，第二是对隐私的保护，第三是用户界面的简单便捷性。保险公司虽然通过常年积累拥有了大量数据，但其需要解决的问题恰好也是数据的缺乏，主要表现为数据不够全面和不够准确。其中，大多数客户愿意通过分享信息换取切实的利益。

2. 微信理赔局限性分析

从案例一中，我们能看出目前的微信理赔依然局限于小额赔付中。本案中，赵先生的车出现交通事故且没有涉及人员伤害，赔付金额为400元。微信理赔单笔金额少，总体理赔业务量也小，是目前各家保险公司微信理赔局限性之一。分析各家财产保险微信赔付情况，主要存在两大发展阻碍：

一是资金安全问题。虽然很多保险公司都在积极探索，不断开发微信新功能，但公众对移动支付等新技术的安全性方面，还是存在质疑。在涉及资金收付时，无法确保平台系统对于资金流动的安全性和技术性，保险公司无法保障其账号安全，以及资金是否安全到达客户手上，所以很多保险公司无法在微信完成赔付，而只能通过线下，使得微信理赔的程序无法继续发展并完成；同时因资金支付安全无法得到确切的保障，很多保险公司微信公众账号的发展停滞不前，虽然各大保险公司跃跃欲试，但大多数微信公众号都局限于公司形象宣传与品牌介绍，目前能实现微信理赔的保险公司只占极少部分，同时，他们在技术上也没有新的跨越点。

二是骗保问题。因为网络造假层出不穷，花样较多且变化较大，微信拍照传输的理赔资料真实性不能完全得到保证，骗保成为阻碍微信等线上理赔发展的较大阻碍。相关资料表明，微信理赔之所以会出现骗保，是因为商业保险公司无法与医院、公安机关等机构进行数据实时分享，微信理赔尤其是大额理赔经常存在骗保漏洞，而在这一领域的专业技术人员也比较紧缺，一方面想提高微信单笔赔付额与业务量，另一方面也因为担心骗保问题的出现而限定了理赔金额，矛盾的出现也阻碍保险公司微信等线上理赔的未来发展。

四、总结

阳光财险的微信理赔自助服务随身工具YoYo针对客户的需求和自身发展不断更新，阳光财险的微信理赔服务在质量上仍在不断发展。微理赔的出现，在一定程度上简化了理赔程序，提高了服务质量和理赔时效。对保险公司而言，微信理赔优化了保险公司结构，降低了理赔成本、人力成本、管理成本等。随着互联网的不断深入生活，微信等线上理赔又将如何发展呢？让我们拭目以待吧！

五、思考题

（1）网络新媒体的发展对于保险公司的发展有何其他方面的影响？

（2）针对微信理赔所存在的两大问题（资金安全与骗保），保险公司应给出怎样的对策，在开发与改进中如何提高线上理赔业务数量和质量？

（3）微信理赔作为数字化的新模式体验，对于保险营销的其他渠道与理赔方式有何影响？

案例 5-6　众安保险：航班延误"即买即用"

一、背景介绍

随着人们生活水平的提高，消费需求日渐多样化，乘坐飞机外出旅游的人群也随之增加；同时，在经济、科学技术快速发展的 21 世纪，因工作需要出差乘坐飞机的时候也在增多。在这两类因素的共同影响下航班总量增大，延误航班数量也急剧攀升。数据显示，近年来我国航班延误率每年都在 20% 左右，遇恶劣天气、航空管制等特殊情况，航班延误问题也更加严重。在这样的时代背景下，保险业迅速发展，特别是航班延误保险领域发展迅猛。

2010 年，太平洋保险在业内首创"航班延误保险"，航班延误保险领域由此兴起。2014 年，太平洋保险推出的国内首款航班延误保险产品正式在 APP 移动终端上线销售，保险投保渠道由线下转到线上，是该行业具有历史转折性的举措。航班延误保险由此开始发展起来并不断升级，信息逐步完善，从最早需要乘客自行向保险公司寻求赔付，到现在普遍可根据航班延误情况实现自动赔付。未来航班延误险将会普遍运用移动终端完成投保理赔一体化流程。

2012 年，平安集团联合腾讯、阿里巴巴组建国内首家互联网创新型保险公司——众安在线财产保险股份有限公司（以下简称众安保险）。由于三家公司当家人都姓马，被业内戏称为"三马卖保险"。众安保险股权结构中阿里巴巴控股 19.9%、中国平安和腾讯各持有 15%，此外还有携程、优孚等 6 家网络科技型中小股东。毫无疑问，"三马卖保险"有强大的股东做靠山，专做互联网保险生意，集生产、销售、服务于一体，颠覆了保险业传统的经营模式。众安保险以"众安要做有温度的保险和面向未来的保险"为发展理念，其业务范围是与互联网交易直接相关的企业、家庭财产保险，货运保险，责任保险，信用保证保险等。众安保险业务流程全程在线，全国均不设任何分支机构，完全通过互联网进行承保和理赔服务。众安保险作为首家互联网保险公司，始终以服务互联网生态为定位。目前众安保险已经明确基于互联网生态、直达用户、开发空白领域三个发展定位，未来会积极投入到传统产业"互联网+"的进程中，将为更多谋求"互联网+"的行业企业打造创新解决方案。众安保险 CEO 陈劲认为，互联网保险 1.0 是保险的电商化，是把传统保险搬到线上去买；互联网保险 2.0 是场景共生，在场景中寻找保险需求；互联网保险 3.0 是跨界共创，将互联网保险和其他行业结合创造出完全不一样的东西。现在，公众保险区处于致力发展跨界共创时期，未来将更深层次地发展共创，做"有温度的保险"。

航班延误保险在过去几年，由于需求不断促进产品升级、信息逐步完善，已经从最早的需要乘客在航班延误后自行向保险公司寻求赔付，进步到现在普遍可以根据航班延误情况实现自动赔付。然而，始终没有突破的瓶颈是，航班延误保险至少需要提前一天购买激活，因为购买期限的前置，会导致大量用户选择放弃。作为最大互联网保险，众安保险坚持设计"有温度的保险"，致力于开发让身在机场的旅客不受时间和空间限制购买延误险并获得赔偿得到慰藉的保险，减少机场服务人员和乘客之间的矛盾。

二、相关理论知识

（一）财产保险及保险产品

财产保险是指投保人根据合同约定，向保险人交付保险费，保险人按保险合同的约定对所承保的财产及其有关利益因自然灾害或意外事故造成的损失承担赔偿责任的保险。《保险法》第九十五条规定："财产保险业务，包括财产损失保险、责任保险、信用保险、保证保险等保险业务。"

保险产品是指保险公司为市场提供的有形产品和无形服务的综合体。

（二）互联网保险

互联网保险是新兴的一种以计算机互联网为媒介的保险营销模式，是指保险公司或新型第三方保险网以互联网和电子商务技术为工具来支持保险销售的经营管理活动的经济行为。互联网保险实现保险信息咨询、保险计划书设计、投保、交费、核保、承保、保单信息查询、保全变更、续期交费、理赔和给付等保险全过程的网络化。

（三）航班延误险

航班延误险是指投保人（乘客）根据航班延误保险合同规定，向保险人（保险公司）支付保险费，当合同约定的航班延误情况发生时，保险人（保险公司）依约给付保险金的商业保险行为。

（四）传统的航班延误保险的责任范围和除外责任

责任范围：乘客搭乘的航班因自然灾害、恶劣天气、机械故障等因素，造成的航班延误、取消一般均在这类保险的赔付范围内。

除外责任：

（1）恶劣天气导致整个机场关闭的；

（2）地震、海啸等原因造成的航班延误、取消；

（3）被保险人抵达机场时，已超过原定搭乘航班办理登机的时间；

（4）被保险人因自身原因而未搭乘预定的航班；

（5）被保险人原预订航班被取消，包括预定起飞时间之前的取消和预定起飞时间之后的取消；

（6）被保险人预订机票时，已获知可能导致其预定搭乘的航班延误的情况或条件，包括但不限于任何罢工或其他工人抗议活动、任何自然灾害、旅行目的地突发传染病或军事演习等。

（五）网络营销及微信营销

网络营销是企业整体营销战略的一个组成部分，是为实现企业总体经营目标所进行的，以互联网为基本手段营造网上经营环境的各种活动。

微信营销是指网络经济时代企业或个人营销模式的一种。是伴随着微信的火热而兴起的一种网络营销方式。微信不存在距离的限制，用户注册微信后，可与周围同样注册的"朋友"形成一种联系，订阅自己所需的信息，商家通过提供用户需要的信息，推广自己的产品，从而实现点对点的营销。

三、案例分析

（一）案例介绍

2016 年 5 月 15 日，王某出差从上海飞北京，在上海某机场候机楼候机。由于下着小雨，天气状况不佳，飞机尚未到达，已延误半小时。王某一向很有风险意识，有购买各种符合自身需求的保险的习惯。王某一直都坚持只要飞长途出差就购买航班延误险。本次出差，因工作忙碌，王某忘记让秘书在飞常准 APP[①] 上订购机票获得"飞常保障"了，正处于懊恼状态。此时，服务人员提醒王某可用微信摇一摇功能购买众安保险的"即时即用"延误险，这让王某欣喜不已。尽管航班已经延误了半个小时，王某依然如愿以偿地购买到了 50 赔 1 000 的航班延误保险。界面显示出一个"预测起飞时间"，王某看着飞机已延误一个多小时，实在无聊，就用微信摇一摇领取红包，以此王某打发了不少时间。飞机到达机场距离预测起飞时间已达 6 个多小时，王某立即收到微信红包，获得赔付。王某对众安保险的新产品"即买即用"延误险十分满意。

（二）案例分析

王某没有提前购买航班延误险，而且飞机已经发生延误的情况了，仍然在机场成功地购买了众安保险的最新产品"即买即用"延误险，并且获得了相应赔付。由此可见，众安保险的新型产品为用户提供了航班延误的最大保障，飞机已经延迟也能购买，延误有"后悔药"。而且，产品的投保和赔付根据天气、地理位置等情况产生"预测起飞时间"而实时确定基准，为特定情景量身定做，定价合理化。投保理赔通过微信摇一摇一体化完成，是 APP 产品的创新和微信营销的新形式。并且，利用微信摇一摇赠送礼包的形式打发用户无聊的等待时间，大大增加了趣味性。总体来说，"即买即用"延误险是航延险 APP 产品的再次创新，是众安保险在航班延误险的更深层次发展。不同于一般的网络营销，众安保险开拓了新形式的微信营销，需要我们深刻认识分析该款保险产品的功能、创新之处和需要改进的地方等，明确未来发展道路，将航班延误险做得更好、更"温暖"人心。

1. 产品功能

用户在机场打开蓝牙，接入微信智慧机场的 iBeacon[②]，以微信摇一摇为入口，即

---

① 飞常准（VARIFLIGHT）是一款专业的航班出行服务应用软件，于 2011 年正式上线，致力于为用户提供"省时、省心"的一站式多元化航班出行解决方案。

② 这是苹果公司 2013 年 9 月发布的移动设备用 OS（IOS7）上配备的新功能。其工作方式是，配备有低功耗蓝牙（BLE）通信功能的设备使用 BLE 技术向周围发送自己特有的 ID，接收到该 ID 的应用软件会根据该 ID 采取一些行动。比如，在店铺里设置 IBEACON 通信模块的话，便可让 IPHONE 和 IPAD 上运行一资讯告知服务器，或者由服务器向顾客发送折扣券及进店积分。

可完成第一摇选择航班、第二摇选择赔付标准、第三摇领取礼券的"三摇"服务过程。第一摇，用户在自动出现的航班列表中选择自己的航班，并得到实时的客户出行信息、登机口变更情况等全面候机服务。第二摇，用户能够根据自己的意愿无限次"摇一摇"，直到摇出理想的保险档位。例如，摇出 2 元赔付 20 元档位，或不满意再次摇出 5 元赔付 50 元档位，以此类推，直至摇出心仪的保费档位，最高赔付为 50 元赔付 1 000 元。赔付将通过微信红包的形式实时、自动转给用户。第三摇最富趣味性。在完成投保之后，用户可看到获得赔付的倒计时页面，在无聊等待的同时还可以无限次畅玩"摇一摇"，随心摇出并领取各种礼券和礼包。该产品最大的亮点是界面上显示的"预测起飞时间"，这一时间将随航班、机场、气候等维度的不同而变化。一旦实际起飞时间延迟于这一"预测起飞时间"，哪怕一秒钟，用户也能获得赔付。正是因为有这一实时更新的"预测起飞时间"，用户无须提前激活延误险，在延误后的 2 小时内都能购买，解决了航延险至少需要提前一天购买的难题。

2. 产品特点

"即买即用"的"摇一摇航延险"，弥补了航班延误保险领域"不能实时、实地购买"的空白，成为促进"互联网保险+交通"跨界发展的创新举措。该产品的主要特点包括：

（1）投保的便利性。目前在北上广深的 6 大智慧机场，只要在航班计划起飞前 4 小时到延误发生后 2 小时内，乘客在登机口等区域打开手机蓝牙，使用微信的"摇一摇"功能，即可现场投保，并自主选择保费档位，最高赔付可达 1 000 元。

（2）定价的科学性。基于天气、流控、机场、飞机等大数据，实现动态风险定价，根据所处情况实时定价，投保后自动生成该航班预测起飞的倒计时页面。

（3）理赔服务的自动触发性。超过航班预测起飞一秒后，即由微信红包自动赔付。

（4）相关增值服务的黏性。乘客可同步获取航班信息、登机口变更等机场信息服务，以及相关交通出行优惠活动。

3. 产品优势

（1）航班延误数据全覆盖，服务信息神同步。作为国内首款延误了还能购买的航班延误保险，它涵盖了目前航班延误保险领域里最全面的数据资源，包括航班预测专家飞常准旗下所有的航班数据、民航总局下唯一的保险中介公司——航联的乘客信息等航信数据。产品创新功能"预测起飞时间"综合了航空领域全面、权威的数据资源，在四方大数据基础上综合而得，从多个维度重新评估延误险的风险，达到数据全面覆盖，全方位地为用户提供最新航班到达情况。该产品为用户同步机场的服务信息，用户只要通过微信这个场景，就能同步得到出行信息、登机口变更情况等候机服务。一切航班信息和机场服务都将在用户摇一摇之后，主动推送给用户，用户无须担心错过机场语音提示，可以安心候机。

（2）投保标准具体情景化，时时变动。"预测起飞时间"从多角度评估飞机延误的风险，实现不同机场、不同季节、不同时段的航班对应不同的风险，生成不同的"预测起飞时间"，投保标准根据"预测起飞时间"而定，可随机场情况、气候、航班等不同因素的变化而变化，形成多种多样的投保档位选择，用户可根据自身所处的延误状况选择适合的保障标准，将投保变得更加情景化。

（3）即买即用，当下投保。航班延误保险一直以来难以突破的瓶颈是，航班延误险至少需要提前一天购买激活，即投保航班延误险必须在乘坐飞机的前一天。这一产品打破了以往的投保限制，突破了提前投保的瓶颈。只要在计划起飞前 4 小时到延误发生后的 2 小时内，都可以投保该航班延误险产品。

（4）理赔标准放松，秒赔起付。据航班、机场、气候等大数据测算的"预测起飞时间"，只要实际起飞时间延迟于这一"预测起飞时间"，哪怕 1 秒钟，用户就能获得赔付，最高金额为 1 000 元。并且，任何原因的延误均会赔付。这一改变大大地放松了理赔的标准，一改过去固定的延误时间超过特定时长才给予赔付的状况，有效地补偿了用户的时间价值。

（5）理赔的自动化。传统的航班延误险的理赔流程是被保险人必须在 30 天内向保险公司报案，申请理赔，然后填写申请表，提交保险单以及个人的身份证明，出示航空公司或者其代理人出具的延误时间及原因的书面证明。由此可见，理赔程序非常复杂，理赔流程冗长繁琐。而"即买即用"创新性地实现了理赔的全自动化，在后台与第三方公司进行系统对接，如果航班延误将直接获取延误信息，用户不需要做任何事情即可收到保险赔付，将流程缩减到最短。

（6）让用户的等待时间变得有价值。本产品使得事先没有购买航班延误险的用户也可以及时止损，用户在延误时随时随地"摇一摇"，就可选择保费档位完成投保，飞机一旦延误，用户就可以获得相应的赔偿，同时让用户等待航班的焦急心理情绪得到一定安慰。在等待赔付的倒计时时间内，通过无限次地"摇一摇"，摇出并领取不同的优惠券和大礼包，如航空里程随机礼包、飞常准 VIP 权益、滴滴出行 100 元机场大礼包等。仅是几个简单的"摇一摇"手势，缓和了用户与机场之间的紧张关系，用户白白浪费的等待时间开始变得有价值。

4. 产品创新之处

（1）通过微信摇一摇投保，无须下载特定 APP。一般通过互联网投保航班延误险都要下载 APP，在特定的 APP 上才有投保渠道。近年来，众安保险一直在创新航班延误险的更便捷的投保渠道。这次和微信合作，众安保险充分利用大部分人的日常社交工具微信平台，借助摇一摇功能完成了一次独特的微信营销，为广大用户提供了快速方便的保险购买渠道。

（2）数据全面，服务到位。"预测起飞时间"多维度评估延误险的风险，达到数据全覆盖性，全方位地为用户提供航班情况；而且，为用户同步机场的出行信息、登机口变更情况等候机服务信息，使用户可以安心候机。

（3）实时实况定价，预测起飞。根据航班、机场、气候等维度不同而生成并变化的"预测起飞时间"，可以进行更合理、量身定制的最新定价，让价格具体情景化。

（4）即买即用，延买无妨。投保该产品无须提前购买，即使是飞机已经延误了也可以购买。在计划起飞前 4 小时到延误发生后的 2 小时内，用户只需通过微信摇一摇就能购买，最高赔付能达到 1 000 元。

（5）标准随时变动，投保自主多样。该产品不是采用固定的投保标准，投保标准根据航班、机场、气候等维度的不同而生成并变动，"预测起飞时间"随时调整并产生多样的延误险产品。用户可以通过微信"摇一摇"随意摇，摇到适合自己的产品便可投保。

（6）秒赔闪付，理赔全自动零等待。"预测起飞时间"是理赔的基准，一旦超过"预测起飞时间"，就算是只有一秒钟，就能获得补偿，赔付就将会通过微信红包的方式自动转给用户。整个理赔流程简单迅速，无须以往提交理赔材料等繁琐的程序，几乎全自动零等待，节省用户的时间，减少对理赔难的担忧。

（7）增加产品趣味性。该产品为用户提供了在不耐烦等待飞机过程中消磨时间的方式。在完成投保之后，用户可看到获得赔付的倒计时页面，在无聊等待的同时还可以无限次畅玩"摇一摇"，随心摇出并领取各种礼券和礼包。这大大减少了用户在候机时的焦躁和厌烦情绪，提高了用户对延误险的满意度。

5. 产品需要改进的地方

（1）扩大产品国内覆盖范围。目前"即买即用"延误险仅是在北上广深的 6 大智慧机场才可当时立即购买，国内其余机场尚未普及该便利途径，需要拓宽产品的涵盖范围，提高产品普及率，让用户在更多机场享受这一新型服务，满足客户需求。

（2）丰富投保档位选择。新兴的"即买即用"延误险在微信摇一摇能摇到的保险产品赔付最高限额选择较少，需要继续增加不同层次档位的选择，使不同消费水平的用户都能找到自己心仪的一款"即买即用"延误险产品。

（3）提高预测起飞时间的精确度。"预测起飞时间"功能是该产品的创新之举，完美实现投保理赔的情景化，正是航班延误险在机场继续发展的关键，因此，需要在预测起飞时间上提高准确度让赔付更加精确合理。

（三）未来产品设计需要注意的问题

虽然众安保险这款"即买即用"延误险将航班延误险发展到了一个新的高度，极大地完善了传统延误险的一些弊端，更加为用户所满意和接受，但是未来深化航班延误险的产品设计仍有一些需要注意的问题。

1. 营销模式问题

近年来众多保险公司采用网络营销模式、手机终端尤其是 APP 营销模式，抢占市场份额，频繁推出新型的适合互联网时代的产品。众安保险也设计了很多款航延险产品在支付宝等 APP 推出，将网络营销模式运用和发展得非常好。"即买即用"延误险的设计和推广体现了众安保险将重心转向了微信营销，选取新的营销模式为产品设计带来了一个全新的发展和进步。目前的发展趋势表明今后的保险营销模式最好是注重设计新 APP 营销、微信营销等互联网营销。尽管众安保险在网络营销和微信营销模式下都不断地有所创新，但是未来仍要在产品设计中注意营销模式问题，未来的产品设计要更能适应互联网的快速发展。

2. 投保和赔付标准问题

"即买即用"延误险是在众安的"飞常保障"之后，将投保时间限制放松了，其赔付效率和标准多样化也有所提高。延误险的发展趋向于投保方便随时，赔付快速高效。在以后的产品设计中要更加关注所设计产品的投保和赔付标准问题，满足消费者的需求。

3. 产品情景化问题

航班延误受航班、天气等不同的因素影响。为了提高赔付依据的合理化，就需要因时因地根据用户所处情况、所遭遇的延误情况来进行赔付。因此，产品设计要尤其注重情景化问题，为机场这一特定情景定制产品。

4. 独立 APP 载体缺乏问题

众安保险至今为止已推出各种各样的航班延误保险产品，APP 产品不断创新和改革，早已超越传统的航延险，将延误险产品发展到了一个新的高点。纵然如此，众安保险一直以来都存在缺乏一个仅属于自己独立的、与其他公司合作、不借助平台、自己开发的一个 APP。相比之下，中国平安就拥有种类多样的独立 APP。为了今后的发展，未来的航延险等保险产品设计要注意设计独立 APP 的问题。

四、总结

众安保险作为最大的互联网保险公司，近几年推出了各式各样符合人们日常需求的产品，极大地促进了互联网保险产品的研发和发展。尤其是众安保险的航班延误险产品超越了部分保险公司的产品，位列国内第一，相信未来众安保险将会把航班延误险发展到一个更高的高度，满足人们更多的需求。"即买即用"航班延误险突破了一般航班延误险提前投保和理赔手续等较为复杂的局限，成功引领了新的航班延误险的发展潮流，是对普通航班延误险的一个很好的创新。尽管"即买即用"航班延误险在投保的时间限制和理赔的快速方面有所改进，但是仍然存在一些局限性。

众安保险目前还没有以航班延误险为主的属于本公司的 APP 应用，几乎都是与其他平台合作一起推出产品，这一亟须解决的问题，会影响众安保险在航班延误险领域的发展和未来获利。产品的情景化是"即买即用"航班延误险引领潮流的主要因素，但该如何进一步创新和改进是众安保险未来一段时间需要认真思考的。"即买即用"航班延误险不仅现在能引领航班延误险的发展潮流，在未来也会带起一股产品情景化航班延误险的创新，我们拭目以待。

五、思考题

（1）传统航班延误险有哪些弊端？

（2）众安保险的航班延误险"飞常保障"与"即买即用"有什么联系和区别？

（3）目前航班延误险的赔付率一般是多少？最多不能超过多少才能保证公司盈利？降低赔付率有哪些比较好的途径？

案例 5-7 安邦财险 APP 创新

一、开篇

近年来，在经济转型的大背景下，我国金融行业处于改革中。互联网的兴起和其所具备的优势，正好适应了金融改革的需要，互联网迅速渗透到金融行业，改变了传统金融行业的运营模式。随着互联网保险的快速发展，保险业的行为方式和市场格局也发生着深刻的变化。保险公司纷纷瞄准互联网大平台，先后推出了一系列 APP 来经营保险业务。安邦保险在这一背景下，紧抓互联网平台，大力创新改革。2013 年安邦保险就已经开通了微信自助理赔业务。目前从出险、报案到赔付，最快结案时长仅 11 分钟，切实使客户享受了最快捷的体验。但由于保险公司的性质、产品特点以及法规限制等，保险公司在互联网中所涉猎的范围并不广泛，且大多保险公司推出的 APP 没有自己全套的服务。安邦保险是自设平台还是与人合作呢？是固守原来的平台模式还是大力创新布局呢？是否可以创立一个包含保险、金融、资产管理等的 APP 互联网平台呢？安邦管理层陷入了思考和抉择，试图找到一条新的道路，抢占先机。

二、背景介绍

（一）行业背景

随着互联网的高速发展，特别是"互联网+"和"保险微时代"的到来，保险行业发生了巨大的改变，催生了保险业销售渠道和商业模式的改革。互联网已逐渐成为金融市场中的一个重要的交易渠道和不可分割的一个重要组成部分，保险公司适应新形势的发展，纷纷加入互联网金融的创新浪潮中，积极开展互联网保险业务。据统计，2016 年上半年，互联网保险市场规模发展迅猛，累计实现保费收入 1 431.1 亿元，是 2015 年同期的 1.75 倍，与 2015 年接近，占行业总保费的比例上升至 5.2%，在各渠道业务中的地位进一步提升。

其中，APP 日益成为产品与用户之间形成消费关系的渠道，也是连接线上线下的天然枢纽。各大财险公司发力 APP 平台，纷纷运用移动终端 APP，推出 APP 产品，提升自身竞争力以赢得更多客户，抢占市场。如：中国人民财产保险的"掌上保险"、众安保险的"众安保险"、太平洋保险的"神行太保"、平安财险的"平安快易免"。

（二）企业背景

安邦保险集团是中国保险行业综合性集团之一。截至 2014 年 12 月，安邦保险集团注册资本金额达到 619 亿元，总资产超过 7 000 亿元，位居行业第四。目前安邦保险集团拥有财险、寿险、健康险、资产管理、保险销售、保险经纪、银行等多种业务，集团网络遍布全国 31 个省市自治区，拥有 3 000 多个网点，30 000 多名员工，2 000 多万客户以及海外资产管理公司，是全国分支机构最全的保险集团之一。

安邦保险集团前身为安邦财险，由上汽集团联合中石化等数家央企设立。因股东雄厚的资本实力，成立之后的安邦财险接连增资，2009 年时已至 21 亿元。2011 年，安邦财险将公司资本变更为 120 亿，跃居行业第二，同时获得了保监会批准，开始进行集团化改组。2011 年 5 月，安邦财险扩张银行业务。安邦财险以 50 亿元获得成都农商银行 35% 股权，成为后者控股股东。成都农商银行官网称，至 2012 年年末，成都农商银行总资产超 3 000 亿元，6 月安邦财险和联通投资控股集团共同出资成立了北京瑞和保险经纪有限公司，安邦财险出资 510 万元，获 51% 股权。2013 年年底，因举牌金地集团、招商银行两家上市公司，传闻将收购世纪证券、香港永亨银行，此前并不广为人知的安邦保险浮出水面，被业界视为 2013 年年底横空出世的保险业 "土豪"。2014年，安邦保险收购世纪证券。截至 2015 年 12 月 15 日，安邦保险持万科 7.01% 股份。

三、相关理论知识

(一) 移动终端（手机）APP 的定义

移动终端（手机）APP 又称手机客户终端、移动软件、手机应用软件等，是在移动设备上运行的一款终端软件。

(二) 保险 APP 的优势

保险 APP 的优势有：拓宽了保险公司主营业务收入的来源方式，实现保险营销渠道的扩展，营销模式的创新；降低了人力成本在保险经营中的成本比重，取消了代理人承受的营业税与个人所得税双重税负，在不断增加人力成本的情况下，可以提高代理人的实际收入水平；提升保险企业服务水平与质量，树立保险公司积极健康向上的企业形象，凸显了保险公司的专业价值；利用 APP 针对保险消费者进行问卷调查和问卷反馈，进行数据的收集分析，有利于保险公司及时了解市场需求信息并进行策略的调整；等等。

(三) 保险 APP 发展遇到的问题

一是推出专业保险 APP 的门槛较高。对保险公司来说，APP 的前期研发投入很大，且短期内收益不明显，再加上互联网的快速发展，APP 要经常更新换优。因此，保险公司为保持 APP 的优势，就要不断对其注资和花费精力投入，这就使一些小的保险公司无法推出自己专业的 APP。二是用户使用 APP 自助投保的意识和意愿不强。这个问题是目前保险公司发展保险 APP 面临的一个主要问题。因为 APP 的下载、安装使用较繁琐，会限制一些人的使用，再加上人们对通过网络交易金钱方面的问题比较敏感，人们并不太信任用 APP 投保的法律效力等。三是保险公司对保险 APP 的重视度不足。就目前而言，保险企业尚未找到充分利用移动互联网进行营销的模式。大多保险公司主要把保险 APP 作为增值服务提供的平台，因此保险 APP 对保险公司的营销业绩贡献不大。在此情况下，各家保险公司虽没有停止对保险 APP 的研发和探索，但重视程度却普遍不足。四是利用 APP 进行推广的保险产品种类有限制。因为移动互联网保险是自助服务，就注定了利用 APP 展业的保险产品要简单，容易被客户理解以及便于操作，从而保证消费者购买保险时的"自助性"和"有效性"。因此，那些差异大，针对性强，程序多的保险产品就不适合在保险 APP 上进行销售，这样不仅会加大用户对保险 APP 的使用难度，还会大大增加了保险运营 APP 的成本以及保险公司业务的规模。因此，利用 APP 进行保险营销对产品种类有所限制。

四、案例分析

（一）安邦财险金融类 APP 的推出

在互联网技术高速发展的背景下，各大保险公司都开通了自己的 APP 平台，致力抢占市场份额。但新兴互联网企业纷纷布局金融业务，使得受到一定限制的保险公司受到了重重压力，为了解决这些问题，利用这个大背景下的优势，安邦保险试图找到一条符合自己实际情况的新的道路。

2015 年 9 月 8 日，安邦保险集团在行业内首推一款集合银行、保险、证券、资管、基金及金融租赁等业务在内的全金融服务类——"掌上安邦"。这是安邦保险自 2011 年后再一次深化互联网技术应用，发展互联网文化的一次重要实践。"掌上安邦"是安邦保险集团全力打造的集金融应用、增值服务于一体的一站式服务平台，也是业内首次推出全金融服务类的 APP 应用。

"掌上安邦"共包括保险模块、金融模块、服务模块、合作模块和积分模块 5 个模块。其中，保险和金融两个模块是安邦集团的核心业务体现，前者涵盖了保险（产品资讯）、在线投保、售后服务（理赔，保全）；后者包含了保险、证券、银行、投资保综合金融等业务。这 5 个模块，构成一个灵活的生态体系，为用户提供多元的投资组合，为用户构建集理财、投资、保障一体化的"个人资产管理生态圈"。目前通过"掌上安邦"，客户可以享受到保单查询、自助理赔、金融超市、一键咨询、会员增值服务、优惠折扣类服务等优质服务体验。

（二）安邦车险预约功能登录"掌上安邦"

"掌上安邦"秉承安邦保险集团"一个客户，综合服务"的发展理念，功能点仍在不断增加与完善，致力于为客户提供优质、全面的服务体验。2015 年 12 月 29 日，安邦保险集团表示"掌上安邦"车险预约功能上线了。用户只需登录"掌上安邦" APP 点击精选页面的"车险预约"按钮，跳转页面中会自动带出用户姓名、身份证号码、手机号码三要素。用户输入车牌号码后，点击"提交"即可。约在 15 分钟内，安邦电话车险销售人员会通过预留电话与用户联系，提供后续投保流程服务。安邦保险集团客户中心相关负责人表示，车险预约功能能够为客户提供更加优质的服务，提高用户车险投续保效率，实现"掌上安邦"与电话销售系统无缝对接，打通车险服务线上与线下流程，不仅提升了车险服务质量，同时也为提升销售业绩打下夯实的基础。目前通过"掌上安邦" APP，客户可以享受到保单与资产查询、车险自助理赔、一键咨询、会员增值服务等优质服务体验。

（三）"掌上安邦" APP 的快速理赔

2016 年 2 月，北京车主李某驾驶由安邦财险承保的车辆行驶到海淀区月泉路时，被马某驾驶的车辆刮蹭，造成李某的车辆损坏。因为事故较为轻微，小刮蹭只造成了车辆受损，并未造成人员伤亡，李某和马某经过简单的沟通，李某打电话报案后，理赔人员小张告诉他可以通过"掌上安邦"APP快速完成理赔过程。李某打开手机的"掌上安邦"APP，进入自助理赔功能，输入联系号码，上传车辆远景照片、人车合照照片、车辆碰撞损失部位照片以及相关4种证件，完成资料上传。之后"掌上安邦"APP的后台审核人员根据上传照片定损，确认该损失属于保险责任，支付了李某赔偿金。李某对此感到很惊讶，他觉得理赔速度很快且操作简单。李某说以前发生保险事故时，一般要经历报案、现场查勘、定损、等待赔偿等过程，时间比较长，且有些流程程序很繁琐。他觉得这个"掌上安邦"APP对于他们这些车主来说非常方便，既提高办事效率又节省时间。之后安邦理赔人员还告诉李某，在没有注册和登录的情况下，"掌上安邦"自助理赔功能也是可以使用的。并且在没有结案前，车主可以随时随地上传照片资料等。理赔人员说，即便用"掌上安邦"自助理赔，仍然可以在查勘流程中遇到任何问题时随时申请派出查勘员前往现场。

（四）"安邦金融"APP的金融大战略

"安邦金融"APP是类似"掌上安邦"APP的一个安邦保险名下的移动终端平台，包括微信服务平台等。2016年6月，"安邦金融"APP中国版正式上线，力推"全球资产互联"概念。客户通过该APP，可联通亚洲、欧洲、北美等地区，并在全球范围内享受可靠、优质、统一高质量的金融理财服务。据了解，欧洲版和亚洲区韩国版也在7月底上线。相关负责人介绍，该平台未来将以最快速度打通全球优质的金融产品，同时将每个地区最先进的服务引入到世界各地，为安邦在全球范围内超过3500万的客户提供全球化的资产配置服务。

安邦集团曾表示，互联网金融是安邦的重中之重，未来的安邦就是一个轻组织的互联网企业，要把所有的服务放到互联网上。据介绍，"安邦金融"APP上的产品涵盖寿险、财产险、意外险、健康险、养老险、银行理财和资产管理等，聚合了多款保险、固收、基金、银行理财等多种类型产品，并提供互联网借贷、信用贷款、保单冻结贷款等金融服务。据观测，未来还将上线众筹产品和海外金融服务产品。

截至目前，该APP有3种理财型保险、5种基金、4种定期产品可买，另外有3类贷款可申请。众筹产品还没上线。该APP允许借款个人以其购买的安邦保险保单进行冻结，审核后通过平台完成融资；项目期限从7天至12个月不等，收益率为3.6%~7.5%。虽然收益率一般，但因为主打信用险承保，安全系数较高。此外，平台的借款产品与"安邦金融"APP的贷款相同。尽管"安邦金融"APP上线时间较短，看起来并没有想象中强大，但是，毕竟安邦的背景和资产实力强大，在传统金融企业中对互联网金融重视程度较高，尤其是其宣称的"全球资产互联"，值得我们期待。

五、总结

随着互联网和信息行业的发展，大数据得到了前所未有的关注。大数据背景下，交易双方信息不对等程度降低，搜索成本、时间成本、交易成本也随之降低。APP客户端是互联网、大数据背景下产生的一个有别于传统交易市场的移动交易市场，在这个平台上可以实现物流、信息流和现金流的有效流动，交易环境变得更加透明，交易活动变得更加高效。各大保险公司纷纷自设平台，顺应时代潮流，抢占市场份额。近年来，随着信息技术的快速发展与普及，互联网及移动互联已成为保险机构销售和服务的新兴渠道。在这一时代背景下，保险行业迎来了"保险微时代""互联网保险"。市场争夺竞争日益激烈，为了抓住时代机遇，占据更多的市场份额，保险公司就要解决现有的问题，努力改革创新，开拓属于自己的道路。

安邦保险资产庞大，一直致力改革创新，努力将安邦保险集团发展成为以保险、投资为核心的，融银行、资产管理、金融租赁等多元金融业务为一体的、综合性跨国金融服务集团和成为保险全业务的国际领先金融服务集团之一。为了实现未来的战略目标以及顺应时代潮流，安邦保险在利用已有的互联网技术和现有的保险 APP 经验基础上，推出了行业金融类 APP。

六、思考题

（1）保险 APP 的魅力何在？
（2）各财产保险公司已有的移动终端 APP 的区别？
（3）已有的 APP 和金融类 APP 的区别？

案例 5-8 平安财险"好车主"

一、开篇

在 2016 年的一个冬夜里，平安财险公司董事长孙建平静坐在办公室里，他回顾近几年来，"互联网+"发展的趋势越来越迅猛，虽然他们也推出了很多有关互联网的新产品，但是要保持领头羊的地位却是一刻也不能放松，要继续升级互联网与财险的服务与创新，并且还要跟随时代的步伐。随着地球的资源形势越来越严峻，绿色出行的生活理念也日益得到认可，他们以前推出的互联网产品已经不能够很好地满足消费者的需求，人们对于互联网保险的需求或许不再是仅仅注重它的便捷性，而是看它能不能与投资扯上关系，能不能满足消费者利用保险产品来获得更多的好处，能否让消费实现社会与个人的价值，能否让从消费者体验到自己生活的尊严，从而让自己的生活变得更高尚、更有价值、更有个性、更有艺术感与幸福感。因此，以前的互联网保险 APP 产品还能不能适应消费者的需求呢？如果不进行改进升级，以往的成绩还能不能维持呢？接下来，我们要做什么呢？如何应对未来的发展？是要推翻以前的产品，还是探讨出更好的方案来对以前的产品升级创新，适应绿色生活和经济生活呢？

二、背景介绍

(一) 行业背景

中国保险行业协会发布的《2016 互联网保险行业发展报告》显示，2015 年，实现互联网财产保险保费收入约 768.36 亿元，占各财产险保险公司累计原保险保费收入8 423.26 亿元的 9.12%。从保单数量来看，2015 年度累计互联网财产保险保单 26.01亿单，客户 15 亿人次。其实，近几年来，伴随着保险行业与互联网市场的进一步融合，越来越多的保险公司运用电商平台开展互联网保险业务。与 2014 年相比，2015 年各家公司的互联网业务模式已经逐渐转向个人计算机（PC，下同）网站和微信公众号。财险公司方面，平安产险和安盛天平较早开展网销 PC 端互联网业务，国寿财险于2012 年 6 月开展手机移动端互联网业务。

2015 年，自营网络平台的财产保险保费收入为 704.86 亿元，其中人保财险和平安产险的保费收入最大，合计占比达 82.3%。同时，2015 年保费收入过亿元的有 12 家公司，除上述两家外，还包括大地保险、太保产险、阳光产险、天安财险、太平财险、中华财险、永诚保险、安盛天平、永安保险和英大财险。这 12 家公司合计保费收入623 亿元，业务占比为 88.39%。

在险企的自营平台中，包括 PC 端（官网）和移动终端（APP、WAP、微信等）方式。在 PC 端方面，2015 年 39 家公司 PC 端官网访问量总计 12 亿次，其中，访问量达到千万级别的公司有 7 家，占市场总访问量的 98.8%。

因为 PC 端承接的是搜索引擎获客模式，随着移动互联的发展，PC 端的搜索受到冲击，而移动端逐渐兴起。移动官网是官网搜索引擎模式在移动端的补充，形式上更贴近 APP。因此，各公司的移动端业务更集中在利用微信、淘宝等渠道搭建自营网络平台。据了解，39 家公司 2015 年微信关注数合计为 1 489 万人次，较 2014 年增长 223%。

(二) 企业背景

2015 年 6 月，中国平安发布公告称，公司前 5 月共实现保费收入 2 223.95 亿元，其中财产保险公司、人寿保险公司、养老保险公司和健康保险公司的保费收入分别为699.49 亿元、1 442.43 亿元、79.33 亿元和 2.7 亿元。

中国平安表示，随着业务持续发展，集团旗下的业务规模与品牌实力近年来持续壮大。截至 2015 年年底，集团持有核心金融公司产品的个人客户数近 1.09 亿，互联网用户总量达 2.42 亿。面对庞大的客户及用户规模，平安坚持以"专业让生活更简单"为品牌核心理念，持续改善和提升客户体验，积极致力于产品、服务及渠道的创新，同时积极履行企业的社会责任，在为客户、股东和员工创造价值的同时，不断提升集团品牌价值。

三、相关理论知识

（一）移动查勘和自助理赔

在移动互联网保险中率先做出突破的是车险业务，车险移动查勘系统的出现彻底改变了传统车险理赔服务模式。从最初的等待查勘人员到场拍照认定事故再返回保险公司理赔；到查勘人员运用移动智能手机现场拍照发送给后台核赔人员，核赔人员接收数据并进行理赔；再到现在已基本实现的小事故可由用户直接通过手机等移动终端，按语言提示自助在保险 APP 上操作，整个理赔过程可缩减至 30 分钟，并且保险 APP 还配置了即时提醒功能，可随时提醒案件进展情况。

车险移动查勘系统的出现，在降低保险公司车险核赔成本的同时，确保了小额简易案件理赔时效，进一步提高了车险理赔效率和服务质量，使整个车险理赔过程更加简单明了。

（二）精准化管理模型

其主要的因素包括：管理领域、业务流程、业务规则与控制点、角色与职能。管理模型化是指通过软件技术和 IT 基础环境的支持，能够实现传递最佳的管理实践、提高企业运行效率、保证执行到位的效果。

（三）客户服务工具

各保险公司推出的保险 APP 除了上述功能以外，还贴心地提供各种客户可能需要的保险公司信息，如柜面网点、公司电话、网站、VIP 专享等各项服务内容，让客户及时掌握各项服务信息。保险 APP 存在的问题主要有：推出专业保险 APP 的门槛较高，用户使用 APP 和自助投保意愿不强，保险公司对保险 APP 的重视程度不足，利用 APP 进行展业的保险产品种类有限制等。在保险 APP 的风险防范方面，保险公司应该加强技术储备，提高保险客户对保险 APP 的关注程度，建立强大的安全防护体系。

（四）口袋理赔体验的优点

理赔流程清晰简洁。接到自助报案时，客服端通过手机号码识别被保险人、定位出险地点，自动关联车辆信息与保单信息并判断是否可以自助理赔，同时生成报案号。整体流程非常简单，仅需几步即可完成。从定损到维修，再到最后的赔付都能够像快递单那样随时查看进度情况，从真正意义上让车主们掌握理赔的流程进展。

（五）差异化

1. 差异化定价

一是顾客差异化定价。服务行业经常会采用这样的策略来最大化效益经营。二是渠道差异化定价。对于相同产品，当经过的渠道不同时价格往往也是不同的。三是产品差异化定价。产品差异化大致可以分为两类，即同类产品不同品牌和同样产品不同质量。四是时间差异化定价。时间具有不可逆转的特殊性，每个人对于时间的要求也不尽相同，因而企业往往利用顾客对时间上的需求差异实现差异化定价。

2. 产品差异化竞争策略

产品差异化竞争策略是垄断竞争条件下企业基本竞争策略之一，是指企业在自己的产品上引进新的、与竞争对手不同的、能更加迎合需要的特征，以吸引更多的消费者。其内容包括提高产品质量、改进产品性能和结构、增加产品用途及为顾客提供更加周到的服务等。

（六）品牌定位

品牌定位维度：市场定位、价格定位、形象定位、地理定位、人群定位、渠道定位等。品牌定位是市场定位的核心和集中表现。企业一旦选定了目标市场，就要设计并塑造自己相应的产品，品牌及企业形象，以争取目标消费者的认同。由于市场定位的最终目标是为了实现产品销售，而品牌是企业传播产品相关信息的基础，品牌还是消费者选购产品的主要依据，因而品牌成为产品与消费者连接的桥梁，品牌定位也就成为市场定位的核心和集中表现。

四、案例分析

（一）平安"好车主"升级

在 2016 年 1 月 7 日，平安产险在北京召开主题为"移动互联车生活"的中国首届车主生态峰会。峰会上，平安产险启动了首个专为车主定制的节日——平安车主节。据悉，该活动上线后将为全国的车主送出一份"新年大礼包"。此外，平安产险还展示了构建移动互联车生活的最新"利器"——平安车险口袋理赔服务和"好车主"APP3.0 版。"好车主"APP 是本次案例的主题。据了解，平安产险在集团长期的引领下，经历 1.0 时代、2.0 时代的更迭，通过本次峰会，平安集团宣布全面开启平安 3.0 时代。在 3.0 时代，其将实现线下客户线上迁徙，融合线上线下全方位大数据及运用"科技+互联网"形式增强用户体验。"好车主"APP 3.0 版涵盖车主的全方位服务，如车保险、车服务、车生活等，解决车主们对投保、理赔、厂修服务等方面的诟病，为全国车主们提供便捷服务，如一键投保、一键理赔以及违章代办等增值项目。

随着互联网与保险正加速融合，保险未来可能被互联网改变的空间很大。据平安集团总经理任汇川透露，将保险业互联网化，可以分三步走，包括改善客户服务、改变定价模式及去中介化。随着社会经济发展越来越快，人们对生活的追求也越来越高，需求的层次也越来越多。作为服务于消费者的行业来说，最重要的就是不断提升自己的服务态度，服务创新形式，服务的全方位化和多层次化，吸引客户的注意力和持久的消费与信赖感，这样客户才会乐意到你的公司消费。

互联网 APP 虽然是一种比较新的东西，但它的性质和其他服务是相似的，有共通的地方，平安"好车主"APP3.0 也在不断地跟进时代，跟进客户的需求，把服务做到家，不仅专注于保险，而且把保险带到生活，带到社会生态的层面，让客户体验到高质量、高效的服务。其中，在改善服务方面，平安"好车主"APP3.0 以提供保险服务为核心，比如查询保单和理赔进度，再延展到汽车后市场的服务，比如违章提示、用车养车服务，让客户不仅仅能够获得快速理赔，还能享受其他的服务，简单快捷，时尚方便。平安财险"好车主"APP打造从"车保险"到"车服务、车生活、车娱乐"的全方位生态圈。

平安产险这一划时代的创新科技，为车主提供了一站式金融生活消费体验，给消费者带来福利，造福社会。平安"好车主"是平安产险通过长久的积淀和创新，在轰轰烈烈的"互联网+"运动里，推出的一款车险类刚需性APP产品。其品牌定位聚焦"用车助手、安全管家"，致力于为车主打造更加完善的用车生活平台。

每一种东西要长久地得到很多人的认可和尊重，是需要通过不断的积累和发展的，所以平安"好车主"APP要把品牌做大做强，需要挖掘客户资源，留住原有的客户，引进新的客户。"好车主"APP新的版本要增加客户黏性，重视与用户的高频接触。保险公司要把客户分为不同的类型，针对不同的客户目标群开展营销活动。

（二）平安"好车主"应用实例

2016年9月7日，福州车主林先生在行车途中不慎发生刮擦。在平安产险福建分公司电话中心坐席的指导下，林先生在出险现场迅速下载了平安"好车主"APP，通过点选"自助报案""拍摄照片""选择修理厂"，简单三步，一键全自助，不到20分钟，900元理赔款就打到了林先生的指定银行卡。简单便捷的理赔新模式，给了林先生极佳的理赔体验。在获悉平安"好车主"APP还可以为车主提供可信赖的买车险、办理赔、查违章、养修车、领福利等多项服务，而且投保平安车险商业险的客户，如果安全驾驶无出险，每月还可领10元积分奖励，全年最高120元后，林先生高兴地说，他要赶紧通知身边的朋友都赶快使用平安"好车主"APP。

在互联网移动终端下，理赔查勘活动不再一定需要查勘员亲自出场，保险公司可以节约相关成本。因为有移动终端，保险公司可以通过APP运用这一媒介让客户自行进行理赔流程，利用大数据来进行识别和信息技术处理，判断客户是否真的是发生了责任范围内的保险事故。

平安"好车主"APP3.0能够不断整合自己的资源，提高合作能力，让APP理赔更容易掌控，让客户简单快捷的获得理赔。相关数据显示，理赔服务已经成为车险购买的第二大考虑要素，占比高达57%。平安"好车主"APP推出"自助理赔"服务，这种在线车险的勘验和理赔，特别适合小刮小蹭。平安"好车主"APP的数据显示，涉及案件的平均全案周期仅为0.42天，每笔案件为客户节省2.62天，最快案件从报案到支付赔款仅需3~8分钟，客户好评率达到99.03%。平安产险一直在针对全体车主，通过平安"好车主"APP聚合资源拓展服务来提升用户体验。一款好的汽车服务APP要能够一站式解决车生活问题。这考验的是整合能力，尤其是在汽车后市场，质量认证显得更为重要。

平安"好车主"APP3.0还适时推出了吸引客户注意的无险积分奖励。保险公司充分利用客户的消费心理，不断提高客户的保险意识，减少保险事故发生的概率，从而减少了理赔的金额。平安产险各地的机构积极联合当地优质合作伙伴，围绕车主衣食住行娱乐，不定期推送福利，与车主形成良性互动，并回馈广大车主。

（三）平安车险 APP 展望

2016 年 10 月 20 日，平安产险在 600 米高的深圳新地标——平安金融中心宣布，旗下"好车主"APP 品牌定位重磅升级，聚焦"用车助手、安全管家"，为车主打造更加完善的用车生活平台。

基于"好车主"APP，平安产险未来将建立新定价模型下的 UBI 车险，根据各自风险水平为每位车主制定个性化的车险产品和费率，真正实现"一人一车一价"。孙建平表示，在今年年初开启"开放、合作、共享"的 3.0 时代后，平安产险加速推进移动互联战略，利用科技手段不断升级服务体验。3.0 时代的平安产险将加速推进互联网创新，努力为车主打造更加完善的用车、养车、安全管理服务平台，用"3.0 加速度"启航未来车生活。

平安"好车主"APP3.0 版本上线以来，基于平安集团巨大的互联网用户基础及 2.5 万家合作厂商，以车险服务切入维修保养服务，打造综合性汽车生活服务平台；其核心功能模块"平安行"兼具行程记录、驾驶行为记录、驾驶评价与风险提示、驾驶改进方案等功能，在安全驾驶管理方面不断创新。平安"好车主"APP 也在逆向做社区和平台。APP 里的"车圈"，有保险、美图、行车安全和车辆性能的探讨，承载着增强黏性、与用户高频接触的功能。而 APP 里的车主商城里聚合了加油、洗车、补漆、保养、代办、美容维修等约 70 种车服务，精选全国 7 000 个车服务网点，为 2 400 万注册客户提供优质服务，引导客户的线上放心消费并通过点评反馈进行品质管理。

"好车主"APP 正慢慢走向合作开放的道路，以插件形式，嵌入到集团两大核心平台——财富、健康管理平台中去。一账通、陆金所等的客户端入口也可以以插件形式嵌入到"好车主"APP 中来。

五、总结

随着产业的互联网化，价值服务和创新的重要性日益凸显，保险公司必须要满足客户的消费需求，让客户体验到满意的服务。在互联网车险当中，保险公司要利用好移动终端的发展，利用好服务平台，增加产业链的延伸价值，全方位地拓展到保险、服务、生活当中，而不是脱离了消费者。平安产险"好车主"APP 致力于研究和追寻消费者的现代化生活需求和价值体验。

因为科技发展得很快，人们使用手机网络越来越普遍，使得人们会趋向网络消费，从而使得时间成本和经济成本降低。平安"好车主"APP 很好地把握了车险消费者在移动终端下的需求动机，尊重消费者的安全需求和价值需求，并且不断创新和提升服务质量和方式，利用移动终端的优势，运用一些新模式来连接保险服务，紧紧抓住时代的机遇，以自己公司的移动终端 APP 来实现自己的品牌价值，拓宽市场，占领互联网车险市场，延伸产业价值等。

六、思考题

(1) 互联网车险移动终端 APP 发展的优势与不足有哪些？

(2) 财险移动终端 APP 中有哪些服务创新的方式？

(3) 有哪些财险公司在 APP 创新方面做得比较好？

案例 5-9　中国人保"掌上人保"

一、开篇

眼看车险快到期了，需要进行续保，但是最近又有很多事要忙，没空去保险公司进行续保，王女士为此特别烦恼。打开手机，灵光一闪，突然想到现在科技这么发达，手机里有各种 APP，不知道保险公司有没有推出相关 APP。于是王女士马上上网搜索了一下，果然找到了想要的 APP——中国人保的"掌上人保"。王女士打开 APP，登录账号，进入到续保界面，填写了相关信息，几分钟之后就完成了续保。王女士浏览了 APP 的其他内容，发现还具有非常多的功能，比如出险时也可以由手机对事故现场进行拍照并上传，可以查询理赔进度，进行电话投保等。王女士不禁感慨，保险公司也跟上了时代的潮流，这个 APP 的功能非常强大，相信未来会有更多功能推出，将会带来更多的方便。

二、背景介绍

众所周知，与传统互联网相比，移动互联网突破了时间和空间上的限制，消费者不再需要使用电脑并连着网线才可以上网，而只需要一部可以随身携带的智能手机就可随时随地轻松上网，并完成各种网上查询、沟通和交易行为。强大的便利性和低成本，让移动互联网轻松地颠覆了整个世界。

随着智能手机移动终端在广大消费者中的普及，移动 APP 的发展呈现出爆炸式增长的趋势。考虑到移动互联网庞大的用户基础，各个行业都开始重视移动终端应用程序在其行业发展中的作用。APP 是英文 Application 的简称，现在一般都指移动智能终端的第三方应用程序，其结合了通信和互联网的优势，加之云计算所拥有的强大信息资源，借助广大的终端传递服务，受到众多企业的青睐。APP 作为智能手机的重要组成部分，可以提供各种各样的服务，同时又比 WAP 更加方便且具有更多功能。

正是看到了 APP 的优势所在，各家保险公司纷纷在探索中推出了各自的专属 APP。例如：中国人保财险推出的 PICC"掌上人保"、平安推出的"平安好车主"、太平洋保险的"太平洋车险"、大地保险的"中国大地保险"等。而从目前业务开展来看，APP 在车险业务运用中所产生的效果最为明显，这与客户对车险购买、勘探定损、损失补偿便捷性的诉求密切相关。

三、相关理论知识

(一) 保险理赔

保险理赔是指在保险标的发生保险事故而使被保险人财产受到损失或人身生命受到损害时，或保单约定的其他保险事故出现而需要给付保险金时，保险公司根据合同规定，履行赔偿或给付责任的行为，是直接体现保险职能和履行保险责任的工作。

《保险法》第二十二、二十三条规定，保险事故发生后，依照保险合同请求保险人赔偿或者给付保险金时，投保人、被保险人或者受益人应当向保险人提供其所能提供的与确认保险事故的性质、原因、损失程度等有关的证明和资料。

保险人收到被保险人或者受益人的赔偿或者给付保险金的请求后，应当及时做出核定；对属于保险责任的，在与被保险人或者受益人达成有关赔偿或者给付保险金额的协议后 10 日内，履行赔偿或者给付保险金义务。保险合同对赔偿或者给付保险金的期限有约定的，保险人应当依照约定履行赔偿或者给付保险金义务。

(二) 人保理赔流程

1. 拨打报案电话 95518

出险时立即拨打中国人保公司报案电话 95518 或有条件的情况下通过传真等方式向公司报案，公司的理赔服务人员将向投保人询问出险情况，协助安排救助，告知后续理赔处理流程并指导投保人拨打报警电话，紧急情况下投保人可以先拨打报警电话。

2. 事故勘查和损失确认

在投保人的协助下，中国人保公司理赔人员或委托的公估机构、技术鉴定机构、海外代理人到事故现场勘查事故经过，了解涉及的损失情况，查阅和初步收集与事故性质、原因和损失情况等有关的证据和资料，确认事故是否属于保险责任，必要时委托专门的技术鉴定部门或科研机构提供专业技术支持。中国人保公司将指导投保人填写出险通知书（索赔申请书），向投保人出具索赔须知，并与投保人共同对保险财产的损失范围、损失数量、损失程度、损失金额等损失内容、涉及的人身伤亡损害赔偿内容、施救和其他相关费用进行确认，确定受损财产的修复方式和费用，必要时委托具备资质的第三方损失鉴定评估机构提供专业技术支持。

3. 提交索赔材料

投保人需要根据中国人保公司书面告知的索赔须知内容提交索赔所需的全部材料，公司将及时对投保人提交的索赔材料的真实性和完备性进行审核确认，索赔材料不完整的情况下公司将及时通知投保人补充提供有关材料，对索赔材料真实性存在疑问的情况下公司将及时进行调查核实。

4. 赔款计算和审核

在投保人提交的索赔材料真实齐全的情况下，中国人保公司将根据保险合同的约定和相关的法律法规进行保险赔款的准确计算和赔案的内部审核工作，并与投保人达成最终的赔偿协议。

5. 领取赔款

中国人保公司根据与投保人商定的赔款支付方式和保险合同的约定向投保人支付赔款。因第三者对保险标的的损害而造成保险事故的，在人保公司根据保险合同的约定和相关的法律法规向投保人支付赔款后将请投保人签署权益转让书并协助公司向第三方进行追偿工作。

四、案例分析

（一）"掌上人保"应用实例

王先生急着出门办事，可能是过于心急，车速过快，结果为避让行人，车头蹭到了小区花坛，造成轻微凹陷和小面积油漆脱落。按常规，类似单车事故必须马上拨打保险公司报案电话，并保留现场等待查勘定损员前来。但王先生正急着出门，且车辆还可正常行驶，损失也不大，急切间他突然想起手机中装载的"掌上人保"系统。他登录系统使用电子查勘员功能，按照系统指引对事故现场及车损部位拍了照片，上传，并立即撤离事故现场前往办事去了，整个过程不到 5 分钟。

人保财险这款 APP 应用，一旦发生交通事故，立即给 95518 报案，告知手机已安装"掌上人保"，后台即启动掌上理赔功能，车主只需按照系统提示拍照上传，即完成了现场查勘工作。

"掌上人保"功能分成三块：电子查勘员、电子理赔员和电子速递员。

电子查勘员即上述报案和查勘拍照功能，针对所有的人保车险客户开放，应用对象是不涉及人伤和第三方物损的单车或双车事故，事故车辆可以正常行驶，自动撤离，车主可省去在事故现场等待上门查勘的时间。

电子理赔员是通过手机终端进行车险报案、查勘拍照、单证上传、确认定损、提供账户信息、赔款支付的全流程自助服务，车主可通过手机一站式完成车险理赔，对象是优质客户。

电子速递员是指完成查勘定损和修理的事故车辆，可通过"掌上人保"提交理赔单证和赔款账户等资料信息，省去往返保险公司提交资料的不便。应用对象是所有车险客户。

"掌上人保"还可以向客户提供手机投保、信息服务、限速提醒、交通法规、保险知识、定点寻车、理赔、出单、4S 店网点自助查询等增值服务。

（二）"掌上人保"的功能介绍

1. 空中定损

以往在车辆发生事故后，需要投保人先向保险公司报案，然后等待查勘人员到现场定损后，再提交资料给保险公司，最后等待保险公司支付赔款，这就要求保险公司需要一个庞大的团队随时准备前往现场，造成较高的人力成本。空中定损即是通过移动终端进行事故现场影像资料等相关信息的传输，使工作人员能够远程定损，其目标就是为了给客户索赔提供便利，只要是没有涉及人身伤亡的事故，客户在电话报案后，自主查勘，并根据终端 APP 提示上传事故照片就可以完成定损工作。通过这种方式，客户不用等保险公司工作人员到达现场，减小轻微交通事故对交通的影响，也不用前往保险公司办理相关手续，简化定损程序。此外，APP里内置有模拟电子理赔程序，可以引导客户充分了解出险时所需的操作程序，便于对相关功能的使用。

2. 客户服务工具

"掌上人保"除了上述功能以外，还贴心地提供各种客户可能需要用到的保险公司信息，如柜面网点、公司电话、网站、VIP专享等各项服务内容，让客户及时掌握各项服务信息。移动终端APP还有一个重要的特点就是具有信息推送功能。"掌上人保"具有天气预警推送功能，可以向用户提供在恶劣天气中的相关路况信息让用户了解情况，选择最佳路线；限速提醒推送功能可以让客户更好地调整车速，避免出现违规行为。车险产业链的使命不仅在于事后补偿，更重要的是增强事前防范，降低事故率，这些通过车险APP信息推送功能产生的增值服务，可以让客户充分感受到保险公司的人文关怀，增强客户对于保险公司的认可度，从而凸显保险公司的人文价值。

(三)"掌上人保"APP发展中存在的问题

1. 保险公司推出专业APP的门槛较高

与国外同行比较，国内保险在移动互联网上的发展落后很多。美国自由交互保险公司2010年就已推出首款事故处理APP。而2011年开始，美国绝大部分汽车保险公司都已自家或是和相关企业合作推出终端APP。国内只有一部分的保险公司推出了自己的专属APP，其中以大型公司为主。之所以会有这样的情况出现，主要是因为对于保险公司来说，APP的前期研发投入成本很大，短期内也难以收回成本。而APP所需要的花费并不止于开发上，后期的更新和维护也非常重要。现在的移动互联网发展迅速，可谓日新月异，而智能手机的功能也越来越高级。若是没有对APP进行相应的更新与维护，以适应新技术的要求，原来的APP将无法正常的运行。当公司有新的产品或者活动推出时，都需要有专门的技术人员对APP的内容进行更新。因此，只有不断对其注资和花费精力才能保持产品的品质，保证良好的用户体验，才不会被社会淘汰。而上述的这些内容，都需要保险公司投入资金，且花费不菲。

2. 用户使用APP和自助投保的意愿不强

保险APP至今面临的一个最主要也是最致命的问题就是用户使用APP和自助投保意愿不强。保险APP在移动终端应用软件市场的下载和使用量一直不高，除了保险公司现有客户中的一小部分愿意接受和尝试APP意外，基本上无人问津，更不用说在保险APP上自助投保了。保险APP的宣传力度不够，大多数人并不知道有保险APP的存在。对于新用户来说，可能对于保险产品的了解并不多，而在APP上所得到的信息又太少，同时也怕自助投保时犯下某些错误而导致后期理赔不成功。因此，他们可能更多的会去选择与相关保险产品工作人员进行交流以获得想要得到的信息。虽然APP可以给用户带来一定的便利，但还不足以引发客户的使用热情，保险公司可以在这方面着手，以吸引更多的使用者。

3. 担心信息泄露

科技发达给我们带来便利的同时，也存在很多安全隐患，新闻里时不时地出现某公司内部资料被黑客盗取的新闻，一些客户就担心如果通过 APP 进行相关活动，会带来信息安全隐患，因此不愿选择 APP。

4. 部分用户理赔体验不佳

虽然目前"掌上人保"已经实现了空中定损功能，但是在理赔阶段还需要客户提供驾驶证、身份证等资料和事故认定报告至保险公司，然后等待银行转账获得赔款。有些客户会觉得还是非常麻烦，因此不会使用 APP 进行理赔。

（四）针对保险 APP 发展中存在的问题的对策

1. 保险公司应该加强技术储备

不论从技术或是发展时间上来讲，国内移动互联网保险都落后于国外发展水平，因此在发展中保险公司应该不断加大自身的移动互联网技术和经验的储备，关注保险 APP 在开发和运营中出现的问题，及时解决，不断提高用户体验，搭建更加得到用户认同的 APP。

2. 提高保险客户对保险 APP 的关注程度

保险公司应加强对本公司保险 APP 的宣传，包括推销人员展业中的宣传以及利用媒体进行宣传。首先，推销人员可以在展业时进行示范，引导客户亲身体验，增进客户对 APP 的了解，让客户了解 APP 所能带来的便捷之处，完成 APP 的初步推广。同时，保险公司可以在各营业部或总部的大厅内进行多种媒体宣传，如展现 APP 功能的海报、模拟情景的视频、附有具体操作步骤的传单等，使客户可以在办理业务的等待过程中了解保险 APP。除此之外，还可以利用公路展板、广播电视、名人效应或是对相关正面事件的宣传来鼓励、吸引大众对 APP 的关注和使用。

3. 建立强大的安全防护体系

只有解决好用户关注的安全隐患，解决用户的后顾之忧，保险 APP 才能得以长久发展。第一，建立健全相关法律法规，不让移动互联网保险成为法律的空白区，让不法分子无机可乘，保障用户的合法权利；第二，搭建让人放心的支付平台，可以将支付交由实力强大的第三方支付平台来完成；第三，加强企业 APP 安全防护，构建强大的安全防御网络，保护客户资料不丢失，规范电子保单管理条例，并做好数据备份。

4. 快速理赔

考虑到当前手机支付的快速发展，保险公司对于车险 APP 的开发可以将赔款过程同样融入其中，即在终端 APP 通过客户信息认证设立客户个人账户，保险公司可以直接将赔款划拨到客户的个人账户中。客户个人账户资金可以取出，也可以直接用于其他险种保费的缴纳。通过这种理赔方式可以很大程度上降低理赔工作量。

五、总结

基于移动终端设备开发的"掌上人保"APP，能为客户提供更加便捷的保险服务。在这些广受好评的保险 APP 成功推广的基础上，将 APP 运用到所有保险产品服务的过程也必然成为保险公司今后的路径选择，这也意味着客户随时随地都可以享受到更全面的保险产品。高新科技的应用促使保险业保持追求创新发展的精神、坚定保险业为

客户提供人性化服务的理念，助力保险业向以便捷为核心的移动时代不断迈进。

六、思考题

（1）为什么 APP 中的主要功能都是针对车险业务的，针对非车险业务的却很少？

（2）对于"掌上人保"这个 APP，现有功能模块可以如何调整？

案例 5-10 "众安在线"引发的思考

一、背景介绍

2012 年，平安集团联合腾讯、阿里巴巴组建国内首家专注于互联网保险的创新型保险公司——众安在线财产保险股份有限公司。由于三家公司当家人都姓马，被业内戏称为"三马卖保险"。2 月 20 日，"众安在线"正式拿到保监会批文，获准筹备。它在渠道上完全摒弃了保险行业的传统人海与电话战术，从产品需求到服务流程都依托于互联网，目的是为探索一条精耕细作的业务模式。毫无疑问，"三马卖保险"有强大的股东做靠山，专做互联网保险生意，集生产、销售、服务于一体，颠覆了保险业传统的经营模式。

众安保险注册资金 10 亿元，业务范围包含与互联网交易直接相关的企业家庭财产保险、货运保险、责任保险、信用保证保险等。在经营模式上，众安保险仅在上海设立一家总部，不设分支机构，其产品销售和理赔工作将完全通过互联网来进行。在产品层面，众安保险会将虚拟财产即互联网经济的保险作为主营产品。阿里巴巴本身拥有庞大的个人用户和企业用户，这些都有望成为新保险公司的客户群体，而天猫、支付宝，也将会是主要的销售渠道。众安保险能够基于现有互联网数据分析，从网民的利益角度出发，开发出互联网环境下充分保障和维护网民利益的险种，从这个角度来说，众安保险不仅仅是一家互联网保险公司，更是一家数据公司。

二、相关理论知识

（一）财产保险及保险产品

财产保险是指以各种财产物资和有关利益为保险标的，以补偿投保人或被保险人的经济损失为基本目的的一种社会化经济补偿制度。《保险法》第九十五条规定"财产保险业务，包括财产损失保险、责任保险、信用保险、保证保险等保险业务"。保险产品是指"保险公司为市场提供的有形产品和无形服务的综合体"。

（二）网络营销环境理论

网络营销环境可以分为可控环境因素和不可控环境因素，可控环境因素是由公司及其营销人员支配、掌握的因素，包括最高管理部门可控因素如企业方向、总目标、市场营销部门及其他职能部门的作用。营销部门可控有目标市场的选择、市场营销目标、市场营销机构、市场营销计划或组合、调控等。不可控市场营销环境因素是影响机构业绩而机构及其营销人员又不能支配的因素，主要包括消费者、竞争对象、政府政策、经济环境、技术水平等。网络营销的范围突破了原来按照商品销售范围和消费者群体、地理位置和交通便利条件划界的营销模式，在网络环境下，信息的传播发生了由单向向双向、由推向拉互动、由分离的传播模式向多媒体传播方式的变化。机构对外部环境必须不断加以关注，其影响必须考虑到任何市场营销计划中。

企业形成了以顾客为中心的营销观念，就应当通过生产经营活动的实践适应、满足、引导和服务于消费者的不同需求。市场的变化集中体现了顾客和用户的消费需求，而消费需求主要是源于个人或组织的需要和欲望，同时又要受到支付能力和社会环境因素的制约。市场经济条件下，消费行为的基本模式由营销和其他刺激引发，通过购买者神秘的动机产生反应，并引起购买行为，消费者做出购买决策这一过程一般需要经历五个阶段：需求确认阶段、信息收集阶段、评价选择阶段、决定购买和采取购买行为五个阶段。网络购买在信息、分析、抗干扰、时间选择等方面具有优势，但也存在缺乏观察实物感受、使用范围小等缺陷。消费者网络购买过程包括动机产生、信息收集、分析比较、实际购买、购后评价反馈五个阶段。在营销过程中企业不仅要了解购买者行为的主要因素，还要对购买者的购买过程进行认真分析。

三、案例分析

（一）"众安在线"成立的背景

第一，自从中国加入世界贸易组织之后，国际化的趋势日益明显，许多国外保险公司纷纷入驻中国内地市场。相对于国内保险业来说，国外保险业起步早、发展快，业务水平和人们对保险的认知度普遍高于中国，这就必定会给国内保险企业带来前所未有的挑战。

第二，保监会力推保险企业创新升级。从2011年4月递交筹备申请算起，"众安在线"拿到筹建牌照用了不到一年时间。从较快于同业的审批周期上可见，对于互联网保险创新，保监会表现出开明、开放的监管思路。几年来递交筹建保险公司的申请已超过100份，此次保监会批筹"众安在线"，试点创新意图明显。在新的保险监管理念之下，保监会更注重行业的合规发展，注重创新而非单纯的规模和速度。对于试点创新的新生事物也会采取宽容的态度。

第三，汽车保有量趋于饱和，开发新险种成为一种必然。据不完全统计，从财险市场来看，存在严重的产品结构不合理现象。全国保险监管工作会议上披露的数据显示，在财产险中，非车险业务占比不到30%，责任险、家财险、货运险等业务发展不充分。近几年来，财险企业之间存在严重的车险业务搬家现象，而市场上车辆拥有量增长趋缓。随着市场上汽车保有量逐渐趋于饱和状态，单靠车险业务维持保险公司的发展已不可持续。综上所述，财险企业要想在日趋激烈的市场竞争中博得一席之地，无论是从内因还是外因、主观还是客观，实现转型升级，才能提高产能，也才能实现新的增长。

"众安在线"从产品需求到服务流程都依托于互联网，为客户提供从投保、缴费、实时承保、发送电子保单到后续自助服务的一站式服务体验，堪称是保险界的创新突破。

（二）"众安在线"的优势

网络营销与传统的市场营销存在很大差异，体现在它的信息获取方式、服务场所、服务时间、销售市场、营销方式、适合险种、信息传递等方面。网络营销这一新渠道在保险行业初步发展，但已经显示出其他传统渠道无法比拟的优势。

网络营销带有互动性质，通过网络渠道企业可以直接与消费者进行沟通，消费者可以迅速、准确地获得个性化的信息和服务。企业通过这种互动式的交流方式，可以对网络营销的效果进行评估、测试，并探求提升营销管理效能的模式。

网络本身的特点和消费者个性化需求的回归决定了网络营销是一种"软营销"，其最显著的特点体现在购买过程中消费者的主动地位。在传统购买方式中，先是消费者对某种商品具有购买的欲望，然后通过各种渠道查询产品的相关信息，最后购买需要的商品。网络具有较强的互动性，是一种高效率的沟通工具，通过建立一个新的"自助式服务网络"的服务系统，通过网络渠道，消费者就能够获得多元化、高密度的海量专业信息，例如公司的发展历程、保险公司的资金实力以及保险产品种类等各种信息，让保险公司与被保险人及投保人之间的信息不对等问题得到一定程度的缓解，而且可以在同一时间比较多家保险公司的类似产品，投保人或被保险人在选择保险时更具有主动性和针对性，同时增强双方的互动性。由于网络营销主要是主动式购买，犹豫期及退保率远低于银行保险和个人代理人渠道。

通过调查分析发现，与传统营销渠道相比，保险产品的网络营销渠道的经营成本如各类租金、相关费用、员工薪金等可以节省60%～70%，保险公司需要支付的费用主要是少量的网络服务费用，而且保险业务的时间和空间因为网络的实时传输和反馈而放宽了限制，也提高了营销效率。互联网可以使保险业务无限扩展到在任何地区任何联网的计算机，并可以实现24小时无间断运作，对我国保险市场与国际接轨起到很大的促进作用，同时又提高了人们对保险产品的服务理念的接受程度。对保单的保存实行无纸化管理服务，节省了大量的空间，网络营销已经加快了保险产品的交易过程，降低了客户选择保险的采购成本，提升了我国保险业的整体发展进程。

电子营销渠道的开辟可避免传统保险推销员强行推销和电话骚扰的弊病，从卖保险转变为让客户自助买保险，"众安在线"可以说在渠道上完全摒弃了保险行业传统的人海战术与电话战术，从产品需求到服务流程都依托于互联网，不设分支机构，目的在于探索出一条全新的精耕细作的业务模式。该业务模式的具体特点包括：第一，传统金融保险将联合现代高科技企业重新开拓市场份额。平安作为传统金融行业在保险、银行和投资三大支柱业务上稳健增长，而腾讯和阿里巴巴等国内科技公司，拥有先进的网络技术高科技信息组织体系，以及黏连度极高的庞大用户群。由此可见，"众安在线"的出现使传统金融行业在渠道上实现了重要突破。一旦准入政策限制得以突破，意味着其将快速抢占市场，对传统金融行业市场份额形成势不可挡的冲击。第二，"众安在线"有针对性地细分市场。目前，其仅针对财产保险和责任保险，凭借高科技手段，"众安在线"新营销渠道的尝试，使得传统保险在风险评估、理赔服务领域将更加完善。这将有利于在较短时间内建立网上保险品牌，同时有助于持续地、规范地进行保险电子营销渠道的探索。

（三）"众安在线"发展的局限性

任何一种新事物在发展过程中总会有些曲折，保险网络销售渠道需要周密策划和精心设计，不可能一蹴而就。目前与保险网络营销相匹配的风险防范机制、渠道管理机制以及保险监管机制都在积极探索当中，"众安在线"作为一种保险网络营销，其全流程运营模式尚未完善。同时，网络营销渠道除其优势之外，本身亦存在一些局限性。

1. "众安在线"保险网络销售渠道的产品单一，对象受限

目前，"众安在线"的产品单一，主要集中在车险和简单产品上。而保险消费者面临的风险千差万别，单凭网络上的产品介绍或短暂沟通，往往很难让消费者购买到一份贴身的保险产品，尤其对于一些复杂的企财险、货运险、养老险、重疾险等，这都需要一些专业的财务安排。此外，虽然网络营销渠道的覆盖面很广，但是亦有部分群体无法顾及，如部分农村区域、老年群体、不便于使用网络的群体等，这些也需要传统渠道做补充。

2. "众安在线"在承保技术上存在局限性，需要"网下"沟通

客户的真实风险水平、核保过程中的体检环节、电子签名的防伪、保险理赔欺诈、道德风险等问题目前网络营销还是难以解决。复杂的产品销售往往最终都需要线下的工作人员来洽谈完成。

3. 网络安全问题影响保险网络销售

网络信息的真实性和网上支付的安全性、客户信息的保密性等都要求保险公司加强对网络平台的投入和维护，而这些也是保险客户最担忧的问题，往往会导致客户望而却步。

4. 保险网络营销的法律环境尚不能满足目前网络营销渠道的需求

政府管理部门应该积极完善发展保险电子商务的有关政策、法规，加快电子商务相关的电子合同、买卖双方身份认证、电子支付、安全保障等法律的建设和完善。

（四）"众安在线"发展所需要的条件

1. 优化网络环境，提升网络安全

网络环境、网络安全与互联网保险业务的发展息息相关。就目前而言，网络的软、硬环境都不是很理想，例如网络信息传递速度慢、传递不稳定等都会制约互联网保险业务的发展。另外，网络的安全问题不容忽视，互联网保险业务的交易及款项支付都是基于网络实现的，因此，网络的安全无疑很重要。

2. 完善法律环境，健全相关的管理规章制度

第一，依照我国现行的《保险法》的规定，保险合同的订立或变更，必须由投保人或被保险人或监护人的亲笔签名确认方能生效，显然，这一规定无法适应互联网保险业务发展的需求。第二，关于电子签单、电子支付等网络交易相关的法律法规有待

进一步健全与完善。尽管 1999 年 10 月实施的新《合同法》和 2004 年 8 月通过的《电子签名法》都对电子合同的合法性做了确认，但这些规定都只是粗线条的，缺乏详细而具体的内容。同时，由于保险商品的特殊性，保险网络营销的复杂性，仅有这两部法律远远不够。

3. 保险企业需要转变经营理念，提升服务水平

目前，保险企业尚未对互联网保险业务有充分的了解与认识，许多保险企业仍以保费的多少作为考核业绩的首要标准，而真正以客户为中心的经营理念还未普及。同时，公司服务及管理水平不完善，网上核保问题仍未解决，是制约我国互联网保险业务的最为重要的因素之一。如何在现有信用体系下，推进互联网保险业务的顺利运行是一个值得思考的问题。保险网络营销正在改变着传统营销模式和监管生态，对保险网络营销的跨区销售和理赔的规范需要监管思路和监管模式与时俱进。

（五）"众安在线"发展应注意的问题

"众安在线"为标志的间接保险渠道在未来将得到较大发展，但是，如果要营建良好的电子保险营销渠道，还必须解决诸多问题。以下主要尝试从管理控制、管理模式和人才储备三个角度来探讨这些问题。

1. 管理控制

网站营销是一种被动的渠道，这就要求保险企业加强保险管理控制职能。就是要落实企业各项工作计划，目的是纠正企业运行过程中可能存在的缺点与不足，促使企业按照所期望的目标和轨迹运行。第一，理论上保险经营者运用大数定律可以掌控总量风险，然而在实际运行中，风险具有难以预测的不确定性，因此，控制职能的发挥在保险领域具有不可忽略的重要性。第二，由于电子营销渠道是一种前所未有的创新模式，因此，在管理控制职能上除了借鉴传统的经验外，更重要的是重视高科技信息环境下对管理控制职能的认识及其运用。例如，考虑电子平台管理中应承担的引导、协调、服务等方面的具体职能。第三，把服务职能加入保险管理控制职能中。随着大金融的发展，保险经营者的经营理念的与时俱进，员工队伍知识结构不断提升，新金融、新平台必将带来又一新渠道的新发展。在实体保险管理的基础上，创新渗透到互联网、电子商务平台，势必增强保险组织整体活动的一致性和协调性，使得各职能机构与资源保持应有的协调和平衡，从而将互联网的保险向横宽纵深发展。

2. 管理模式问题

有效的管理模式有助于提升保险新渠道的运作。保险管理模式通常是通过长期的保险活动所总结的相对固定的运作模式，属于保险非物质财富。有效而成熟的保险管理模式是保险不可替代的宝贵资源。第一，加快保险技术创新。保险技术含量是衡量保险管理水平的重要标志，同时也是反映保险管理者贯彻保险经营理念和遵循保险规律能力的指标。要在集中分散风险、保险新业务方式手段上寻求创新。第二，完善保险组织自身内部建设，增强自身结构合理性、规模适度性等生存发展的能力。营造保险组织核心竞争力是保险渠道运作取胜的关键因素，组织动员人、财、物等资源，依靠有利的高科技手段确定市场定位，从而实现保险经营战略目标和保险营销渠道的创

新。第三，运用电子营销渠道和代理人渠道相结合的方式探索保险管理的运作模式。

3. 人才储备问题

注重培养新的保险电子营销专业人才。保险电子营销中，由于缺乏与消费者之间面对面的交流，企业无法了解到潜在消费者的真实风险状况，而消费者本身不是专业人员，不能做出准确判断，因此不利于风险控制。这就要求有一批专业的保险电子营销专业人才。保险从业人员需要经过一定的保险从业经历和专业培训才有可能达到保险行业的从业要求。因此，真正符合保险要求的人力资源具有明显的稀缺性。在储备这些人力资源时应注意以下几点：第一，加强行为规范制度，即采用怎样的形式以及如何将这些形式结合成为一个有机的系统。具体来说就是，行为规范制度是规定保险经营者、管理者和电子营销专业人才之间、部门之间在各自方面的工作范围、权限职责、利益及其相互关系的行为准则。通过行为规范制度管理，能够有效地配置保险资源，落实保险电子营销渠道。第二，明确利益分配制度。现代保险组织分工越来越细，委托代理关系随处可见。不同的主体都在寻求符合自身利益的最大空间，如果没有明确的利益分配制度，极易产生不同利益主体之间的利益冲突。第三，建立信息交流制度。保险电子营销渠道本质上就是利用高科技信息技术手段来实现保险经营。能否实现保险信息软硬件建设、信息交流渠道、信息反馈机制相关方面的制度建设对保险电子营销渠道创新具有重要意义。

（六）保险业与互联网如何合作发展

保险业与互联网的进一步深入合作是必然趋势，其合作方向主要有两个：一是利用新渠道。保险业应充分利用互联网这一新的销售渠道，因为该渠道与传统营销渠道相比，有其独到的优势。二是开发新产品。保险业应充分利用网络经济的新特点，量身定制个性化的保险产品，充分发挥保险的基本职能，实现保险业与互联网的多赢。"三马"联手体现了保险业与互联网进一步深入合作的发展趋势，也引起了社会有关各界的高度关注，其探索将有利于保险业与互联网的合作，促进保险业与互联网的发展。值得注意的是，保险业与互联网的合作涉及面广，影响深远，而目前我国的相关法律法规还不健全，信用体系还不完善。在此前提下，双方的合作要遵循循序渐进的原则，充分评估外部环境和内部条件，科学管理创新风险，最大限度实现创新收益。

四、总结

"众安在线"相关产品布局以及经营模式的创新在互联网环境下都对金融机构有着参考借鉴的意义。"众安在线"专门针对互联网场景提供财产保险，主要面向 B2B 平台上的交易对象。在金融产品中，保险业相对其他金融产品而言，金融专业性不明显，同时保险产品的设计和精算结果受用户数据影响最大。这恰好是互联网企业的长处。在互联网的大量交易行为当中，由于虚拟世界的不确定性和交易本身的风险叠加，催生出了互联网保险。可以说，互联网慢慢变成一个产业，无论是将其当作渠道还是当作服务对象，都可以从中获取无限商机，而获取商机的关键在于把握市场环境，找准客户需求。

　　"众安在线"在产品布局上的创新之处在于其针对互联网技术带来新的产品服务，如移动支付、P2P网贷等容易产生风险的产品推出新型的保险产品。众安计划利用社交网络信息和位置推进财产保险。可见，"众安在线"在产品设计方面是以完全的互联网思维为基础，从交互体验设计到产品研发都是在互联网市场环境下进行的。互联网的市场相比其他市场是开放的，面对日新月异的技术发展以及不断进入市场的竞争者，"众安在线"的立足之本就是利用互联网的宗旨建立更好的模型，做更准确的数据分析。

　　除了产品布线的创新，"众安在线"的经营模式也具有明显的互联网企业特征：不设任何分支机构，完全通过互联网进行保单的销售和理赔，并且避开传统车险业务，专攻责任险和保证险。在业内人士看来，尽管"众安在线"目前涉及的保险产品范围较窄，但它能获批本身就是对传统保险销售模式和互联网金融的新突破。如果互联网企业的各项优势如果都能发挥，由于互联网保险成本低、风险小、市场大的特点，虽然单笔保险的绝对值可能很小，但从精算角度看，费率百分比也可能高于一般保险。同时，众安核保部门人数很少。传统保险企业因为需要对每一个投保单进行仔细审核，需要大量的核保人员。但"众安在线"保单风险主要通过注重产品设计以及充分利用数据挖掘两方面的流程来实现消减。同时，采取定制化的产品服务也由于互联网人群风险特征集中，使批量和自动化核保而成为可能。

　　此外，"众安在线"的互联网企业特征还体现在对大数据的充分利用。众安先设计保险产品的基本模型、形态和费率，交给阿里巴巴或者腾讯等互联网企业去收集数据，得到反馈后，由保险产品设计者调整，动态过程中不接触用户数据。而初步的大数据蓝图是利用两大股东，阿里巴巴找业务，腾讯做营销，用两家公司的业务和营销数据精算得出最好的产品。从一定程度上看，众安的定位更像是互联网公司，用互联网思想、互联网技术和互联网数据去解决传统金融难以解决的问题和难以涉及的领域，服务传统金融难以服务的客户需求，这也恰好符合了互联网金融在当下环境的发展趋势。

五、思考题

　　（1）与传统保险公司相比，"众安在线"的做法有哪些差异？

　　（2）"众安在线"的发展前景如何？

　　（3）请探讨互联网保险在我国的定位与发展策略？